北洋大学著名校长工程教育思想文献选编

常辽华　张世轶　编注

天津大学出版社
TIANJIN UNIVERSITY PRESS

图书在版编目(CIP)数据

北洋大学著名校长工程教育思想文献选编 / 常辽华，张世轶编注. — 天津：天津大学出版社，2021.3
ISBN 978-7-5618-6068-7

Ⅰ. ①北… Ⅱ. ①常… ②张… Ⅲ. ①天津大学－校长－教育思想－近代－文集 Ⅳ. ①G649.282.1-53

中国版本图书馆CIP数据核字(2020)第125721号

BEIYANG DAXUE ZHUMING XIAOZHANG GONGCHENG JIAOYU SIXIANG WENXIAN XUANBIAN

出版发行　天津大学出版社
地　　址　天津市卫津路92号天津大学内(邮编:300072)
电　　话　发行部:022-27403647
网　　址　www.tjupress.com.cn
印　　刷　北京盛通印刷股份有限公司
经　　销　全国各地新华书店
开　　本　169mm×239mm
印　　张　15
字　　数　280千
版　　次　2021年3月第1版
印　　次　2021年3月第1次
定　　价　50.00元

序 言

天津大学的前身北洋大学创建于1895年。作为我国近代高等教育史上建校最早的高等学府,北洋大学设有律例、工程、矿务、机器四个学门,不仅开启了中国高等教育的先河,同时也开启了中国高等工程教育的历程。

中国高等工程教育的百余年历史是一幅壮丽的画卷,它在中国社会、经济、科技和历史变迁的大背景中展开,体现了中国从农业社会向近代工业社会的迈进。中国第一所大学设有工程教育课程是社会发展的必然结果,而在办学的进程中,参照国外先进经验建立的工程教育体系也在社会发展中逐渐实现中国化和本土化,更加适应我国社会发展的需求,并推动了日后中国社会的深刻变革。

在“实事求是”校训的引领下,北洋大学的学科设置和人才培养适应了国家工业化的发展需求,办学实践呈现出重实效、重质量的务实特征。在训练学生形成深厚的科学基础的同时,注重培养学生研究中国实际问题的志趣和动手实践的能力;在锻炼学生勤苦耐劳品行的同时,塑造学生高尚的人格和社会责任感。北洋大学为国家培养了大量的栋梁之才,形成了北洋大学工程教育的重要特色。

北洋大学的创办和发展,得益于多位学识渊博、思想睿智的校长,这些教育家对教育的真知灼见不仅铸就了北洋大学的多次辉煌,也深刻影响着中国高等工程教育的发展走向。他们的教育思想不仅是北洋大学弥足珍贵的财富,而且在中国高等工程教育史上也占有重要地位。无论是对办学模式、教育模式的探索,还是理论教学与实践训练的结合,抑或是产学研关系的构建,甚至是对大学发展深层次问题的思考,这些思想与决策的形成都深深影响了中国高等工程教育的发展,引领了工程教育思想的革新,成为当之无愧的思想财富和中国高等工程教育的历史遗产。

本书精选北洋大学著名校长在工程教育理念和方法上的精辟论述，不仅希望以此从一个侧面回顾和展现我国近代工程教育体系及思想的形成与发展，而且希望为当今我国高等工程教育的改革带来一定的启示。

编者

目 录
Contents

刘仙洲工程教育思想文献

茅以升工程教育思想文献

目 录

Contents

李书田工程教育思想文献

张含英工程教育思想文献

刘仙洲

工程教育思想文献

人物小传

刘仙洲（1890—1975），生于河北省完县（今顺平县）。原名鹤，又名振华，字仙洲。机械学家和机械工程教育家，中国科学史事业的开拓者。1913 年考入北京大学预科，1914 年进入香港大学工学院机械系学习，1918 年获得香港大学工程科学学士学位，毕业试卷获得“头等荣誉”，后回到保定崇实中学担任留法勤工俭学高等工艺预备班教员。

1924 年，年仅 34 岁的刘仙洲担任中国近代第一所大学——北洋大学的校长。他锐意革新，坚持学术独立与广采博收并行，提出工程技术不同于纯科学，应该密切联系中国工业实际，在他看来简单照搬国外教材，不仅脱离了我国的国情，而且我国学术将由此永无独立之日。在北洋大学，他逐步聘请中国人取代外籍教授。知名的化工专家侯德榜、桥梁专家茅以升、水利专家张含英、地矿专家何杰等先后在北洋大学任教或任职。在工程教育中实现用中文教学是刘仙洲力求的目标，为此他编写了我国第一套中文工科教科书。

在北洋大学的工作实践促使他思考中国人如何办自己的工程教育，他敢为人先，将当时美国最新的教育方法推广到中国，以图整治我国工程教育中学生缺乏实践的顽疾，提出“巧心”与“劳手”（即工程理论与工程实践）并重。他积极倡议我国应酌采工读协作制，并准备首先在北洋大学附设工读协作制机械工学系。他对我国学术研究的回顾与分析，对我国工学院课程改革的意见，对工业人才培养具体计划的提出，源于他的拳拳爱国心，基于他的兢兢学术业，饱含着他对北洋大学、我国工程教育和国家民族命运的深切期盼和深度思考。

我国工业教育当酌采工读协作制意见书

（一九二一年）

导读：

本文为著名机械学家、机械工程教育家、前北洋大学校长刘仙洲就20世纪20年代我国工业教育的状况和问题提出的发自肺腑的建议。我国在工业上的教育主要取法于美国和德国，但是在教育实践领域一直存在着种种问题，其中教学与实际工业中存在脱节导致学生缺乏实践经验是诸多问题中最主要的一个，因此增强学生实践经验是培养工业人才、兴盛工业教育、促进我国工业发展的重中之重。刘仙洲结合当时美国最新的工业教育方法，在我国提出了要酌情采取工读协作制的意见，在当时可以说是对这一问题最实际、最有效的解决方法，引领着我国工业教育发展的方向。

文中，刘仙洲在介绍了美国工读协作制的产生和发展后，指出工读协作制可以适应我国的生活实际、纠正我国工业学生的通病、扩充各级学校毕业生的出路、减少各级工校的实习费和设备费，并提出了在我国试办工读协作制的三种方法。他坚信，工读协作制可以完美地解决学习工业中学理和实验并重的实际困难，实现在学校求学理，在工厂求实验，把学校和工厂合成一气，把学生和工人备于一身，是符合我国实际的最经济的造就工业人才的方法。刘仙洲也是迄今发现的最早将美国的工读协作制介绍到我国教育界的学者。

原文：

什么是工读协作制，学习工业，应当学理和实验并重，这是人人知道的。在工业极简单的时代，无论是哪一国，大概是用师徒传接制。学徒的一面作着工（实验），一面并受业师的指导（学理），就可以专精所学的工业。到后来关于工业的学理一天比一天复杂，一天比一天深奥，这种办法，就觉着范围太狭了。接续这师徒传授制的，就是现在各国实际上最通行的两项办法。

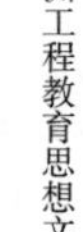

（甲）在学校里边附设着实习厂，使学生于学理以外，兼得实验。

（乙）在工厂里边附设着补习班，使工人于工作以外，兼得学理。

这两种办法，各有它的缺点。按（甲）项办法，因为各种实际的工业，决非学校里边所能完全设备；造就出来的人才，究竟偏于学理。按（乙）项办法，因为各种书籍、仪器，各科专门教授，又决非工厂里边所能兼备；造就出来的人才，究竟偏于实验。所以新发明的学理，和实际的工业往往有不接头的地方。工读协作制，就是按这两项办法，各取其长，各去其短，在学校求学理，在工厂求实验；换一句话说，就是把学校和工厂合成一气，把学生和工人备于一身，用最经济的办法，以造就工业人才的一种制度。

协作制的略史

这一种制度，就我所知道的，是发生在十五年以前（一九零五年）美国欧海阿省辛辛拿地大学施乃德（Schneider）教授（在他以前别处是否已经有这种办法，我无从参考，阅者诸君，如有知道详细历史的，很希望指教）。在这种制度未实行以前，工科的学生，大都是在校四年，毕业后再入工厂实习二年。学校设备，用款很多。学生在校内实习，更要格外纳费。有一天晚间，施乃德教授正在院中间步，忽听见附近的钢铁厂发出鼓风炉的声音。他就想起来："为什么不把这多而且大的各种工厂当做学生的实习厂，偏要在学校里边设一个既不经济又不完全的工厂呢？为什么不把这六年的工夫合并起掺杂起来，使学生一半在学校读书，一半在工厂做工，学理和实验互相印证；且学生不但可减少实习费，并可得相当的工资呢？"

他有了这一种理想以后，就向校内当事提议。奈当时校内的当事，对于这种办法，非常地怀疑，不敢试办。到一九零六年春天，新任校长德博尼博士（Dabney）才采纳了他的意见，着手试办。

试办的时候，同时有两个问题发生：（一）与附近各工厂交涉，允许此种学生，在厂内做工；（二）招生。

关于第一个问题，附近各工厂的经理、工师以及工头等，多数赞成这种办法。不过怀疑的地方，也是不少，最要紧的是：

（甲）两个学生交替在工厂工作，于工作上恐有妨碍。

（乙）多数学生掺杂在工人里边，于全厂的秩序上，恐有妨碍。

最终的结果，有十二个工厂，应允试办一年。但是学生，仅限于电工和机械工两种。

关于第二个问题，在招生的时候，先定了两种条件。打算加入这个班的，除对于必修科学须有一定的程度外，至少须与一种条件相合。不然就概不收入。这两种条件是：

（甲）须有工厂证明书或推荐书，证明已经略有工作的技能。

（乙）如无工厂证明书，须于暑假期内——开学以前——完全在工厂做工，预备工作技能。

招考的结果，共得了二十八人，都是合于乙种条件的。把他们送到工厂以后，施乃德教授就避暑去了。到九月一号要开学的时候，施乃德教授回来，才知道这二十八人里边，仅剩了六七人，仍旧在厂做工。其余的都因为不胜劳苦，陆续走开了！施乃德教授于失望之余，又赶快补招新生若干人。不过这次补招的学生，以已有工厂经验的占大多数。对于必修的科学程度，格外从宽。实行下去，成绩很好。上面所想象的两种妨碍，均没有发生。学生在校内做事的能力和课程，比较正科的学生有过之无不及。各工厂的经理和工师，更是一致赞许。到了一年以后，投函请入的增到四百多人。后来又扩充班次，扩充工作范围。所有机械工、电工、土木工、应用化学等等，大的工作，如制造汽车、建筑桥梁，小的工作，如制造日用墨水，都是这种学生活动的范围。近几年以来，更是非常的发达。允许协作的工厂，增到二百多家。学生人数，已过几千人。请求收入的，人数更日见加多。今年春天，友人刘国祯、王云海二君往美，就是立志专投考这个学校。现在我把他们到校以后来的信，抄下一段，阅者就晓得这个班的现状了。

（上略）弟等到辛后，即持法思得君介绍信，往访一机器公司经理卜洛克特司曼君（Broxtesman）。此人热心沉毅，精明诚笃，和蔼可亲。弟等之成功，全赖此人之力。不然恐不免流离之苦矣。其间所经过之困难，请为约略述之：识卜君后，即同往见大学教务长施乃德君，施君告以目下想入该校工读协作班者，已有六千人之多，其中四千为欧洲归国之兵士，其余二千为美国本国之学生。此学生中又以辛辛拿地[①]本地者为最多。兵士因效力疆场，各邦政府，特立法条，与以特别权利。月与恤金若干，使求较深学识。故各学校考取新生，必须先兵士而后他人。该大学所以成立，由于该城绅士之动议。每年一切经费，出于本城之市民。故本城之市民，对于该大学亦享有特别权利。每收新生，必先辛辛拿地而后他市。若外国学生，更勿论矣。今合兵士与美国学生已有六千余人之多。该校地基，仅容八百。似此情形，安有弟等插足地耶？且前有先例。前年有吾国学生二人，一系美产，来是校思入是科，因未能而入正科。去年又来数人，因未能入而返国。今有智利学生一

① 辛辛拿地：Cincinnati，辛辛那提。

人，系政府派送，去年来此，想入是科。经若干周折而终无济。今尚等候在此。以外想入者尚多。因此地工业特别发达，故学者多欲入工科，而工科毕业者，尤以此班毕业者为最受欢迎。因学而实习也。此亦学生拥挤之一原因也。然弟等于百般困难中，赖卜君之热心毅力，百折不挠，往返磋商，不成不已。遂于最终定一条件，许弟等于暑假后入学。条件为何？即课外必教一班美国学生以中国文字是也。（下略）

协作制的组织

辛辛拿地大学工读协作班的组织，是把全班的学生分成甲乙二排，更在两排里边，各取相当的一个人，分成若干组，每组两个人，轮流工读。这样办法，学校里边，总有一排学生读书；工厂里边，也总有一排学生做工。课程在换排以后，是要重复一次。做工在换排以后，凡在同组的两个人，必要互相接续。初办的时候，轮流的日子，定了一个星期。后来觉着有些不便（特别是离着学校远的工厂或工作），就改成每两个星期轮流一次。毕业的年限，原来定了六年，和大学正科四年，实习二年一律。后来把暑假缩短，改成五年毕业。可是所学的课程，比正科一点也不少。

中级学校的协作制

近几年以来，采用协作制的学校，一天比一天增加。除辛辛拿地大学以外，如纽约（New York）、麻斯（Massachusetts，马萨诸塞）及乌尔忙特（Vermont，佛蒙特）等州的学校，都相继采用；且不仅限于大学工业及工业专门，中级学校采用的也很多。现在我把乌尔忙特（佛蒙特）州斯普林菲尔德（Springfield）市中学校的工读协作制举出来说一说，其余的也就可以推想个大概了。

这一个中学，是四年毕业。第一学年，因为学生太年轻，恐怕不适于工作，所以就让他们完全上课，和中学普通班一律。从第二学年起，就按着两周读书，两周作工的办法进行。它的组织法，也是把全班学生分作两排，和辛辛拿地大学的办法一样。

——它最近的课程如下。

（一九一七年至一九一八年）

第一学年课程表

星期＼钟点/课程	一	二	三	四	五	六	七
一	历史	英文	机械画	机械画	代数	机械学	物理
二	历史	英文	机械画	机械画	代数	机械学	物理
三	历史	英文			代数	机械学	物理
四	历史	英文			代数	机械学	物理
五	历史	英文	机械画	机械画	代数	机械学	物理

第二学年课程表

星期＼钟点/课程	一	二	三	四	五	六	七
一	物理 化学	机械学	代数 几何	美国史	机械画		英文
二	物理 化学	机械学	代数 几何	美国史	机械画		英文
三	物理 化学	机械学	代数 几何	美国史	机械画		英文
四	物理 化学	机械学	代数 几何	美国史	机械画		英文
五	物理 化学	机械学	代数 几何	美国史	机械画		英文

备考 第一钟点 暑假前物理 暑假后化学
第三钟点 暑假前授代数 暑假后授几何

第三学年课程表

星期＼钟点/课程	一	二	三	四	五	六	七
一	机械学	化学		经济学	机械画	数学	英文
二	机械学	化学		经济学	机械画	数学	英文
三	机械学	化学		经济学	机械画	数学	英文
四	机械学	化学		经济学	机械画	数学	英文
五	机械学	化学		经济学	机械画	数学	英文

工作的种类和时间，各工厂微有不同。可是大致都不相上下。今选 The Fellows Gear Shopper 工厂的分配表列下：

工作的种类	星期数
锻工	六
工具制造	六
小镟床	六
大铣床	八
杂工	十
制齿轮	六
巡视	六
磨床	十
大镟床	八
旋转铁床	六
刨床	四
储存库	四
案工	四
小铣床	四
钻孔	四

学生做工所得的工资,也常常稍有出入。现在把一九一九年 Springfield 每个学生每星期所得的工资,列表如下:

学生年岁在十六岁以下者。

第二学年　七元九角八

第三学年　九元七角四

第四学年　十三元三角九

学生年岁在十六岁以上者。

第二学年　八元六角四

第三学年　十元五角六

第四学年　十三元角毛四

又每个学生每年可在工厂做工三十三个星期。年岁在十六岁以下者,每星期作工四十四又四分之一小时。在十六岁以上者,每星期做工四十八小时。

我国工业教育应当采用协作制的理由

我国应当采用协作制的理由,约有以下四个。

(甲)适应我国的生活程度

我国各省甲种工业的学生,每年用费,平均不能在八十元以下。工业专门的学生,每年用费,平均不能在百五十元以下。大学工科的学生,每年用费,平均不能在百八十元以下。若是和欧美各国的学生用费比较,也不过相当四分之一。可是按着我国的生活程度论起来,仍有许多的家庭,不能供给。寒家的子弟,就让他有很高的聪明,有很适于工业的性质,也只得落一个"裹足不前"罢了。若是实行协作制,学生自己所得的工资,就让我国工价很低说,平均起来,每年也可得费用的半数。这样一作,一定可出多数的工业学生。

(乙)纠正我国工业学生的通病

我国工业学生的通病,约有下列两种:(子)学生在校,多注重学理课程,轻视实习。校内实习厂的管理人和指导人,又多容忍学生,勉强应付。这种现象,在欧美的学校实习厂里,都所难免。在我国的各级工校,恐怕更甚。(丑)毕业后入工厂实习几年,这是比较着很完全的法子。可是学生毕业后,往往自视颇高,不肯拿种种的实际问题,去问同厂的工人,所以那实行制造的种种要点——课堂里边所讲不到的——他不能从工人得到。这本是毕业生入工厂实习的通病。至于我国工业毕业的学生,更是多数不屑于入工厂实习。往东西洋留学工业的,他们回国以后,就要在政界或学界谋一个好位置,这是不用说了。就是国内各工业毕业的,也多是不肯找一个工厂去实在的做工。因为毕业生初入工厂,他的工资多在普通工人以下,多觉着很无以对家庭,很无以对自己的样子。所以有许多工业毕业生,没有相当的事,他宁愿改入他途,也不肯做工。以上两种通病,若是在协作制,是都可以免的。因为在协作制,学生做工的工厂,完全是营业性质。学生一入工厂,就得受工人一样的待遇;和工人一样的勤勉。不然,他不但不能得到工资,并且不准他入厂。且学生正在困苦求学的时候,并没有毕业生的虚名来增长他的骄气,对于工人也就不耻下问。所以这样造就的工业人才,真是能把学理和实验合到一处的,真是我国现在所需要的。

(丙)扩充各级学校毕业生的出路

就我国现在的教育统计看:全国受教育的不过百分之一二。距我们所盼望的程度——教育普及——还差得非常的远。可是看一看各处学校的毕业生,除少数升学就事的以外,无法安插的情况,又实在使我们害怕。今天托人谋事,明天托人找差,处处人浮于事,好像各级学校造就出来的毕业生非常的多的样子!学界道德的坠落,和各地方办公人员的互相排挤,都有一天比一天加甚的趋势。若是各级工校多采用协作制,自可容纳许多毕业生,使归于工业一途,变为独立有用的人才。

(丁)减少各级工校的实习费和设备费

无论哪一级的工业班或工业学校,若是打算办的愈好,它的实验室和工厂的设备，非力求完全不可。所以在工业班或工业学校，它的总开销，这工厂设备费和实习费，必要占一大部分。因为建筑、机械、燃料、物料等等的设备，厂监、主任、工师、工人等等的薪金，开销是很多的。学生的制造品，可以应用的却是很少。用大部分的金钱，结果得到没有什么价值的经验，这岂不是极不经济的事吗？若是采用协作制，由学校和附近适宜的工厂议妥，使学生往工厂做工，学校里边关于上面所说的那些费用，必可大为减少。（若是附近没有相宜的工厂，看下边办法（丙）条。）

我国采用协作制的办法

倘我国工校采用协作制，凡关于学校一方面的，如课程的规定、钟点的分配、学年的增多、假期的缩短等等，都不是什么难问题。最难的就是工厂一方面。因为我国的工业，现在方在萌芽时代。各级工业学校所在地，未必全有适宜的工厂。就我的意见看起来，可以先按下列的三种办法试办。

（甲）由教育部协同农商部向美国政府交涉，每年允许我国的学生若干人，加入此种班次。一面仿照留法勤工俭学预备班的办法，在国内设一种留美工读预备班。专预备英语、工业科学和铁工实习一年或二年，再送往美国。如所得工资不足费用时，或由政府酌量资助，或使学生自筹。此种学生归国以后，对于我国工业前途的贡献，或比那专攻学理的什么工学博士、工学硕士还要多一点。

（乙）国内的工业学校，如所在地点附近有适宜的工厂，可由校长与厂长接洽，或用政府的助力，采用美国的办法，组织办理。

（丙）国内的工业学校，如所在地点附近无适宜的工厂，可就学校已有的工厂设备，组织完全营业性质的工厂。或是公家增费若干，作为公家的工厂；或是添招商股，将校内已有的一切设备，也合为若干股，作为商办的工厂。然后采取美国的办法，组织办理。

工读协作制和留法勤工俭学及工读互助团的分别

近几年以来，我国的学生界新发生了两件事，很和协作制相仿佛。第一就是“留法勤工俭学”；第二就是“工读互助团”。不过性质上却有分别。勤工俭学，是把学和工分成两段，先做几年工，积蓄下钱，再去读书。且所做的工，对于将来所读的书，不一定有什么关系。工读互助团，是在当学生的时候，同时做种种杂工，专以劳动得资为目的。他所做的工，和他所读的书，大概更是没有什么关系。至于工读协作制的学生，他所做的工，力求和他所学的课程有关系；课程的分配，也力求和所做的工作接近。所以这样办法，虽说可与那两种办法并行不悖,比较着似乎更好一点。

结论

我这篇意见书,是参考美国教育当局一九一六年关于辛辛拿地大学工读协作制报告书 *The Cooperative System of Education* 和乌尔忙特(佛蒙特)州 Springfield 中学协作制一九一九年的报告书 *Good Square Pegs for Good Square Holes*,并加上我自己的经验做成的。

究竟有几分道理没有,我国是不是可以采用,我不敢确信。倘阅者诸君,对于这个问题,也有什么意见、什么感想,肯发表你们的伟论,使它得以圆满解决,我就感激不尽了!

《国立北洋大学卅周年纪念册》序

（一九二五年十月）

导读：

本文系时任北洋大学校长刘仙洲在1925年为学校成立三十周年纪念册题写的序文。北洋大学建校伊始便开设了律例、工程、矿务、机器四个学门，开启了我国工业教育的先河。此后发展的30年间坎坷曲折，遭1900年庚子国难停办数年，1903年复校后机械学门因损失甚巨也一直未得到恢复，加之法科最终调入北京大学，致使以工、法见长的北洋大学犹如振翅高飞的雄鹰被断一翼。作为我国高等教育的发端，此时的北洋大学亟待找寻发展的方向和动力。

本文虽是一篇序言，却集中体现了敢为人先、奋进执著的刘仙洲对北洋大学的发展愿景。刘仙洲希望大力实行扩充计划，扩充原有的工科学门，增设理科，以成就"理想中的北洋大学"。扩充计划包括四方面：添足机械工学门设备、添设电气工学门、附设机械工学门工读协作班和增设理科改办理工大学。勇者无惧，行者无疆。每一个计划都将给北洋大学带来勃勃生机。在刘仙洲的宏愿中，准备用十年的时间将北洋大学扩充为："工科为土木、采冶、机械、电气四学门，理科为数学、物理、化学、地质四学门，共为八学门，外附一工读协作班，学生人数达一千以上，造成'东方麻省理工大学'之始基，则理想之北洋大学实现矣。"

原文：

纪念册之编印，所以追念既往、策励将来也。本校既往之历史属于学校行政方面者，就册内学科沿革、经费沿革及前任职教员录中可以知其梗概；属于贡献社会方面者，就册内历年毕业生职业统计表及服务地点统计表中可以知其梗概；至学风之整饬、课程之切实，社会上亦自有公评，均无庸赘述。今谨将理想中之将来扩充计画择要述之以实吾序。

（一）添足机械工学门设备。各种工业以机械工之应用最为普遍，如铁路、如矿厂、如造纸、如纺纱、如洋灰厂、如面粉厂,推而至于任何工业,倘规模稍大设备较完,莫不为需用机械工人材之地。本校庚子以前开办之初,原设有机械工学门,庚子以后重行开办,不知何故将此学门裁去。本年暑假因冶金学门不能成班,遂改办机械工学门,将冶金并入采矿。惟是经常费用虽不成问题,而设备费除分配之一万八千余元外,其余尚无着落,在二年以内无论如何须再筹四五万元,以备添足本学门设备之用。

(二)添设电气工学门。各种工业以电气工发达为最晚,然其进步之速则超各种工业而上之。故居今日而办工科大学如不事扩充则已,若从事扩充,电气工学门似应在必行添设之列。且本校机械工学门业已开始办理 并已有相当设备,倘二年以内能将各种发动机与机械添足,则添设电气工学门,实极为经济。盖属于发动机与机械之一部均可与机械工学门并用,所必须添置者,仅属于电机之一部,预计有二万元左右即可完备也。

(三)附设机械工学门工读协作班。学校之造就人才,原所以备社会之用,故社会上需用何项人才最急,学校即应设法以应之。查(查)本校历史,当庚子以前及庚子以后续办之初,均极能在此点用力。如庚子以前,因京奉路需用铁路人才,则附设一铁路班。庚子以后,因需用译学人才,则附设法文班、俄文班;因各中学缺乏师资,则附设师范班,皆为极显著之实例。吾国目下之机械工人才,若专就学理言,则在各国留学专习机械工之毕业生已为数不少,且其成绩亦不在他国学生之下。惟多缺乏实验之技能,故多无补于实际。专就技能言,则在上海、香港、新加坡、唐山等处之中国工人为数尤多,且其技能亦多不在他国工人之下。唯多缺乏学理之辅助,故亦不能有所发明。现在最感缺乏者,实为学理与实验兼优之机械工人才也,欲造就此种人才以采用工读协作制最为适宜,且就我国人民之经济状况言,尤为相宜。盖我国各大学之费用日益加多,平均计算每生每年费用不能在二百元以下,即按本校而论最减省者亦须百五十元左右,就我国社会上之经济状况察之,财力不能供给子弟入大学之人家恐在百分之九十五以上。贫寒学生即使有极高之聪明,极合于工业之天性,必因经济关系不能有所发展,埋没人才莫此为甚。因以上两层原因,即一方面欲得学理与实验兼优之人才,一方面为寒家聪明子弟谋一升学之路径,故本校拟附设机械工学门工读协作班。今年春曾拟具意见书与计画书,请求中华教育文化基金董事会予以补助,倘能有成,则当速为添设(其详见附印之意见书及计画书)。

(四)改办理工大学。工科为理科之实用,理科为工科之根基(有时虽不能尽谓其如是,然至少有大部分互相关联)。理科之主要课程如数学、物理、化学、地质等等,倘工科学生对之有良好成绩,则其工科课程必易达于高深。工科之主要设备如机械、仪器、电机等等,倘理科学生对之有充分参考,则其理科课程必更较为切实。故本校如始终仅限于办工科则已,如能再进一步则以改办理工大学为最相宜,亦最为经济。盖工科同时兼办理科,则凡工科各学门之根基,可由理科教授担任之,其程度自易于提高。凡理科各学门有须借实物以证明者,可由工科之设备参考之,其观念自易于明了。也就本校已有之物理、化学、地质等设备,则添设理科数学、物理、化学、地质四学门只须增聘数教授即足,经济之道莫过于是。

以上所述各节倘能于十年以内逐项添办俟,本校办四十周年纪念会时工科为土木、采冶、机械、电气四学门,理科为数学、物理、化学、地质四学门,共为八学门,外附一工读协作班,学生人数达一千以上,造成“东方麻省理工大学”之始基,则理想之北洋大学实现矣。惟是本校经费现在积欠已达十一个月以上,旧有规模已难维持,再论扩充真无异痴人说梦,然理想为事实之母,姑悬一的以赴之,将来时势转移,或不无万一之望也。愿与我同人共勉之。

本校附设工读协作制机械工学门意见书

（一九二五年十月）

导读：

本文选自《北洋大学卅周年纪念册》。时任北洋大学校长刘仙洲最早将美国的工读协作制教育法介绍到中国，并结合自己的经验提出了在我国实行工读协作制的意见书（前文已有述）。1925 年，在北洋大学成立 30 周年之际，刘仙洲校长希望能够在北洋大学进行工读协作制的实践探索。当时的北洋大学具有丰富而扎实的工科教育基础，刘仙洲对学校寄予厚望。他在北洋大学附设工读协作制机械工学门，这也是他准备将北洋大学造就成为“东方的麻省理工大学”的重要改革措施之一。

他认为工读协作制之于学校、之于个人、之于社会都是最经济的培养工业人才的方式，为了救济贫寒学生，为了纠正我国工业学生的通病，应该在我国推行工读协作制。在北洋大学的机械工学门试行工读协作制，可速得学理与实验兼优之工业人才，亦可成就“理想中之北洋大学”。

原文：

（一）何谓工读协作制

凡学习工业即应学理与实验并重，此为吾人所公认之定理。无论何国，当工业极简单极幼稚之时代，各种工业多用师徒传授制，即学习者一面亲手工作以得实验，一面并受业师之口授以得学理，即能专精所学之工业。迨后各种工业之规模日见增大，关于工业之学理亦日见精深，师徒传授制遂不适用。晚近先进各国，关于工业教育最普通之办法约分以下二种。

（甲）在学校中附设实习工厂使学生于学理以外兼得实验；

（乙）在工厂中附设补习学校使工人于工作以外兼得学理。

以上两种办法虽亦可造就相当之工业人才，然实各有其缺点。盖按（甲）

种办法因各种实际之工业决非学校所能完全设备，故所造就之人才究竟偏于学理；按（乙）种办法因各种参考书、仪器、各科专门教授又决非工厂中所能兼备，故所造就之人才究竟偏于实验。有时甚至学理自学理，实验自实验，二者本系相需，因办法不良之故每不能备于一人。此种现象在欧美各国均所难免，在我国则更觉加甚。工读协作制，即系将此两种办法各取其长、各弃其短，在学校求学理，同时即在工厂求实验，进一步言之即将学理与实验合为一气，学生与工人备于一身，用最经济之办法以造就工业人才之一种制度。

（二）协作制之略史与办法

此种教育制度在美国极为发达，创始者为美国欧海阿省辛辛拿地大学施乃德教授，距今已十有九年。其办法系由学校与附近工厂接洽妥协，将一班学生分为两排，更在两排之内各取一人分为若干组，每组二人轮流工读。用此种方法，学校中无论何时恒有一排学生读书，工厂中亦无论何时恒有一排学生做工，每二星期或每一月换排一次，各门课程在换排以后，为教师者即重讲一次，所做工作在换排以后凡在同组之二人必互相衔接，工厂按学生工作之年限与技能发给相当之工资，学生即用之交纳学校必须之费用。第一次试办仅考得二十八人，一年以后报名者遂增至四百余人，迨后日见发达，各省学校亦争相仿效，迄今采用此种办法者已不下数十校，且不仅限于大学之工科，中等学校亦多采用者。又当施乃德教授初创此种制度时仅限于机械工与电气工两学门，近年来土木工、应用化学等学门及商科亦多采用者。大工作如制造汽车、建筑桥梁，小工作如制造日用墨水均在此种学生工作范围之内。因此种学生对于学理与实验兼而有之，故各种工厂多欢迎录用此种班次之毕业生也。

（三）我国工业教育应采工读协作制之理由

我国工业教育应采工读协作制之理由有二。

（甲）救济贫寒学生

我国各大学之费用日益加多，平均计算每生每年费用不能在二百元以下，即按北洋大学而论，平均亦在百五十元左右。就我国社会上之经济状况察之，财力不能供给子弟入大学之人家恐在百分之九十五以上，贫寒学生即使有极高之聪明、极合于工业之天性，必因经济关系不能有所发展，埋没人才莫此为甚。若采用协作制，则学生所得之工资平均可得费用之半数，如此则贫寒学生自多得一升学之路。

（乙）纠正我国工业学生之通病

凡工业学生多有下列两种通病：⑴学生在校时多注重书本课程，轻视实习，校内实习工厂之主任与监工亦多容忍学生，勉强应付，不严行督催。⑵学生毕业后入工厂实习，其心理上多自视颇高，对于实行制造之技能往往不肯轻于向工人请教，其身体又多不能耐劳。以上两种通病无论在何国之工业学生均所难免，在我国因数百年重读书轻工艺之遗传心理故更加甚，且就实际调查之结果，我国之工业学生毕业后更多不屑入工厂实习，往东西洋留学工业者毕业后大多数欲在政界或学界谋一位置，即在本国工业毕业之学生，亦多不肯入工厂实习，宁改入他途亦不愿做工。若采用协作制则以上两种通病均可免去：第一，学生所入之工厂完全为营业性质，学生一入工厂即须与工人受同一之待遇，与工人同一劝勉，因之可养成其坚苦耐劳之习惯；第二，学生正当困苦求学之时，并无毕业生之虚名以增长其骄气，对于技能熟练之工人亦必不耻下问，且随时随地均可与学校中所得之学理互相印证，故可得学理与实验兼优之工业人才也。

本校附设工读协作制机械工学门计画书

（一九二五年十月）

导读：

本计画书（同计划书）由时任北洋大学校长刘仙洲亲自完成，附录于《北洋大学卅周年纪念册》。工读协作制是当时美国最新的工业人才培养方法，知易行难，最难的是如何使工读协作制在中国大地上落地生根。计划书是刘仙洲准备在北洋大学附设工读协作制机械工学门的进一步思考，为此他做出了详尽的规划和经费测算，万事俱备，只期学校经费充足时随即实施。

原文：

（一）设备费

采用工读协作制利用校外工厂之机械为学生实验之用，故校内设备可以从简，但为教员便于讲授学理及各种机械之用法起见，关于机械工学门必要之发动机与机械，亦应择要设备，除本校已有之蒸汽机锅炉以外，拟再添置下列各种机械：

（甲）发动机室

煤气机带煤气发生器一架	5 000 元
油机一架	3 000 元
热空气机一架	1 500 元
蒸汽轮一架	4 000 元
空气压榨机带电动机一架	4 000 元
各种零星设备	500 元

（乙）铁工室

铁床二架	2 000 元
钻床一架	1 000 元

铣床一架	3 000 元
刨床一架	1 500 元
各种零星设备	500 元
（丙）木工室	
木镟床二架	1 500 元
条锯床一架	800 元
刨平机一架	1 000 元
各种零星设备	500 元
（丁）水力机室	
十马力电动机一架	1 000 元
离心力吸水机一架	1 000 元
反动水力轮一架	1 500 元
衡动水力轮一架	1 500 元
拍尔唐水利轮一架	1 000 元
各种零星设备	500 元
（戊）铸铁厂	
熔铁炉	1 500 元
炼坚与锻炼炉	2 000 元
铸铁箱	1 000 元
零星铸铁器具	200 元
（己）增添建筑	10 000 元

以上六项共 51 000 元

（二）经常费

因教员在此种班次所授之课程，恒于一定之日期以内重复，教授一次且所采课本及教授方法亦与通常班次不同（见后），故所有各门功课均不与他班合班教授，按五年毕业，在本校学生恒有五班计算须添教具十人，方足分配，将薪金及各项消耗统计之每月须添经常费五千元，方能足用，即每年须添六万元。

（三）学生做工之工厂

工读协作制，在美国虽极为流行，在我国则仍属创举。试办之初，多数营业性质之工厂，恐不肯轻允合作，故拟先呈请本省军民两长饬隶属本省之北洋铁工厂与大沽造船厂先行提倡，允许学生前往工作，俟有成效再与唐山及本埠其他大工厂接洽。

（四）学生应纳之费用

办理此种班次之主要目的系救济贫寒学生，且学生在校读书之时间仅为普通班次之半数，故学费与体育费拟暂按半数征收，即预科全年学费十元，体育费一元；本科全年学费十五元，体育费一元。宿费则仍按全年十二元征收，书籍仪器等费仍按本校贷用方法办理，膳费每月约五六元，学生在工厂所得工资平均足以供给。唯此种班次之学生因在校外工厂做工之故，拟每年征收制服费六元，为每生制定一定之单制服两身或三身，以便入工厂时服用，所征之费如有余数再退还学生，如有不足再由学生补交。

（五）课程

此种班次之课程凡主要科目均依照教育部定章办理，唯将预科中之德文裁去，各门课程如能由教员译为汉文，则译为汉文，教授必不得已再用英文原本。又为补足做工所用之时间起见，第一，将每周授课之钟点数酌量增多；第二，将暑假酌量缩短，其他假期在校即依照学校规则，在工厂则服从工厂章程。

（六）考取学生之标准

根据创办本班之宗旨及学生入校后之特别境遇，招收学生时，拟注意下列数事：（甲）报名时须有毕业学校校长之证明书证明学生确系家境贫寒、品性纯正，（乙）报名时由本校校医详细检查身体确系强健，（丙）考试成绩优良，（丁）当面详问家境状况及终身志趣，总之必得确喜读书、确能耐劳之学生方能收入。

《国立北洋大学季刊》序

（一九二七年十一月）

导读：

高校校长为学生刊物作序，从古至今由来有之。北洋大学校长刘仙洲欣然为学生出版物《国立北洋大学季刊》作序，其因可颂。如果说刘仙洲对北洋大学的扩充计划体现他对学校发展方向的殚精竭虑，那么这篇序文则体现他对学生社会责任和治学精神的培养和训练的思考，在他看来《国立北洋大学季刊》不仅是学生课余休闲的有益读物，更是实现大学对社会的责任、促进学生课外研究学术的精神、联络本校前后同学之感情的重要平台和纽带。

原文：

本校同学有定期出版物之组织，就鄙人所知已有三次。第一次系前清宣统元年（1909 年）由本校留美同学王正廷、马寅初诸君所组织，其名称为《北洋大学同学会会报》（Bulletin of the Peiyang University Club）。第二次系民国四年（1915 年）由当时在校同学郑畋、桂步骥、徐谟、孙量诸君所组织，其名称为《北洋大学校季刊》（Peiyang University Quarterly）。第三次系民国十三年（1924 年）由当时在校同学甄琳、吴钟秀诸君所组织，其名称为《学余月刊》。惜均出版数期即归停顿。

去年寒假期中，留校学生周君宗莲、姚君宇灏等复有组织出版物之提议，鄙人实深为赞许，并允由学校酌量赞助俾底于成，经营多日已大致就绪，仍定名为《国立北洋大学季刊》，兹第一卷第一期行将付印，谨将鄙人对于本刊前途之希望略陈于下。

（一）完全大学对于社会责任之一部。大学所负之责任非仅造就所有在校之青年使研究高深学术以备国家社会之需用而已，同时至少尚负有两种责任。其一对于社会上所发生之困难问题应随时予以学理上之研究与指导。例如各种实业组织在工程上发生任何困难问题，均可请求工科大学相当之教授加以研究与指导。其二关于各学科之最新学理与最近历程，应随时向社会加以介绍，俾校外一般人士得各取其与一己事业相关之点加以比较与采用。本校为工科大学，对于研究工程学术、造就工程人才一层，固属唯一之责任，竭力进行，始终不懈，指导工程界之困难问题亦屡次为之，将来更当设法加以推广，唯关于介绍学理一层，势不能不赖于出版物。此次季刊出版虽不敢谓完全能担此重任，然至少亦应努力向此一定之方向而进行。此鄙人对于本刊前途之希望一。

（二）提倡学生课外研究学术之精神。学生在校求学，为教授者不过示以所学科目最经济之途径及协助处理不能自行解决之问题而已，其对于所学科目之是否能有特别心得实有赖于一己课外研究之处为多。吾校课程因每周钟点失之稍多（正科各班每周平均约为三十三钟），而考试又向来严厉，故大多数学生养成专注重所学课本之习惯，所学虽较为切实，而课外研究学术之精神则未免过于不振。前后毕业同学出校后投身社会，对于所任职务多能胜任愉快者，在此而对于所学科目少有发明、少有著作者，恐亦与此不无关系。此次季刊出版，拟竭力奖励学生平日之课外研究及假期之实地调查，务使所得得以尽量披露，庶多数学生课外研究学术之精神得以养成，而发表之能力亦赖以扩展。此鄙人对于本刊前途之希望二。

（三）联络前后同学之感情。本校前后同学大多数受本校实事求是之精神所陶冶，极少形式上之联络与结合，因之同学对于母校及前后同学相互间之感情多失之淡泊。此次季刊出版，除各项工程稿件以外拟附以校闻一栏，将校事及前后同学之情况均随时择要加以披露，出版以后前后同学人手一编，彼此之情况既不隔阂，彼此之感情自易增进。此鄙人对于本刊前途之希望三。

以上三项为鄙人对于本刊前途之希望，惟凡事起始较易，持久较难。于持久之中更能日加进步尤难。且本刊所取材料十之八九限于工程方面，尤非专凭思想即落笔为文者可比，是尤不能不希望诸同学之持之以恒，继续努力也。

学习机械工程应注意的几点

（一九三五年）

导读：

本文原载《清华周刊》。刘仙洲认为中华文明在机械工程发明史上占有重要地位，而其发明的传统不被提倡反被抑制实在令人惋惜。在本文中他向学生们阐述了关于学习机械工程的几点注意事项。首先由中国古代对机械工程态度的转变，告诫同学们应该矫正自己的心理。充分认识到发展工业是我们民族和国家前进的一种要素，而机械工程又为各种工业的根基。重视它，对它有信心，才能激发研究它的兴趣。其次是强调应改变从前读书人好清洁、喜文雅的态度，尽可能地亲近机械，拆卸安装，考察其结构和作用，不能专讲空理，要实现“真研究机械工程”。第三是研究应用科学，应当要注重本国情形，不能照搬抄袭。

原文：

这一次《清华周刊》的续出，添上“应用科学”一门。负这一门集稿责任的，是机械系第一班同学吕凤章君。这几天以来，天天跑来要稿子！我说：“时间太促，课程太忙，实在来不及。”然而总是无效！没办法，只得写几句泛泛的话。只是对于所谓“应用科学”，未免离题太远了。

我们中国人的聪明，对于机械工程，本不弱于任何民族。至少在唐宋以前，机械工程的程度是不落任何民族之后的，并且有几种发明，如纺织、印刷、造纸等等，在机械工程发明史上，西洋人也认为是我们发明在先。可惜我们中华几千年以来，有大部分的时间，不但不加以提倡，而反加以抑制，结果当然要停顿不进了。

我曾把我们中国人对于机械工程的心理，分成三个时期。在秦汉以前，是重视的。《周礼·考工记》上说：“智（知）者创物，巧者述之，守之世，谓之工，百工之事，皆圣人之作也。”又说：“铄金以为刃，凝土以为器，作车以行陆，作舟以行水,此皆圣人之所作也。"《易经·系辞上》说:"备物致用,立成器以为天下利,莫大乎圣人"。这种说法,是何等的重视!所以当时著书的人,也把机械与器物的发明,作为正式的记载。如《世本》上"作篇"一部,专记载古代的发明。和当时帝王的世系等,一样的重视。汉代以后,就变成无足轻重了。有所发明,也不认为是一种学术。正式的文书,简直是不屑记载。只偶尔在杂记、笔记等著作中,见着一点。如《西京杂记》上说:"长安巧工丁缓者,……作七轮扇。连七轮,……一人运之,满室寒颤。"又说:"高祖初入咸阳宫,周行库府。……铜人十二枚,……列在一筵上。琴筑笙竽,各有所执。……筵下有二铜管。……其一管空;一管内有绳,大如指。使一人吹空管,一人纽绳,则众乐皆作,与真乐不异焉。"又说:"霍光妻遗淳于衍……散花绫二十五匹。绫出巨鹿陈宝光家。宝光妻传其法。霍显召入其第使作之。机用一百二十镊,六十日成一匹。"这是多么有意思的发明!而"提花机"一种,价值更大。这几种幸而被刘歆写在杂记上,我们还可以知道个大概,其余没有被人记载的,不知湮没了多少!到唐宋以后,更变成轻视或疾视了!《新唐书·柳泽传》上说:"开元中,市舶使、右威卫中郎将周庆立,造奇器以进。泽上书曰:'庆立雕制诡物,造作奇器,用浮巧为珍玩,以谲怪为异宝,乃治国之巨蠹!'"简直的是骂起来了!更想着请皇帝治他的罪!明末王征,由西洋传教士邓玉函之口授,译《远西奇器图说录最》一部。这是我国从西洋输入物理学和机械学的开山祖。在我们看着是极有价值的一件事,可是他的自序上说:"……客有爱余者,顾而言曰,吾子向刻《西儒耳目资》,尤可谓文人学士所不废也,今兹所录,特工匠技艺流耳,君子不器,子何敝敝焉于斯?"这很可以代表当时一般读书人的心理。

总而言之。我国在秦汉以前,对于机械及任何工程原是重视的;秦汉以后,变为无足轻重;到唐宋以后,更变为轻视或甚至疾视了。因之历代特别聪明的人,都不肯向这方面去用心。少数特出的工人,即偶尔有所发明,有所改造,也没有记载的,或仅师徒口授,或竟密而不传,以致后人无由接受,以继续前进。晚近三数十年以来,一般人的心理,已稍稍改变。不过此种一两千年的传统心理,仍时时表现,很不容易一下矫正过来。所以我认为学习机械工程第一点应当注意的就是自己要审慎的考虑一下,如果认为自己是喜欢并且宜于研究机械工程的,就先要矫正这种心理,确定个人的信仰,认为发展工业是我们民族和国家前进的一种要素,而机械工程,又为各种工业的根基。机械工程学至少也是极重要的学术之一种。对于它能重视,才有信心,有信心才能发生研究它的兴趣。

第二点应当注意的,就是要改变从前读书人的态度。我国从前的读书人,大多数是好清洁、喜文雅，若是打算研究机械工程，是非改改态度不行的。特别是在我们中国这样的环境里。我们在家庭生活里边和在中小学学校生活里边，差不多都是没有和机械接近的机会。和工业发达的国家，环境是不同的。人家接近机器的机会非常的多，甚至小的时候，在家庭里的玩物，也许有不少含着机械的道理的。在我们是没这样的环境的，而研究机械工程，又非常接近实物不可，所以最好一有机会，就要亲近机械！摸抚它，使用它。如果情形允许的话，更要拆卸它，安装它，详细考查它各部的组织构造和作用。非这样，不算真研究机械工程。

研究学问，应该注意实物实事，不应当专靠书本。这种道理，吾国旧日的学者，也很有见到的，实行的。杨椒山的年谱上说：

"……关西韩公苑洛，讳邦奇，为南京兵部尚书。此翁善律吕、皇极、河洛、天文、地理、兵阵之学。而律吕为精。予师事之。先攻律吕之学，三月而得其数。乃告于师曰：'乐学非他学比，不可徒事口说，必自善制器，自善制乐，播之声音，各相和谐，然后为是。'遂自置斧锯刀钻，购桐竹，易丝漆。先自制管，管和矣。制琴，琴和矣。制瑟，瑟和矣。制箫、笙、埙、篪之类，无不各和矣。又和诸乐总奏之，如出一律。无不和焉。师甚喜曰：'我学乐五十年，只得其数。今赖子制其器，和其音，当代之学，舍子其谁欤？'"

顾习斋的《存学编》上，否认读书是学问的理由，说："以读经史、订群书为穷理处事以求道之功，则相隔千里；以读经史、订群书为即穷理处事，而曰道在是焉，则相隔万里矣。……譬之学琴然：书犹琴谱也。烂熟琴谱，讲解不明，可谓学琴乎？故曰以讲读为求道之功，相隔千里也。更有一妄人指瑟谱曰，是即琴也。辨音律，协声韵，理性情，通神明，此物此事也。谱果琴乎？故曰，以书为道，相隔万里也。"

这两位先生所说的、所行的，很能指出并矫正我国唐宋以下读书人的通病。近三二十年以来，凡学习实用科学的都在书本课程以外，加上实习。较以前是好的多了。不过至少还有一部分人，比较注重理论，轻视实习的。就是仍有以"熟读琴谱为学琴"的意思，前后恐怕落"学乐五十年，只得其数"的结果，若为应考试或数书起见，或者可以。若说到真正的学问，似乎是差一点。所以我说我们要学机械工程，非要设法亲近机械不可。不过当你去亲近机械的时候，你的衣服上也许弄上油，你的手上、脸上也许擦上黑。若钻到一个锅炉的焰道里去考查，你的身上更无疑的要弄上不少的灰土！然而你千万不要嫌恶它。你应当觉着这样是最美！比穿上最漂亮的西服，甚至擦上雪花膏还美得多！并且当你弄的衣服上、脸上、手上最脏的时候，你无妨照一个纪念像！等你当了总计画工程师、机厂厂长或机务处长的时候，也可以悬在你的办公室里作一个很好的纪念！总而言之。我们若是研究机械工程，想得好的结果，最要紧的方法是亲近机械，因为机械工程，不是专讲空理的东西。

第三点应当注意的，就是注重本国情形。凡研究应用科学的，都应当注重本国情形，研究机械工程也是如此。比方当我们研究燃料的时候，在外国课本上举的例，都是外国的材料。如言某地烟煤性质如何，某地焦炭性质如何，对于我们将来工作上是不适用的。我们应当设法找出本国的材料来加以研究。例如煤吧，我们应研究开滦的煤如何，井陉的煤如何，中兴的煤如何？当我们有机会计画或是制造机械时，有时也要注意此点。比方要计画一种灌溉机械，与其整个抄袭外国大规模的灌溉机械，不如就中国旧日用牲畜力的灌溉机，加以改良。使属于机械的部分，按照最新的机械学理计画。而原动力则仍用牲畜力，以便与农村经济情形相合。又如有机会创办某种工厂时，最好在可能范围内，先从小规模办起。等已有把握，再逐渐扩充。因初创一工厂，往往有想不到的失败之处。规模小时，影响较小。等逐渐修正，逐渐改良，确有把握后，再加以扩充，如此则比较易于成功。

以上三点，道理是极平常的。但是我认为我们要学习机械工程，特别是在我们所处的环境之下，是应当稍加以注意的。所以不避简陋，忽忽地写出，对于吕君也算是交卷了。

我国学术研究之回顾与前瞻

（一九四一年）

导读：

原载《高等教育季刊》，1941年第1期。刘仙洲在文中回顾并总结了我国学术的过去，展望了我国学术发展的未来前景，基于此为我国学术研究发展指明了方向。刘仙洲阐明学术的重要性，即“学术为国家各项事业的源泉”。“一民族在全人类的地位，也多是以其民族学术地位来评判高下的。”

在刘仙洲看来，“学术对国家民族之关系”是从事学术研究之前必须弄清楚的重要问题，关于学术对于国家民族发展之重要性，他提及，没有学术就没有国家在技术、经济上的独立，“欲求国家各种事业之独立前进，非先求各种学术之独立发展不可。”

刘仙洲回顾我国学术自周秦到明末的发展概况，归纳了西洋学术对当今的影响和过去的学术无法繁荣发展的原因。从宋代以后国事衰微的重大原因在于真正的学术日渐退步。自明末到清代中叶，我国学术史上出现了两大变化，分别为第一次吸收西洋学术和复兴秦汉以前的学术。首次吸收西洋学术有助于我国历法的确定，而复兴秦汉以前的学术对于推动我国数百年来的学术，乃至矫正秦汉以后文人的积弊都有裨益，值得大书特书。此后迄鸦片战争结束，我国开始第二次吸收西洋学术，在短时期内翻译大量西洋书籍，但未对我国学术和思想产生重大影响，唯严复译成《天演论》等多种书籍，给我国学者的思想带来了变化。北洋大学的创办开我国新式教育之先河，此后我国新式教育大学陆续萌发。民国十七年（1928年）起开始设立具有研究性质的研究院和研究所，全国总计三十五门研究科目。同时还有一些具有研究性质的机构诞生。刘仙洲认为实行新式教育却并未在学术上取得显著成绩，其阻力在于：学者思想不解放，被古人所束缚；我国学术历来偏重社会科学；历代儒者多具有排斥异端之成见；形而上与形而下的成见等原因。

刘仙洲提出我国今后提高学术的途径在于：其一，政府层面应给予重视，确定政策适当增加预算；其二，除从前不具备的研究科目外，对已经具备的不再扩充数量，集中精力做“质”上的增进；其三，扩充教育部学术审议委员会之组织及任务，奖励研究学术；其四，避免长于研究学术之学者改任行政；其五，吸收外国学术，扩充国立编译馆的工作范围，并提出了应分步骤地完成四项翻译工作；其六，有计划地整理我国旧学术，从中汲取有价值的营养。此外，还有改进留学政策、提倡理科、提高大学理工科之教学程度等值得注意的地方。

原文：

一　学术对于国家民族之关系

国家各方面之事业，多以学术为其基础。学术之程度高者，各种事业必比较易于发展。否则如无源之水，其流易竭。即使能勉强维持现状，亦极难有进步之可言。例如各工业先进国家，在各大工厂中，多自设有研究机关，不惜重资，聘请第一流之专家若干人，为厂中出品继续作学术上之研究。故其出品能日有改进，其营业能日见发达。又如目下航空工业，对于国家前途之关系，日见重要；空军之地位，对于国防上之重要性，亦日见增加。但若不于航空学术方面特加注意，继续作进一步之研究，则不但完全向国外购买飞机，非治本之道，即使多设工厂，从事装配与仿造，亦难期收伟大之效果。且“国之利器，不以示人”，能购买与能仿造者恐已为他国之二三等产品。又何能与之并驾齐驱？故欲求国家各种事业之独立前进，非先求各种学术之独立发展不可。

至于一民族在全人类中之地位，亦多以其民族学术上之地位判其高下。其民族对于全人类整个学术之贡献多者，则必为人所敬重。反之则必为人所轻视。民国二年（1913 年）春间，记者在故都青年会听严几道[①]先生讲演。彼曾谓：“……英人对于莎士比亚与五印度[②]，倘二者不可得兼，则必舍五印度而要莎士比亚。因能产生真正的大学者，实为民族无上之光荣也”。又民国五六年（1916 年、1917 年）间，吴稚晖先生曾在东方杂志发表一文（忘其卷数与题目）。内有：“……倘有人问吾民族所产生之大学者为谁？细加思索，仍不能不以二千年前之孔孟对！……”其结论中有：“然则学问之彦，固不重哉！国以之而光，种以之而贵！”因记者对此数语所受之感动甚深，故迄今二十余年仍不能忘。

总而言之，学术之高下，对于国家民族，无论就事业方面言，或就精神方面言，均有极重大之关系。故提高学术至少应为建国前途极重要事项之一种，主

---

① 严复，字几道（1854—1921），中国近代启蒙思想家、翻译家。

② 英国首相丘吉尔曾表述宁愿失去印度也不愿失去莎士比亚。

持及从事高等教育诸同人所当特别注意者也。

二　吾国自周秦至明末学术发展概况

吾国学术，在秦代以前，进展不为不速。与世界其他各先进民族比较，至少可称并不落后。自汉武帝专崇儒术、罢黜百家以后，因无比较、无竞争之故，致所谓儒术者，不但无所进展，即本来面目，亦渐渐不能保持。后历魏、晋、隋、唐，一面佛教来于外，一面道教兴于内。相倾相轧，掺杂混淆。至宋代诸儒，遂发生所谓"理学"一派。外袭儒者之名；内杂佛道之实。在谈心谈性一方面或就吾国哲学一方面言，虽不敢谓其无相当之贡献与地位，但就真正有用之学术及由学术所产生之事业一方面言，实无甚可称述之价值。故当时学者如陈同甫等对之已有极不满之表示。称之为："风痹不知痛痒之人"！（注一）。结果不但无救于南宋之衰微，终至亡于异族而后已。明兴，虽能光复故宇，惜学术士风，仍承宋代之余波。而虚浮之程度更行加甚。又创为制艺以愚弄全国聪明才智之士。致数传之后，边患频来。卒之又亡于异族。盖学术为人才事业之本。无真学术难望有真人才、真事业。倘无对于其他国家其他民族接触之机会，或可苟安于一时，一有接触，即曝露其弱点而莫能相抗。吾国自宋代以后，国势所以日衰，甚至两次见亡于异族，真正学术之日见退步，实为一重大原因也。

三　自明末至前清中叶吾国学术上之变化

自明代万历年间起至前清中叶，吾国学术上发生两大变化，在吾国学术史上均应占极重要之地位。其一为第一次吸收西洋学术；其二为复兴秦汉以前之学术。兹分别略述如下。

甲、第一次吸收西洋学术

明代万历年间，西洋人利玛窦来中国。徐光启、李之藻等与之游，尽量接受其天文算学等学。徐曾与共译《几何原本》前六卷，《测量法义》一卷。李曾与共译《同文算指》十卷，《浑盖通宪》两卷，《圆容较义》一卷。适当时吾国所用之旧历法每生差误，遂得更进一步的介绍机会。一面根据其理法以修正吾国之旧历，一面并尽力翻译其天文算学书籍（注二）。虽当时仍有守旧之辈如徐如珂、沈榷等横加反对，但因有天象上实际之证明，终不能以误妄之言加以推翻也（注三）。至前清顺治二年，西人汤若望又重行呈请施行新历法。当经派员共同测验，经证实后又加以采用，并命名为《时宪书》，颁行天下（注四）。其后虽又有吴明烜、杨光先等仍事反对，康熙四年甚至有将汤若望及所属各员俱罢黜治罪之举，但亦因有天象上事实之证明，至康熙九年又经采用（注五）。且自此以后,吾国之历法遂得确定。惜当时所介绍之学术,除极少数之例外,如王征与邓玉函合译之《远西奇器图说》外,只限于天算一类耳。

查此次吸收西洋天文算学一类学术所得之结果,除吾国数千年之历法赖以确定外,并开清代学者研究天文算学之风气。如王锡阐、梅文鼎诸人,对于数学上之造诣及著作,均迈越前古。其后所谓"汉学"家中,如钱大昕、江永及戴震等,对于数学上亦均有相当之成就。戴震并进而作整理中国数学之工作(注六)。且清代多数汉学家之治学方法,亦多间接受其影响,具有科学方法之精神。故此期吸收西洋学术之结果,在吾国数千年之学术史上,不失为极重要之一页也。

乙、复兴秦汉以前之学术

明末清初,吾国出数位大学者。在河北有孙夏峰、颜习斋;在关中有李二曲;在江苏有顾亭林;在浙江有黄梨洲;在湖南有王船山。其人率皆抱亡国之痛,始终不为清廷所用,思以真正学术拨乱反正,移风易俗(注七)。并培养人才,以备将来。惟对于宋明以来理学派之态度则彼此互异。孙夏峰与李二曲仍不脱理学派之传统思想。黄梨洲与王船山对于理学派则在若即若离之间。黄有"说经则宗汉儒,立身则宗宋学"之语。王船山对于明代姚江一派之流弊虽力加攻击,但仍尊宋儒。顾亭林反对理学,并有"古今安得别有所谓理学者?经学即理学也。自有舍经学以言理学者,而邪说以起"之言,但所排斥者为明代文人为学之态度及其言心言性之流弊(注八)。亦未明白攻击宋儒。且有捐资助成朱晦庵祠堂之举。惟颜习斋则完全排斥宋儒,毫不客气(注九)。且不认书籍为学问之本身;不认就书籍研究为求学之方法。直追周孔之六德(知,仁,圣,义,忠,和)、六行(孝,友,睦,姻,任,恤)、六艺(礼,乐,射,御,书,数),而以身体力行为归。常曰:"如天不废予,将以七字富天下:垦荒,均田,兴水利。以六字强天下:人皆兵,官皆将。以九字安天下:举人才,正大经,兴礼乐。"又所规书之漳南书院计分四斋。东第一斋,曰"文事",课礼、乐、书、数、天文、地理等科。西第一斋,曰"武备",课黄帝及太公孙、吴兵法,攻守营阵水陆诸战法,并射御技击等科。东第二斋,曰"经史",课十三经、历代史制诰章奏、诗文等科。西第二斋,曰"艺能",课水学、火学、工学、象数等科。是俨然一分科大学之规模。倘当时能实行而推广之,则吾国数百年来学术上之进展,当已另达一种程度,可无疑义。

顾黄之学术,一再传而发生所谓汉学一派。惠栋、江声、钱大昕、江永、戴震、段玉裁、王念孙、王引之诸人,其最著者。对于吾国古书之训诂,名物之考证,以及小学、音韵、数学者,均有甚大之贡献。其治学之方法与成绩,在秦汉以后，当首屈一指。颜习斋一派，因不合时宜之故，一传于李塨、王源，再传于冯辰、刘调赞等，遂致中断。但其学术之真实，眼光之远大，以及矫正吾国秦汉以后文人积弊之彻底，二千年来实未见有其伦比。此种运动，可总称之曰恢复秦汉以前之学术之运动（其中亦有少数只限于尊崇汉学者）。在吾国学术史上，亦当大书而特书也。

四　第二次吸收西洋学术及其影响

自前清雍正年间，放逐耶稣会士以后，吸收西洋学术之精神遂告停顿。迨鸦片战争以后，国人始又稍稍注意外事。如魏源之编译《海国图志》，徐继畬之编译《瀛寰志略》，即此种趋势之见端。道光二十二年，对于国人研究西洋天文算法者不再禁止（注十）。咸丰二年，李善兰在上海遂与西人伟列亚力起始合译《几何原本》后九卷，完成徐光启未竟之业。后又续译《谈天》十八卷，《代数学》十三卷，《代微积拾级》十八卷，《奈端数理》若干卷。与西人艾约瑟各译《重学》二十卷，《圆锥曲线说》三卷。此为吾国第二次吸收西洋学术之开始。至同治初年，总理衙门设同文馆于北京。并设印书处以印翻译之书籍。李鸿章复就上海敬业书院地址设方言馆，教西语西学，并以译书为学生毕业之证。同治六年，移并于江南制造局，易名为翻译馆，专以译书为事。当时采用之译法与明末时相同，即西人口授，中国人笔述。西人中计有傅兰雅、艾约瑟、林乐知、金楷理诸人。中国人中计有华蘅芳、徐寿、徐建寅、王德均、赵元益诸人。所成之书，达百种左右。合北京同文馆、登州文会馆、上海益智书局等所译之书，总计约在三百种左右。并出一种季刊，名曰《格致汇编》，译载新发表之短篇论文。在短时期中能达到如此成绩，已属不易。惜当时一般学者之精神与眼光远不及明末清初诸人，故对于吾国整个学术及思想上，并未发生多大影响。至光绪二十二年（1896 年）以后，严几道连续译成《天演论》《原富穆勒名学》《群学肄言》《群已权界论》及《法意》等书，吾国一般学者之思想上，方为之一变。

五　施行新式教育以后吾国学术进展情形

吾国正式施行新式教育，可谓自前清光绪二十一年（一八九五年）北洋大学之创办开始。迄今已有四十五年之历史。二十四年京师大学成立。民国五年（1916 年），合公立私立，只有北京、北洋、山西、中国、朝阳、大同、复旦等七校。民国十六年（1927 年）已增至三十六校。至现在已达四十校以上。至专门研究学术之组织，在学制之规定上，亦已有三十八年之历史。因前清光绪二十八年（1902 年）《钦定学堂章程》中，即在大学堂之上设有大学院。光绪二十九年（1903年），张百熙等人之《奏定学堂章程》，改大学院为通儒院。并规定“以五年为限，以能发明新理，著有成书；或能制造新器，足资利用为毕业”。民国元年（1912年）及十一年（1922年），两次公布之学制系统表内，均于大学校以上冠以大学院。民国十七年（1928年）五月，经第一次全国教育会议，将大学院改为研究院。唯事实上因人才设备两均缺乏之故，除北京大学之研究所国学门及清华大学之国学研究院设立较早以外，其他各大学并未实行。

民国十七、十八两年（1928年、1929年），中央及北平两研究院相继成立。同时中山大学及北平师范大学等亦各设立相当之研究所或研究院。北京、清华两大学之研究所亦逐渐加以扩充。私立大学中如燕京、金陵、南开等亦各设立相当之研究所。民国二十四年（1935年）以后，又有中央大学、北洋工学院及武汉大学各添设相当之研究所。截至目下止，各大学及中央、北平两研究院所有之研究科目，计有：国学、哲学、中国文学、外国语文、历史、语言、社会科学、政治、经济、法律、国情普查、教育、天文、算学、气象、物理、化学、生物、动物、植物、生理、地质、镭学、工程、土木、机械、电机、航空、采冶、无线电、金属、农艺、病害、虫害、药物等三十五门。此外如中央工业试验所、中央农业试验所、经济部地质调查所、交通部公路研究实验室、静生生物调查所、中国营造学社等部均属于研究性质。

就以上情形观之，可知吾国自施行新式教育以来，专科以上学校之数目已达一〇一所（据二十八年教育部统计室发表之统计）。至于研究院所之组织，在战前全国计有廿六个研究所、四十五个学部。抗战军兴以后，虽稍有停顿，嗣经行政局的调查，至二十八年度国立各院校已设有十八个研究所、三十三个学部。在四十五年之历史中，组织上之进展不为不速。至就成绩一方而言，则可根据设置之目的分为两部。即专科以上学校本身之目的，可视为系造就各种事业一般的干部人才。独立的研究院所及各大学附设的研究院所，其目的可视为完全在提高吾国之学术（有时当然亦含有应用之意）。就前一种目的而言，其成绩似尚有可观。目下全国各种事业中之干部人员，大多数系各专科及以上学校之毕业生，即其明证。例如各铁路、各公路、各矿厂、各实业工厂、各水利机关，从前非借重外人不能办者，今则完全由本国人任之。此不能不认为系过去数十年来各专科以上学校之成绩。就后一种目的言，虽各研究院所实际上只有十余年之历史，但其成绩，亦已有相当之表现。特别在具有地方性之各部门。如地质，气象，生物，历史研究中之考古一部分，营造学社中之中国古代建筑一部分，药物学研究中之中药一部分，均大体达到世界学术界之水平线。惟不具地方性之各部门，显然尚不能与先进国并驾齐驱。但在抗战以前三数年中，在外国著名专科杂志上发表论文者,已日渐加多。倘稍假以时日,一面更改善其环境,充实其设备,则一二十年以后,似亦不难迎头赶上也。

六　吾国过去对于学术进展上之阻力

吾国人之聪明,不在任何民族之下,此就吾国留学生在外国各大学或研究院之成绩,可以见之。然在过去数千年之历史上,自秦汉以后,学术不但不见进展,反日见退步;近几十年来,虽已施行新式教育,亦未见有极显著之成绩者。以个人所见,原于下列数种原因者为多。

甲、自汉武帝专崇儒术、罢黜百家以后,学者思想多被古人所拘,历代帝王亦多袭用其故智,大有"崇拜偶像"之流弊。如宋明学者,多不敢非议宋儒。清初之汉学家,向不敢批评汉儒。至戴震虽能打破汉儒之范围,颜习斋对于廓清历代学者之积弊更为彻底。且有:"立言但论是非,不是异同。是,则虽一二人之见不可易也。非,则虽千万人之所同,不随声也。岂惟千万人,虽百千年同迷之局,我辈亦当以先觉觉后觉,竟不必附和雷同也"之言。然对于周孔则须除外。甚至对于繁重之"礼"及不适时之"御",亦必加以学习。此种过于被古人所拘之情形实为学术进展上之阻力。

乙、自孔孟以来,吾国所谓学术即偏重社会科学一方面。自然科学一方面,虽间有表现,但始终似未列入学术范围以内。数学一种,至明末清初,因与历法有关,始对之有相当之研究。如李诫之《营造法式》、王祯之《农书》、宋应星之《天工开物》、徐光启之《农政全书》及王征之《远西奇器图说》等,在吾国学术之著作中,真如凤毛麟角矣。

丙、自孟子发表距杨墨之言论以后,历代儒者,多具有排斥异端之成见。以为不如是不足以附于圣人之徒。故每有吸收外来学术之机会,即有一部分人士加以反对,使之不能进展。

丁、吾国旧日学者,多具"道与艺"或"形而上与形而下"之成见。以为读书人研究之对象,只有"道"或"形而上学",结果遂多轻视自然科学及应用科学。此种流弊,直至施行新式教育以后,仍未能完全免除。即使学习应用科学者,亦多喜研究理论而不喜动手,即其明证。

以上数种原因,在过去两千余年中,对于学术之进展上,阻力甚大。自施行新式教育以来,幸已逐渐减轻。"五四"运动以后,以"打破偶像,重新估定一切价值"相号召。矫正之处尤多。此后但能稍加注意,不使故态复萌,则对于新学术之进展上当无多大妨碍也。

七　吾国今后提高学术之途径

吾国过去学术上之变化，每与外患之刺激有相当之关系。有万历天启年间之外患频仍，遂有徐光启、李之藻等之吸收西洋学术。有明代亡于异族之深痛，遂有顾亭林、颜习斋等之倡导孔孟实学。有鸦片战役之失败，方解除研习西洋天文算学之禁令。有英法联军之攻陷北京及太平天国之役之借重外人，方发生第二次吸收西洋学术之计划。有甲午及庚子两役之重创，始毅然停止数百年来之科举制度而采用新式教育。此皆历历可考而知者。

此次吾国所遭遇之外患，其严重之程度为有史以来所仅见。而此次之全面抗战，对于吾国家吾民族前途之意义亦特别重大。抗战胜利以后，各种事业必一律振兴。其有赖于各种学术以建其基础者，亦必较过去任何时代为尤殷。故吾国政府此时，应特别对于各种学术加以有计划的提倡。盖建国之前途，非各种学术一律提高，必难达到预期之目的也。至提高之方法，就个人愚见所及，略举如下。

甲、政府应确定政策。认吾国将来各种事业之发展，均以将来各种学术之程度如何为其基础。且不但建国需要较高之学术，即现在抗战，亦需要较高之学术。故对于此事应特别予以重视。即使因此之故，预算须有相当之增加，亦应勉为其难。绝不应视为可以暂缓，或仅系敷衍门面之事。

乙、按吾国目下之情形言，所有大学之数目及研究院所之数目已不为少。故在一定期间以内，除对于抗战建国前途有急切之需要，而为前此各大学及各研究院所所无者，如大学中之兵工系及造船系，研究院中之内燃机研究所、液体燃料研究所、低温蒸馏试验所等外，暂行停止对于“量”上之扩充（造就各种事业一般的干部人才之专科学校及专修科等仍应在数量上加以扩充）。实际上就其性质重复者加以归并，就其毫无成绩者加以停办均无不可。但在另一方面，应尽力作“质”上的增进。设备应切实加以充实，人才应尽力加以调整。必要时并可采用初办大学时之办法，用优薪聘请外国有名导师任研究指导，而以本国学者副之。十数年后，再由本国学者渐渐代替。

丙、奖励研究学术之风气。其法可扩充教育部学术审议委员会之组织及任务。并根据该会会章第十二条，组织各专门委员会。每年对于全国各科学者所研究之成绩，所发表之论文及著作，加以评定。规定奖励办法，择优分别给予奖金、奖牌、奖状，或给予部聘研究员、部聘教授等名义，以保障其地位、增加其荣誉。甚至在服务机关中名义及薪俸之进级，均可以此为重要之参考，而不必专凭年限之长短为奖励及进级唯一之标准。

丁、避免使长于研究学术之学者改任行政。人之聪明及性格，固有担任任何职务均能胜任愉快者，但大多数每有所偏。长于担任行政者，未必即长于研究学术；长于研究学术者，未必即长于担任行政。若用非所长，必致交受其害。吾国过去著名学者，如严几道，如梁任公，论者多谓倘不参加任何政治活动，而专心致力于学术之介绍与研究，则其成绩之足以遗吾后人者必当更大（注十一）。近年来，有若干科学专家，其专门学术上之造诣，在世界学术界，均将得到相当之地位。政府对之，不尽力与以研究学术上之便利与奖励，使百尺竿头，更进一步，侧身世界第一流学者之林，乃使之改任行政。在政府一方面之动机，或可解释为此正所以重视学者，此正所以奖励学者。社会一般人之看法或亦具有同感。惟吾国之行政尚多未上轨道，往往须耗费大部分之时间、牺牲大部分之精神于人事或经费问题。无谓之周旋、酬应、集会、送迎，尤使人感觉头痛。多数纯粹学者盖莫不以此种生活为苦事。因学者之习惯，多比较勤苦、比较清廉之故，所任之行政，或不无相当之成绩。但综合计之，国家学术上之损失，则不可以道里计矣。故政府对于国内有希望之学者，宜在其所研究之学术上，尽量予以奖励及方便，除其本人对于某项行政具有相当之抱负，或某种事业非彼不能胜任者，以不轻于使之改任行政为宜。盖在学术上努力，为国家为民族，其责任亦极为重大也。

戊、尽量扩充国立编译馆之工作范围，并增加经费，自设印刷所，使完成其应负之使命。在今日欲提高吾国学术之程度，第一步非先从吸收外国学术入手不可。盖不如此，不但国家整个的学术无法提高，即欲整理固有之学术亦不知如何着手也。该馆目下急应负责进行之事，计有下列四项：（1）完成一部中文大学各科教科书；（2）翻译大学各科重要参考书；（3）翻译世界名著，以提高一般的学问水平；（4）翻译世界各科著名杂志。此一项进行之步骤应分为两部。即对于旧杂志或暂缓翻译，或按历史性的翻译，即每一重要问题，按时期之先后，先加一番整理，再译出而印为一册。使欲研究此问题之经过者读此一册即足。其无关重要或已见于普通书籍者，即不再译。对于新杂志，则分期择要加以散译，由编译馆综合分类出版，以供参考。至翻译之人选，可由各研究机关及各大学分工为之。

欲达到吸收外国学术之目的，此四项工作，应同时优先为之。盖无（2）（3）两项，则（1）项缺少参考读物。无（4）项，则无中文参考之新材料也。至将来各国所出之新书，亦应随时择要译之。

查宋代太宗、真宗两朝，曾编辑《太平御览》《太平广记》《文苑英华》及《册府元龟》四大书。明代成祖时，曾编辑《永乐大典》。清代康熙、雍正年间，曾编辑《古今图书集成》；乾隆时又编辑《四库全书》。此皆系以政府之力，集当时多

数学者为之。对于吾国学术均有甚大之贡献。此次抗战建国，在吾国历史上意义之伟大，远非昔比，更应对于学术上作一番具有开国规模之大工作，以垂诸久远也。

己、整理吾国旧学术。吾国数千年来之学术，自有其相当之价值，惟多不科学化。吸收外国学术未达到相当之程度时，则整理之方法或不适当，判断之眼光或不正确。故欲有效的整理吾国固有之学术，亦有赖于吸收新学术。较远之例，如清儒之考证古籍，其所用之方法，多间接受到第一次吸收西洋学术之影响。较近之例，如非研究西洋哲学有根底之冯友兰，不能写出一部《中国哲学史》；非研究西洋数学有根底之李俨，不能写出一部《中国算学史》；非研究西洋水利工程有根底之郑肇经，不能写出一部《中国水利史》。此种事实，严几道在四十年前即见及之。其所著之《救亡决论》中有言："……从事西学之后，平心察理，然后知中国从来政教之少是而多非。即吾圣人之精意微言，亦必能通西学之后，以归求反观，而后有以窥其精微，而服其不可易也。"又彼对吴汝纶亦有"新学愈进，旧学愈益昌明"之言。皆为不刊之论。故当吸收西洋学术至相当程度之后，更宜有计划的对于吾国固有之学术加以整理。如此则不但可使吾国学术之真价值得曝露于全世界，且对于国人之民族意识及爱国思想，亦有极大之好影响也。

其他如留学政策应再加以改进，提倡理科，并特别提高大学理工科之教学程度以为研究高深学理之根基等，均为提高吾国学术过程中应注意之点，兹不具论。

注一 《龙川文集·上孝宗皇帝第一书》。

注二 《畴人传》卷卅二《李之藻传》。

注三 《畴人传》卷卅二《徐光启传》。

注四 《畴人传》卷四十五《汤若望传》。

注五 同上。

注六 《中国算学史》第十章《算经十书》。

注七 《亭林文集》之《与友人论学书》；《颜氏学记》之《与孙夏峰书》《与陆桴亭书》。

注八 《亭林文集》之《与潘次耕札》《与友人论学书》。

注九 《颜氏学记》卷三年谱。

注十 《畴人传》三编《李善兰传》。

注十一 《严几道年谱》第一百页；《清代学术概论》第一百五十页。

对于我国大学工学院课程的几点意见

（一九四一年）

导读：

工业教育关系着国家的强盛，甚至是国家民族的命运。身处抗日战争时期，刘仙洲主张坚持工业教育，坚持办好工学院，对我国大学工学院的课程提出了重要的改进意见。他回顾我国自北洋大学首先在大学设立工科的历史，将其划分为以下四个时期：外人代订时期、政府规定时期、解放及纷乱时期和渐趋合理时期。对渐趋合理时期产生的部颁科目表中的工学院课程提出了十四个方面的修正意见。这是在探索我国摆脱对外国人的依赖，自主培养工业人才道路上的一次重要探索。他认为教育部颁布的工学院课程，虽然已经比较完善，但课程分量仍失之稍重，需要进行根本性的调整。方法一，考虑适当酌减四年级必选及任选科目中过于专门的课程，注重对学生的基本训练。选择办理较为优良、设备较为充实的大学，建研究院，合理安排基本训练和研究训练。方法二，大学实行五年制，酌情考虑增加实习环节。此外，刘仙洲呼吁教育部特别关注抗战胜利后国家建设急需的而各校尚少设置的系别，如造船工程系、兵工系和冶金工程系等，应尽快筹备增设。

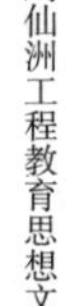

原文：

甲、过去的略史

吾国大学之设有工科，已有四十六年之历史（注一）。在此四十六年之中，对课程方面，大体经过下列数期的变化。

一、完全由外人代订时期

当创办之初期，政府方面几无从自行订定。故所有课程，均由当时主持教务之外籍人士代订。如北洋大学之丁家立，南洋大学之福开森，山西大学之李提摩太等，均为显著之实例。政府对之，只有备案及监督进行之权而已。至所规定之内容，以现在之眼光观之，当然失之幼稚（注二）。

二、完全由政府规定时期

至吾国全部施行新式教育以后，遂改为完全由政府规定。如前清光绪二十九年（1903年）颁布之《奏定学堂章程》及民国二年（1913年）颁布之《大学规程》；将工科各学门应授之课程，均具体的加以规定。且比较甚为详赡（注三）。当时主持校务者，亦均一律遵行。就作者所知，北洋大学直至民国十七年（1928年），仍按照民二（1913年）（编者注：民国二年）《大学规程》办理，并逐年将各科教材之内容及进度按时报部。所规定之课程及实施之结果是否完善，为另一问题；其具有统一标准及整齐划一之精神，则远非后此十余年所能企及。

三、解放及纷乱时期

自民国八年（1919年）五四运动以后，教育界之思想大为解放。当时一二领袖大学之主持人在教育界之地位又甚高，因之学校之主张，往往能左右政府之功令。民国十一年（1922年）颁布之《学校系统改革令》，大学已准采用选科制。民国十三年（1924年）颁布之《国立大学条例》，更直将各科课程完全委之学校之教授会，使自行订定。而此后十数年间，各省由专门学校改办大学及由数个专门学校合并为一大学之运动，又风起云涌。其课程之订定，或依旧有之设备为转移；或以原有之人才为根据。虽博得“因地制宜”及“自由发展”之美名，但同时即发生“因人设课”或“避重就轻”之流弊。结果遂致学生之程度不齐，各校之标准凌乱。幸当时办理工科之各校尚比较稳健，大体上仍依照大学规程办理。故所受之影响，较之他科为少。

四、整理及渐达于合理化时期

自民国十七年（1928年）第一次全国教育会议以后，教育部始洞悉前此之流弊，拟着手加以整理。先从调查、统计及比较入手。至民国二十七年（1938年），陈部长（编者注：陈立夫）到部后，更锐意进行。广事征询，慎重审查（注四）。在政府方面可谓极尽其虚心采纳之诚；（又作者于去年九月间参加教育部招集之“大学用书编辑委员会”及今年三月间参加教育部招集之“七种名词审查会”时，每次会议完毕后，高等教育司吴司长均殷殷以部颁大学课程向到会同人征询意见，其虚心之处，诚有足多者）而各大学及各科专家亦莫不竭力贡献其意见（注五）。且就此次颁布之结果及“施行要点”观之，于一定标准之外，复具有相当之伸缩性（注六）。故此次之整理，事实可谓兼采前述三时期之长而尽去其短。因此次教育部所采之方法，系将政府、学校及各科专家之意见合而为一，公订而共守之也。

乙、对于此次部颁科目表工学院课程之修正意见

就前段第四项所述之情形观之，可知教育部此次整理之结果，已渐达于完善之地步。唯就作者个人所见，尚有若干不甚重要之点，应再加以修正。兹谨列举于下，以备参考。

一、科目名称应再加以斟酌者

1. 应用力学　改为“静动力学”较好。查“应用力学”一名，系由 Applied Mechanics 译来。原义包括甚广。凡刚体之静力学与动力学，非刚体之弹性力学及材料力学，及流体之水力学等，均包括在内。在美国麻省理工大学，系用此总名而加以注脚：如应用力学（一）为静动力学；应用力学（二）为材料力学；应用力学（三）为水力学等等。在英国伦敦大学 Dalow（达洛）教授所著之《应用力学》，其内容亦系包括前述数项而并有之。只美国有少数著者如 Poorman（普尔曼）等所著之《应用力学》，只包括静动力学两部。名实似嫌不符。吾国各大学在此科目下所授者，只为刚体之静力学及动力学；故为名实相符起见，以改为“静动力学”较好。

2. 机动学　改为“机构学”（Mechanism）或“机械原理”（Theory of Machines）较好。普通言之，“机动学”（Kinematics of Machines）一名词，只包括本科应授课程之一部。近年来虽有少数美国著者，用此名以包括全部，究不若前两名比较普遍。又倘采用“机构学”或“机械原理”时，最好分为两部。如“机构学（一）”或“机械原理（一）”，内容只包括普通机构及各种普通传动机构之构造及作用。凡规定二学分之各系，读此一部即足。“机构学（二）”或“机械原理（二）”，内容包括较复杂之机构及“机动学”部分。凡规定五学分之各系，须（一）（二）均读。编辑教本时，连续编（一）（二）两编即可，不必分编二学分及五学分之两部“机动学”。

3. 汽瓣机关　本年三月间，审定之机械工程名词普通部，对于 Valve 一字之译名，已采用“阀”字。不用“瓣”字。故应改为“汽阀机关”。

4. 应用机动学　如 2 项改为“机构学”，此科目即改为“应用机构学”。如改为“机械原理”，则此科目可用“高等机构”（Advanced Mechanism）或“工作机原理”。因其内容系研究数种机械相合并，组成较为复杂之工作机之重要部分也。

5. 自动机　改为“自动机械”较好。因其内容系研究各种“自动机械”（Automatic Machines）或各种工作机上自动部分之构造及作用。若只用“自动机”三字，易误为“自动的发动机”，或汽车及飞机上所用之发动机。

二、科目名称或其他名称应前后一律者

1."引擎"与"发动机"　查此两名词均系由 Engine 一字而来。"引擎"系译音,"发动机"系译义。此次颁布之科目表,有在同页之中,两名词并用者。如一七二页"引擎动力学""飞机发动机"及"风洞及引擎试验",似应改为一律,并建议专用"发动机"一名。遇有复名词欲求简练时,可只用一"机"字。如 Internal Combustion Engine 可直用内燃机;Steam Engine 可直用蒸汽机;"引擎动力学"可改为"机动力学"。发动二字可以省去。"风洞及引擎试验"则最好称"风洞及发动机试验"。

2."设计"与"计划"　查此两名词均系由 Design 一字而来。此次颁布之科目表中,亦系并用。如一六二页之"结构计划"及一六四页之"河工设计"是。倘将"计划"二字易为"设计",或"设计"二字易为"计划",毫无分别。作者个人从前有一种偏见,向不好采用"设计"及"机构"等名词,因系由外国抄袭而来。其实亦无甚关系。因近年来采用"设计"二字者日多,故建议即一律采用"设计"二字。

3."制图"与"绘图"　此两名词,原无甚分别。唯应归为一律。一六七页机械系科目表中,用"机械设计制图";一七一页航空系科目表中,又用"机械设计绘图"。似应改为一律。近年来采用"制图"者日多,故建议一律采用"制图"。

4."第一二学期"及"上下学期"　表中凡各系必修科,一学年均分为"第一学期"及"第二学期";但在工学院文系选修科目表上,则又将一学年分为"上学期"及"下学期"。吾国目下既完全采用两学期制,似以一律采用"上""下"分法较好。因不但减少一字,且与分别学年之数字不易混淆也。

三、工学院共同必修科目表应修正之点

1. 国文　建议增为六学分。上下学期各三学分。因近年来,一般学校生之国文程度日差;且重要性不宜次于外国文。教材方面宜多注意应用文字,如报告书、计划书之类。

2. 数学　宜定名为"微积分"。因"数学"二字,包括之范围太广。工学院第一学年所授者既确定为微积分,即宜定明。

四、土木工程系必修科目表应修正之点

1. 工程材料　应改至第三学年上学期,并增为三学分。因"材料力学"系第二学年下学期之课程,"工程材料"应列在"材料力学"之后,又此种知识对于实际工作时极为重要,故建议酌为增加。

2. 地质学　应改为"工程地质学"。因在土木系所读之"地质学"与普通地质学内容不同,多偏于工程有关者。故宜加以区别。

3. 微分方程　应改为必修,并规定三学分。因高深数学为进一步研究及阅读外国较深的工程杂志之基本工具,故建议列为必修。

4. 最小二乘方及应用天文　此两科可独立占三学分。或规定应用天文占二学分,最小二乘方并入测量讲授。

5. 材料试验　应改至第三学年下学期。因应在读过“工程材料”之后。

6. 钢筋混凝土　应改至第三学年下学期。因应在读过一学期“结构学”之后。

7. 钢筋混凝土设计　应改在第四学年上学期。因应在读过“钢筋混凝土”之后。

五、土木工程系选修科目表应修正之点

1. 高等结构学　应改在第四学年上学期。

2. 高等结构学设计　应改在第四学年下学期。

以上两科原定时间倒置。应先学理论,后作设计。

3. 河工学　应改为“河港工学”或“河港工程”。因本科内容多包括港工在内。

六、水利工程系必修科目表应修正之点

1. 工程材料、地质学、最小二乘方及应用天文或微分方程、材料试验四科,与土木工程系同。

2. 河工学　应改在第三学年下学期。因应在读过“水力试验及水文学”之后。

3. 河工设计　应改在第四学年上学期。因应在读过“河工学”之后。

七、机械工程系必修科目表应修正之点

1. 工程材料　与土木工程系同。

2. 金工　金工一科,对本系学生比较重要,应增为五学分。每实习三小时之前,均须加一小时之讲演。即上学期每周讲演一小时,实习三小时,给二学分。下学期每周讲演二小时,实习六小时,给三学分。

3. 热工试验　应改在第三学年下学期及第四学年上学期。因原定时间所读“热工学”尚不足。

4. 材料试验　与土木工程系同。

5. 增加“校外实习”一项　在第三学年终了时,暑假期间应赴校外设备比较完善之动力厂(动力组必往)或机器制造厂(制造组必往)实习四周至六周。回校后并须交厂方实习满意之证明书及实习报告。经审核认为满意时,给三学分。

八、机械工程选修科目表应修正之点

(1)制造组必选科目中,应增加“制造方法”三学分及“工具设计”三学分。因此两科为制造组极重要之课程。

(2)两组共选之科目,应加“汽车工程”三学分,“接焊学”二学分,“锅炉设计”二学分,“水利机械设计”二学分。因以上四种科目,实际上颇为重要。就中前两种近年来发展尤速,故应加入。将“汽车工程”列入动力组必选,“接焊学”列入制造组必选亦可。

九、航空工程系必修科目表应修正之点

1. 工程材料　与土木工程系同。

2. 机械设计制图　可减为二学分,每周实习六小时。因原订每周三个下午制图,失之稍多。

3. 热工试验　与机械工程系同。改在第三学年下学期。因所读“熟热工学”尚不足。

4. 材料试验　与土木工程系同。

5. 飞机结构学　(一)应改为(一)(二)共六学分。第三学年上下两学期各三学分。

6. 空气动力学　修正与“飞机结构学”同。因以上两科对于航空工程系学生非常重要,故应将(一)(二)均定为必修。

7.“航空仪器及设备”“风洞及发动机试验”两科,应改在必修科目中。

十、航空工程系选修科目表应修正之点

1. 空气动力学　只余(三)。

2. 飞机结构学　只余(三)。

十一、电机工程系必修科目表应修正之点

1. 工程材料　与土木工程系同。

2. 电磁测验　应改至第二学年下学期及第三学年上学期。因应在已读一部分“电工原理”之后。

3. 直流电机　减为四学分即足。排在第三学年上学期。

4. 交流电路　应改在第三学年下学期。

5. 交流电机　应改在第四学年上下两学期。

6. 电机试验　应改在第三学年下学期及第四学年上下两学期,各两学分。

十二、电机工程系选修科目表应修正之点

1. 实用无线电　应独立为一科。定二学分。排在第四学年下学期。

2. 电机组必选科目应再加“实用电子学”及“电波学”两科。各二学分。排在第四学年上下两学期。因比较甚重要。

3. 电机设计　应将（一）排在第三学年下学期，将（二）排在第四学年上学期。

4. 原动力厂　应独立占三学分，因对电力组甚为重要。

5. 工业管理　自占三学分。

十三、化学工程系必修科目表应修正之点

1. 热机学　应改为“热工学”。六学分。第三学年上下两学期各三学分。因“热机学”中所授之“热力学”部分不足化工系之用。

2. 电工学　应减为三学分，因原定六学分失之多。并改在第四学年上学期。

3. 电工试验　应减为一学分。改在第四学年下学期。

十四、化学工程系选修科目表应修正之点

“理论化学”及“理论化学实验”两科应改为必修科。因理论化学为化学之基础，为使学生增加学术上之兴趣起见，应改为必修科。

其余矿冶、纺织、建筑等系课程，因记者对之素无经验，且就近无此三系之专家可以商读，故从略。

丙、将来之趋势

此次教育部所颁布之工学院课程，虽已述到比较完善之地步，但尚有一次较为重大之问题，非再根本加以调整，恐不易解决。即就工学院各系四年全部之课程言，分量失之稍重，大多数学生均有食而不化之苦是也。查此次颁布之课程表，大体上系依据国内数个办理比较完善、设备比较充实之大学现行之课程，加以综合比较及折中而订。就作者所知，此数个大学所收之学生，成绩比较整齐；教师人才及其他教学设备，亦多比较充实。然大多数学生仍感有繁重之苦，甚至有“填鸭式教育”之呼声！在一般招生限于地域，以致学生程度降低，教师人才及其他教学设备亦比较缺乏之大学中，倘责以严格实施，其困难当有更甚者。将来设法提高各省高中一般的水准，或不失为根本纠正之一法；但在大学工学院本身，将来或有采用下列办法之趋势。

（一）大学一段，仍为四年制。但将现颁课程表四年级必选及任选科目中之过于专门，在外国大学多属于研究院范围以内者，斟酌减去一部。查吾国大学工学院现行课程之订定，多受留学回国教师之影响。因新回国之教师对于在外国研究院专门研究之科目，自感兴趣；同时吾国各大学工学院虽设有研究院，其真能实行者固甚少，结果遂自然的渐渐加入第四学年课程之中。此为课程失之繁重之主要原因。使在四年之中，特别注重基本训练，并不分组别。一面则有计划地择数个办理较为优良、设备较为充实之大学，令切实办理研究院，妥为分配，力避重复。如此则各大学工学院毕业生之成绩优良者，得有进一步研究高深课程之机会；其余大多数即使不再入研究院，亦已有自行修习之能力。

（二）试行五年制。将现订之课程（不再增多）重行分配于五年之内。使各科每周所授之时数酌为增多；学生自习之时间亦使较为充裕。第一学年完全注重科学基础，如此则不但各科基本训练能得较深之根基，后数年之专门课程，亦易得有充分之学习。如时间上认为再有余裕，则酌加实习时间，以矫正吾国学生重理论轻实习之宿弊。

此外尚有一点，希望教育部特别注意者，即应择抗战胜利后对于建国前途更感需要而现在各校尚少设置之系别急行筹划增设是也。就作者个人意见，至少有下列三点：造船工程系；兵工系；冶金工程系。

吾国过去，自甲午以后，可谓无海军之可言。战后进行建国工作，则势在必办。故应先事预备，择定适宜之若干学校筹划设置。兵工亦然。至冶金工程系，北洋大学于民国九年（1920 年）至十四年（1925 年），原曾设置。后因国内冶金工业太不发达，毕业生用路太狭，遂又并入采矿工程系而称之为矿冶工程系。此次战后之情形，当大异于前。对于冶金工程人才必有感觉缺乏之一日。故宜预为准备，援水利系由土木系分出、航空系由机械系分出之例，仍使之独立为一系。

注一、北洋大学创办于一八九五年（清光绪二十一年）十月二日，至本年十月二日恰为四十六周年。且创办之初，即有工科。

注二、参看丁家立所编之北洋大学题名录。

注三、参看张之洞之《奏定学堂章程》及民国二年（1913 年）颁布之《大学规程》。

注四、参看教育部所编之大学科目表。“订颁经过”四页至十页。

注五、参看教育部所编之大学科目表。草案之编订、审查及会议之专家名单。

注六、参看教育部二十八年八月颁布之“施行要点”五条至十条。

注七、请参看教育部编订之大学科目表中“工学院共同必修科目表”及“工学院分系必修及选修科目表”。

培植工业建设人才之具体计划

（一九四三年四月）

导读：

本文原载《东方杂志》。刘仙洲基于多年从事工业建设及工业教育的积淀，针对工业建设人才的培植问题进行了一系列讨论，拟定出我国培养工业建设人才的具体计划。当时，艰苦卓绝的抗日战争还在进行，我国工业建设需要的人才与各级工业学校毕业生总数之间存在巨大的缺口，刘仙洲建议急速另筹培植及训练方法，对高级工业技术人才、中级工业技术人才和特殊工业技术人才加以补充。

针对抗战结束前后的不同时段，他主张因时制宜，提出培养高级工业技术人才、中级工业技术人才、特殊工业技术人才的具体可实施方法，也对其他应准备的事项如师资、教学用书、学生等作了具体说明，形成了完整的计划书。刘仙洲特别提到了资送学生出国学习，培植特殊工业技术人才的问题。

原文：

一、绪论

工业建设为建国历程中极重要之一项。根据蒋委员长最近手著《中国之命运》经济建设中所提出之计划，知实行“实业计划”在最初十年内，即需要高级工业技术人才二十三万四千五百人，中级工业技术人才三十九万四千九百人。就吾国现在所有各级工业学校每年所有之毕业学生数目言，对于将来所需要之数目实相差甚巨。倘不急速另筹培植及训练之方法加以补充，则战后各种工业建设将均以缺乏适当人才之故，不能如期举行。或即使勉强进行，亦不能按时达到预期之结果。兹仅就管见所及，对于高级工业技术人才、中级工业技术人才、特殊工业技术人才之培植，与其他应行准备事项，分别拟定如下。

二、高级工业技术人才之培植

高级工业技术人才,系指各工学院及各工业专科学校毕业者而言。除原有各校继续培植外,更须加以补充。补充之办法则分“抗战结束以前”及“抗战结束以后”两个阶段。

(甲)抗战结束以前　在吾国办理工业教育,最困难之点为教师及设备均感不足。在抗战期中,设备一项尤为困难。故唯有就现有之人才及设备,想种种方法加以充分利用。教师要一人作二人用;设备要一件作三件用。盖处此环境,舍此实无他善法也。根据此种原则,拟具下列实施办法三种。

(1)使各工学院各系继续扩充双班制　查民国二十九年(1940年),教育部为增多机械及电机两系毕业人才起见,曾令各工学院机械及电机两系采双班制。实行以来并无多大困难。故建议对于其他各系,亦尽量扩充为双班制。根据民国三十一年(1942年)教育部之统计,知全国所有之工学院数为二十六(包括理工学院、工商学院及农工学院在内)。共有一百零三个系单位。除去机械及电机二十七个系单位外,尚有七十六个系单位。假定再有四十个系单位能扩充为双班制,则每年可增加四十班。每班每年毕业生平均以三十人计,则将来每年可增加毕业生一千二百人。

(2)在各工学院附设专修科　与(1)同一理由,在此人才及设备均感缺乏之际,与其另办新校,不若集中于原有之各校。仍以全国二十六个工学院,一百零三个系单位计,假定有五十个系单位各能附设一同性质之专修科,每科每年能毕业三十人,则将来每年可增加毕业生一千五百人。

(3)使各工学院与各大工厂合作办理工读班　在附近有大规模工厂之各工学院,根据建教合作之理论,使工学院择与工厂性质相近之各系,创办工读班。如某工学院附近有大规模之机器制造厂或机器修理厂或偏于机械方面之兵工厂,即令机械系办理工读班。如某工学院附近有大规模之电工器材厂,则令电机系创办工读班。其余依此类推。办理时,每班可收一百人。分为两组。一组在学校读书,另一组即在工厂做工。每两个月交换一次。教师之课程重复一遍,工厂之工作则彼此衔接。免去假期,定三年毕业。假定全国有十个工学院可办理此种班次。每院平均有两系有性质相近之工厂可以合作,则全国可办二十个单位。每单位每年毕业生平均按八十人计,则将来每年可增加毕业生一千六百人。

以上三项,将来全年可增加毕业生四千三百人。再加原有班次之毕业生每年约为二千五百人。全年共计可得六千八百人。

(乙)抗战结束以后　抗战结束以后,则设备易于购置。故应作一种永久之计划。兹分四项述之如下。

（1）提高吾国工程学术之程度　工程学术为各种工程事业之基础。欲求各种工业继续独立的进步，不长期追随其他国家，则必须设法提高吾国工程学术之程度。欲达到此种目的，则一面应选送已有相当基础之工程学者加入外国之研究院继续研究；一面更择数个工学院（数目暂不必多）使切实办理各种工科之研究所。合理分配，力避重复。用优薪聘请外国著名学者为研究教授，而以本国学者为之副。十年二十年以后，本国学者能自行负责时，再由本国人完全负责。（按中央研究院虽亦设有工程研究所，唯所研究之范围仍失之甚小。各大学工学院及独立工学院，据教育部民国三十一年（1942年）度之统计，虽亦有研究所十一处，惟大多数均有名无实。且全体研究生数仅有十九人。殊不足以达到其应负之使命。）

（2）扩充原有各工学院并充实其设备　按教育部最近之统计，知全国大学工学院及独立工学院数为二十六。唯就人才及设备言，尚多未达到完善之地步。战后与其多设新校，不若就原有者加以充实，并择成绩较优者使增加科系及班次。查教育部民国三十年（1941年）度之统计，全国各工学院全年之毕业生总数仅为一千八百一十六人。战后扩充之结果，务使在十年以内，达到每年毕业生四千人左右。

（3）扩充并增设工业专科学校　查教育部民国三十一年（1942年）度之统计，全国专科学校为三十八，但学生总数则仅为一千三百九十四人，效率未免太低。故战后应尽量加以扩充。除此以外，至少应再增加十余校，分设于全国各工业区域。各校应设之科目，则视所在区域之需要为准。全国新旧以五十校计，每校每年毕业生以一百人计，则全年可得毕业生五千人。

（4）扩充工读班　战后国营之大工厂增多后，各工学院之工读班亦应随之增多。因用此种方法造就之工业人才，比较最为切实，亦最为各工厂所欢迎。此就工业发达各国特别在美国之前例可以知之。全国以能办五十个单位计，每单位每年能毕业八十人，则全年可得四千人。

以上四项，第一项系专为提高吾国之工程学术，以巩固各种工业之基础。后三项若切实使之实现，则每年可得高级工业技术人才一万三千人。

三、中级工业技术人才之培植

中级工业技术人才，系指中等工业学校毕业者而言。其培植之方法，亦分“抗战结束以前”及“抗战结束以后”两个阶段。

（甲）抗战结束以前　与高级工业技术人才相同，在抗战结束以前，亦惟有

就现有之人才及设备,想种种方法加以充分利用之一途。至实施办法,计有下列四项。

(1)扩充原有之工业职业学校　根据教育部民国二十九年(1940年)度之统计:高级工业职业学校之毕业生全年为七千七百八十四人,初级工业职业学校之毕业生全年为八千三百二十三人,两项总计为一万六千一百零六人。倘再使各校尽量扩充或添设夜班,务使人才及设备两方面均利用到最高限度,则全年毕业生总数,不难达到两万人。

(2)在各工学院附设工业职业学校　选择十数个工学院,使各附设一工业职业学校。教师由教员及助教兼任;实习则利用上午及星期日(因正班学生实习多在下午)。倘有十个工学院能各附设一校,每年每校毕业生以一百人计,则全年可增加毕业生一千人。

(3)在各大工厂附设工业职业学校　选择十数个大工厂,使各附设一工业职业学校。教师聘厂中技术人员兼任。实习可利用夜间或星期日。倘有十厂各能附设一性质相似之职业学校,每年每校毕业生以一百人计,则全年亦可增加一千人。

(4)在各大工厂附设夜校　此种办法学生不必外招,即选择年岁较轻、聪明较高之工匠及工徒,或已经毕业于技工训练班之学生,加以学理上之补充。二年或三年毕业,亦能具有中等技术人才之资格。全国以四十厂能办理此种班次计,倘每厂每年毕业五十人,则全年可得毕业生二千人。

以上四项,全年可共得毕业生二万四千人。

(乙)抗战结束以后　抗战结束以后,除甲项办法仍继续保持及扩充以外,因购置设备已不成问题,故各省应大量增设工业职业学校。至少每省平均再增设五校。全国约可增一百校。每校每年毕业生以一百人计,则全年可增加毕业生一万人。

以上(二)(三)两节所述之各项办法,倘能逐渐见诸实行,则战后自实行实业计划之年起,十年之内,所得之高级及中级工业技术人才之数目,大致可与蒋委员长在《中国之命运》中所提出之数目相符。

四、特殊工业技术人才之培植

特殊工业技术人才,系指现时尚不易在国内培植者而言。所需人数虽不若前两种之多,但对于工业前途之重要性则甚大。因在国内尚不易培植,故最好利用此次抗战所得到之国际环境,资送学生出国学习。回国以后,或在各工厂直接担负各种特殊技术之工作,或继续训练多数人才,再分配于各校及各厂从事工作。其项目如下。

(甲)派专门人才出国专学习各种特殊工业技术　各种工业,均有特别重要而不易制造之件。如无线电中之真空管、炼钢工业中之特种合金钢、内燃机中之化油器及火花塞等,其制造之技术,均非一般的技术人才所能胜任。故应有计划的由各国营工厂及各工学院选拔对于某种技术已有相当基础之人员,资送出国。指定专学习某种技术,并尽量用国家之力,使得到种种学习上之便利。此种办法,资源委员会各厂去年曾有初步的实行,唯宜将其范围及人数再行扩大。每年至少送出二百人左右。

(乙)派专门人才出国专研究工业组织及管理　吾国在前清末年,曾兴办十数个规模甚大之工厂。如江南制造局、北洋铁工厂及马尾造船厂等,其规模之大较之当时敌国所有者,尚多超过。不幸后来多逐渐归于失败。其原因虽有种种,但组织及管理上之不善要不失为最重要原因之一。最近十数年来,吾国新兴之工厂较彼时尤多。其中成绩昭著者固属不少,但仍恐蹈从前之覆辙者亦不敢断其必无。战后计划建设之新工业,当十倍于现在。故应资送一批原习经济而对于工业有兴趣、或原习工程而对于管理有兴趣之大学毕业生或现在各厂负责管理之人员二三十人,至外国专研究工业组织及管理。使回国以后,一面负责担任各厂之管理;一面斟酌国情制定一种适于吾国之管理方法。同时更训练多数管理人员,分配于各厂。

(丙)造就一批能在各工学院及各工业职业学校担任实习之优良教师　吾国读书人受过去数千年之传统影响,即学习工程者,亦多喜研究理论而不喜动手。故在各级工业学校之机械实习厂对于教授实习真能胜任之人才遂比较甚少。结果直接影响学生对于实习之兴趣及技能;间接即影响将来各工厂之工作及效率。故应考选成绩优良且性近实习之机械系毕业生或现任实习之教师十人至二十人,资送美国,使在对于实习特别讲求之工科大学,专学习实习一年或二年。注意各种工作机之使用;各项工作计时间之方法;各种测验精度之仪器之使用等。同时更使利用假期对于各大机器制造厂作详细之参观。回国以后,使担任各级工业学校之实习。或择数位成绩最优者,在一设备较好之工学院或中央工业学校,办一机械实习训练班,专为各工业职业学校造就数班担任机械实习之师资。如此则对于全国机械工程技术之前途,当有甚大之好影响。

(丁)派多数中等学生出国在各种重要工厂分门学习备充各工厂之中级干部　此次战胜以后,有数种较为重要之工业势在必办。如炼钢工业、炼油工业、制造机车工业、制造汽车工业及造船工业等。此种工业,若有优良之技师加以指导,则普通技术工人,经数月之练习或亦能逐渐期其胜任。唯不若各部门先有技术熟练之中级干部,比较进行更快。故应对于某一种在战后决定兴办之工业均为准备中级干部若干人。考选工业学校及高中毕业生,先在国内加以语文、制图及普通工作技术等之训练,资送至英美两国。例如造船厂一项,预计各部门需要中级干部三十人,即送三十人至一造船厂,分在各部门学习,限期以二年或三年为度。为便于指导及管理起见,更按十与一之比送大学毕业生三人随同前往,亦在厂中考察学习其组织及管理之方法。对其余各种工业亦依此类推。当战后拟兴办某种工业时,即令某一批学生入厂,担任各部门之中级干部。大学毕业程度者亦随同入厂,担任比较高级之职务。如此则全厂之工作进行必较速,效率必较高。(按近来曾养甫、杨杰两位先生,对于此层,均有类似之主张。)

五、其他应准备之事项

以上各项,如拟得到顺利之进行,尚须对下列数事预先加以准备。

(甲)各工学院及各工业专科学校之师资　查目下各工学院及各工业专科学校之师资已感缺乏。战后各原有学校既拟加扩充,同时又拟增加校数,所需教师之数目因之更多。故应由教育部在数年以内继续考选二百人至三百人资送英美。所研究之科目,以战后需要较多之科目为主。其前此尚未办理战后必须创办之科目,如造船、炼钢及兵工等科之人才,尤应特别注意。

(乙)中等工业学校之师资　近数年以来,因国内各方面需要工业人才较多之故,各大学工科毕业生多不愿充任教师。现有之工业学校,每年添聘教师时已感不易。将来既拟大量增加校数,如增加工业职业学校一百校,即需要专门教师一千人左右。其困难情形当更为严重。故应立即择定三数个工学院,令各附设一工业师范班,以为将来之准备。至所办之科目,以将来之需要及所在工学院现有之科目为准。

(丙)各级工业学校之中文标准用书　战后既拟大量培植实用的技术人才,则除师资以外,更须对于应学各种科目均为编订一种中文标准课本,方能望其课程之顺利进行。查吾国对于中等职业学校用书,已有一部分出版。惟尚须加以相当补充。对于大学工科用书,虽已开始编译,但出版者尚少。对于工业专科学校用书,可谓尚未准备。故应责成国立编译馆从速进行各级工业学校之中文用书,以为进行之准备。

(丁)准备学生　查现在各大学及各专科学校所招之新生,数量上虽可勉强凑足,程度上已感稍差。当抗战结束以后,工业专科学校及中等工业学校之数量骤增,则所招之学生在质与量两方面必均感不足。(后方各省至少有一部分中学，应加以积极整顿，似为不可掩之事实。）倘不从速加以注意，致学生方面大有问题，结果恐仍不能达到预期之目的。故应请教育部立即对于各省初中及高中之增设及改进问题，予以特别注意。若能一律使对于“劳作”一科多加训练，以为学习工科之准备尤好。譬之工厂，工业技术人才为出品，师资为工人，设备及课程为工具，学生则为原料。工人、工具及原料有一缺少或不善，未有能得到大量出品或出品精良之结果者。

六、结论

此次抗战结束以后，无论将来第三次世界大战是否能免，吾国均应设法自立自强。工业建设为自立自强之基础，而工业技术人才又为工业建设之基础。故设法培植大量的工业建设人才实为建国历程中极重要之一项。以上所拟各项办法，倘能一一见诸实行，则自战后起始实行实业计划之年起，十年之内，不但所有工业技术人才之数目，可以达到蒋委员长手著《中国之命运》中所提出之数字，且吾国之工程学术得以提高；各种特殊之工程技术亦逐渐输入，以渐达于工程学术及工程技术均能独立之地步。文化、国防及经济均利赖之。虽实行之时，难免有相当之困难，难免对各校及各厂之同人增加相当之担负，然吾人一念及前线数百万将士艰苦御敌舍身卫国之精神，及此次建国前途对于国家民族将来关系之重大，当必愿全力以赴之也。

茅以升

工程教育思想文献

人物小传

茅以升(1896—1989),字唐臣,生于江苏镇江。著名的桥梁学家、土木工程学家、工程教育家和社会活动家。中国科学院院士,美国工程院院士,中央研究院院士。1916 年唐山工业专门学校毕业后赴美留学,先后获得美国康奈尔大学硕士学位、卡耐基理工学院博士学位。曾担任河海工程专门学校、唐山工学院、北洋工学院等高校校长,担任钱塘江大桥工程处处长、中国桥梁公司总经理等职。主持修建中国人自己设计并建造的第一座现代化桥梁——钱塘江大桥。新中国成立后,历任铁道科学院院长、中科院技术科学学部委员、中国科协副主席、全国科普协会副主席。当选过全国政协副主席、多届全国人大代表。

1926 年起,茅以升应北洋大学校长刘仙洲之邀来校任教,主讲桥梁力学和结构工程等课程。他精心研究如何改进教学,启发诱导学生独立思考、深入钻研,甚至独创了学生考先生的教学方法,以发挥学生在学习中的主体作用。1928 年,大学区制正式试行,北洋大学校名改为“北平大学第二工学院”。同年 12 月 26 日,茅以升应北平大学之聘,就任第二工学院院长。1929 年 6 月大学区制废止,根据《大学组织法》,因北洋大学只剩工科,故暂称“国立北洋工学院”,由茅以升继续担任院长,直至 1930 年 7 月辞职离校。在其任职期间,他对校务管理、教学体制、课程设置等方面进行了很多改革,为学校发展付出艰辛劳动,做出了很大的贡献。期间,学校遭遇火灾损失惨重,茅以升竭尽全力、筹募工款,以恢复重建校舍。1946 年至 1948 年,茅以升再度被任命为国立北洋大学校长。但由于当时他还肩负着修复钱塘江大桥的重任,难以抽身来校主事。

茅以升在高等工程教育领域辛勤耕耘数十年,长期致力于工程教育改革。他在高等工程教育培养“通才”还是“专才”的问题上,有着独到的见解,提倡“专而通,通而专”的教育思想,并称之为一个基本方针。他提出开展工程教育要运用好一个方法,即理论与实际一致。他于 1926 年就在《工程教育研究》一文中提出了“先习而后学”的变革性教育主张,1950 年在中华人民共和国成立后的第二年,又重提“先习而后学”的教育思想,努力在国内推动形成一套完整的习而学的工程教育新制,并进一步解释其内涵:“先习而后学,便是先知其然,再知其所以然”;“先习后学,先有了实际经验,再学高深理论,这理论的了解将是格外透彻和巩固,因而学生也更有创造力”;“先习后学,是为了获得最全面的知识”。

本书选取了他于1923年至1951年发表的有关工程教育论述的若干文献,不仅包括了他对工业与近世文明、科技工作者的共同纲领等内容的论述,更是集中反映了他的“习而学”工程教育思想的形成过程。

近代以来工程教育的长期实践证明,理论与实践的交替上升是发展工程教育的基础,也是锻造工程师的必由之路。工程活动是无法在课本及实验室中开展的,同样课本及实验室中得来的理论也必须在工程活动中得到检验。茅以升倡导“习而学”的工程教育思想的根本目的在于改进理论教学与工程训练的配合方式,突出工程实践在工程人才形成中的作用和价值,促进理论与实际的密切结合,从根本上解决工程教育中理论与实际脱节、科学与生产脱节的问题,为我国工程教育提供一个新的选择。从这一意义上而言,茅以升“习而学”的工程教育思想对当今我国工程教育的改革发展仍然具有重要的现实意义和理论价值。

工业与近世文明

（一九二三年）

导读：

1919年茅以升在卡内基理工学院获得工学博士学位，回国后在我国工程教育领域发挥着独特的作用。本文系学成归国的茅以升对工业与近世文明二者之间关系的理性思考，原为茅以升在科学社举行的旨在向专业人士和民众推广科学的一次演讲，后发表在科学社的刊物《科学》一刊上的文章。文中直言工业对古代文明、近世文明的推动作用，也不避讳工业可能对近世文明产生的破坏性影响。

茅以升首先回顾了工与古代文明的关系，提出“工有一次之进步，斯人类文明即有一度之增高”。茅以升认为研究工业与近世文明要从人类发明蒸汽机开始，从工程和组织两个层面来探讨工业对近世文明的影响，提出工程在改变自然界之状况、利用自然界之物质及能力方面影响于物质文明；工程家在扫除自然界之障碍、创造原动力、增进人类之经济效率、促进文化等方面对于人类幸福之贡献；工业组织对经济、效率、社会组织及国家等都造成影响。“工业事业，未必尽文明；然文明国家，必赖工业，则可断言也。”

原文：

工业之名词，出世甚晚，昔时有工而无工业。由最初之技能手工而科学的工程，以至近世之工业组织，其间递嬗之迹，已足为文明进步之写真。工与文明之关系，在昔技能手工时代，即已昭著。征之文明最古国家，若埃及，若中国，若希腊、罗马，均可得而窥也。古史所载埃及文明，虽不克见，然五千年前之金字古塔，犹巍然存在。其结构之宏壮，建筑之美丽，实足使吾人征信当日文明之非虚，是古代之文明，得于技能手工见之，其一例也。我国古时，洪水为患；大禹治之，文化始兴，此又一例也。它若希腊、罗马之文明，亦皆得于技能手工见之。于此可知工之成绩，不仅可见于当时，且足垂传久远。

在未有历史记载之前，人类之进化，亦得由工推测之。其始也钻木取火，次造弓箭以自卫，再进而制陶制铁而有文字。此后工有一次之进步，斯人类文明即有一度之增高。于此可见工为进步之物。工有进步，则人类文化亦因之而进步焉。

以上所说，皆论工与古代文明之关系。今日讲题为工业与近世文明。既论近世文明，必先明何谓近世。据 G. S. Morrison（莫利森）说，以人类发明蒸汽机之时，为古代与近代之分界。后此者为近世，前者为古代。兹言近世文明从蒸汽机发明始。

研究工业，可分工程与组织之两方面。其影响于近世文明者，亦得由此两方面窥测之：即（一）工程之影响于物质文明及人类幸福，（二）工业组织之影响于社会国家。

（一）工程之影响于物质文明

（1）工程家能改变自然界之状况。举例如下。

（a）凿山。铁道所经凿山通道。

（b）跨海。美国著名工程师 Lidenthol（利登斯尔）自诩能造一大桥跨大西洋而连欧美大陆。所以不能实行者，则因经济关系。以工程家之能力言，实非虚语也。

（c）开河。昔之大陆今成巨川。苏伊士运河，巴拿马运河，皆工程家之伟大成绩也。

（d）变气候。气候冷者可使变热，热者可使变冷。即伦敦多雾，尝有人谓由于工厂发达之故。

夫山可凿，海可跨，河可开，气候可变，一切自然状况，工程家竭其能力，几无不能使之变化。是之谓工程对于物质文明之第一贡献。

（2）工程家利用自然界之物质及能力。举例如下。

（a）地面物质。木石铜铁，可以造屋，可以作器。煤炭石油，可供燃料。此利用之最简单者。

（b）水。水受热成汽，用以转动机轮，发生原动力。

（c）太阳。日之热力，使水汽化；月之引力，发生潮汐。工程家利用之为原动力。此利用之较奇异者。

（d）空气。空气被压，用于气压机（air compressor）。空气受热，用于热气机（hot air engine）。流动成风，可以转风车。波浪可以发电。此皆工程家之利用空气者。

（e）地心引力。水受地心引力，自高处流下，成为瀑布。工程家利用之为原动力。美国之尼加拉瀑布（Niagara Falls）其著名者也。有人预算亚洲瀑布有马力二万万，果能尽为工程家所利用，其造福于人类，又安可计乎？

此外如橡树之胶，可制橡皮。诸如此类，不可备举。是为工程家对于物质文明之第二贡献。

（二）工程家对于人类幸福之贡献

（a）扫除自然界之障碍。曩时山川阻隔，行旅艰难，消息迟滞。自工程家有铁路、电车、电报、电话等之发明，此种障碍完全扫除，千里之遥，一日可达，万里之隔，消息立至，人类便之。此关于交通者也。曩者用水不洁，疾病死亡，其率甚高。自有给水及卫生之设备，而死亡之率大减。欧美各国有统计可稽也。它如取热、生光、通气等，均足增进人类之幸福，此关于营生者也。此外若防火之有消防工程，治水之有河海工程，能使人类幸福增进，此又关于安全者也。

（b）创造原动力。美国工程家 Feeman（弗里曼）尝计算大西洋中之大海轮，自美洲抵欧陆，所用之原动力，可当五千年前金字塔建造时所用之人。工骤闻之，若甚奇异，实则人类能力，可以计算。今如铁路用若干人，运若干货，行若干路。测量结果，每人之能力，因利用机械之故，可增长六百倍。

（c）增进人类之经济效率。曩时运货每吨每里需旅费二元者，今则仅费二分已足，低廉至于百倍。其他关于衣食住者，亦多减少。此关于经济者也。数目计算，耗费脑力，今则利用计算仪器，节省脑力。近且有统计仪器（calculating machine）之发明，所节省之脑力更多量矣。此关于效率者也。

（d）促进文化。文化事业，必有赖于书报之流传。而书报之印刷，必借机械之设备。其计划制造，又无一非工程家之成绩也。

（三）工业组织之影响于社会国家

（1）工业组织及于社会之影响。

（a）经济。自美人 Bessemer（贝塞麦）（编者注：实为英国人）发明制钢新法后，钢之成本减轻。曩时贫民所不能想望之生活，今且与豪富共之。有人称氏为“德谟克拉西”之功人，非无故也。

（b）效率。自美国大工程家 Fred. W. Taylor（弗雷德· W. 泰勒）研究科学的管理法，而效率主义遂普及于各种社会事业。

（c）社会组织。自十八世纪工厂制度代家庭手工制度而兴，工人与资本同时集中，发生两种现象：一为都市生活，大工厂所在之地，能自成一都市；一为同类觉悟,即各种社会主义与劳动问题等之所由起也。

(2)工业组织及于国家之影响。工业发达之国家,生产过多,无从销售,而贸易竞争以起。原料缺乏,无从购买,而侵略政策以兴。竞争侵略之不已,则发生国际战事。此欧洲大战之所由起也。战事既起,工程家又有杀人武器之发明。其破坏文明之势力,几与促进之功等。此又可见工业事业,未必尽文明;然文明国家,必赖工业,则可断言也。

工程教育之研究

（一九二六年八月）

导读：

近代以来中国的高等工程教育发端于北洋大学，其培养模式多借鉴美国，随着美国在工业领域的突飞猛进，国内逐渐形成了以欧美国家工程教育为模型的高等工程教育之路，教师与学生在此体系中多难于自拔。茅以升此文考察美、英、德、法各国工程教育之特点，梳理其课程设置的内在思维和逻辑，敢于畅言，颠覆传统，提出改良和革新的意见。

本文原载于1926年8月的《南洋大学三十周年纪念征文集》，后同年12月发表于《工程》。文中茅以升明确提出，工程教育之最大目的在于培植善于思想、善用文字、善于说辞、明于知己、明白环境、科学知识（知其所自来及运用之方法）、富于经济思想、品德纯洁（深具服务之精神）的工程上之有为人才。他从学制、招生、课程、实习、考核、教授及服务等七个方面对工程教育之现状进行分析、探讨和研究，指出我国应在工程教育之功能及责任、编制课程之原则及教法之改进、学生及师资之问题、工程学校之联合等方面加以改进。

在本文中茅以升第一次阐发了“先习而后学”的工程教育思想。在他看来“盖人类求知之欲，发源于好奇之念。今先授以精深之理论，而不知其应用之所在，则不但减少求学之兴趣，且研习理论，亦不易得透彻之了解。”因此，当时国内外普遍实行的先理论后实验的教学方法“实有背于教育之原则”。他指出，此种工程教育课程设置不仅不利于学生确定科类和选择系科，而且在很大程度上制约了高等工程教育的发展，建议“从第一年级起，将理论及实习课程并行，一半时间授课，一半在厂实习”。在第一年时，能够“加入简易工程科目，如测量、工厂实习之类”，第二年时“请工程界名人常川讲演，并外出参观”。如果能够“先授工程科目，次及理论科学，将现行程序完全倒置”才有可能从根本上解决问题。“然事属创举，变动过巨。非经长时间之缜密研究，恐难遽成事实也。”正如他个人的料想“先习而后学”的变革性主张并没有很快得到国内外的认同，但是他提出的一些建议，比如理论及实习课程并行、加入测量和工厂实习、聘请工程名师来院任教讲学以及外出参观等在北洋大学得到了有效的实施，助力了北洋大学在高等工程教育领域的探索。

原文：

民国十有五年（1926年），上海南洋大学举行卅周纪念。将刊专集，征文于蒙，并命题示范，嘱予工程教育，抒其怀见。自维浅学，惶恐曷胜。顾年来从事教育，探讨所得，亦思将积年蕴蓄，贡之当世。仓促成篇，固知谫陋，聊以表庆祝之诚耳。尚希南洋同人，有以教正，无任感幸。

十五年（1926年）八月茅以升谨识。

我国新式教育中，举办最先、成效最著者，当无过于工程教育。此诚我工程教育同人所堪引为忻慰者。然吾人遂即踌躇满志，不加省察，自封故步乎？抑现时状况，果已悉臻完善，无须改进乎？

工程教育之最大目的，在培植工程上之有为人才。此种人才，应具下列之条件：（1）善于思想。（2）善用文字。（3）善于说辞。（4）明于知己。（5）明白环境。（6）科学知识，知其所自来及运用之方法。（7）富于经济思想。（8）品德纯洁，深具服务之精神。以我国工程教育之现状，已足尽其职责，毫无遗憾乎？据考察所得，固知其不然。然其症结究何在乎？

兹篇所述，系就工程教育之现状，加以建设之评论。计分学制、招生、课程、实习、考核、教授及服务七章，各成段落，而赘以结论。至其旨趣及范围，则有如下述。

1. 专就大学程度之工程教育立论。文中“工校”二字，皆指工科之大学，或大学之工科。

2. 我国工程教育之情形，因无详细调查，致难有精密之统计。虽有两三校为著者所深悉，然挂一漏万，毋宁从缺。篇中事实，无准确数字证明者，以此。

3. 我国工校之学制，多与美国工校相似。著者之经验，亦以此类学校为限。故发言立论，未免偏囿。阅者谅之。

4. 此篇所述范围，以纯粹教务为限。至经费、设备、管理及其他有涉行政事宜者，均从略。

5. 教育之事，头绪纷繁。欲图改进，决非仓猝能成。本篇旨趣，只在列举事实，贡其意见。即有建议，亦纯凭理想，未经实验。谓为研究之途径则可。改进之说，殊不敢承。

6. 篇中参考事实，独详于美国者，亦为学识经验所限，倘承欧陆学者予以指

教,曷胜感幸。

一、学制

我国工校学制,虽因历史关系,颇不一致,然除少数因袭德法等国学制外,其大多数皆模仿美国。兹举其特点如下。

1. 学生入校须经本校执行之入学考试。及格后,方得录取。

2. 录取学生,照其志愿程度,分科编级。所有各科各级之课程,均经列表规定,全班一致。每周按时上课,不得无故缺席。如是修学四年,始得毕业。

3. 各种学科包含之学识,就其性质内容,分为若干课。各系一名,略无重复。并按照一定之标准,分别前后。循序修习,不得躐等。

4. 每种课程,修毕后即经一种考试。如能及格,则对于该课之责任已尽。如全级之课程,皆能及格,则该级之肄业终了。至不及格之课程,则须于下年度补习。

5. 各课程度,以所用课本为标准。教授方法以注入督促为原则。考核制度,以划一程度为目标。

6. 所有课程规章等,一经规定,甚少更动。故各校皆有其特殊之精神。

以上情形,在吾人习知美国学制者,大都视为当然,不觉其利弊之所在。然试取欧洲各国之学制相较,则其中优劣,有足供吾人研究者,殆亦参考之借鉴也。

(一)英国

英国实业隆盛,故工程教育以实用为主。最初之工程师,只就其经验所得,发展其技能,因职务所需,涉猎于科学,并无高深教育为入世之准备。所有著名大学如剑桥(Cambridge)等,对于应用科学,其初皆不重视。迄于晚近,因局部之实业学校增多,程度渐跻于大学,始有陆续开办工科者。按其现行制度,最足引人注意者,则其富于伸缩之弹性。如毕业学位不仅限于在校学生,即校外学生具有相当学力者,亦可应试取得,如伦敦大学是也。此外各大学大都有三种学生。一为希冀取得文凭者,一为希冀取得学士学位者,一为希冀取得学士学位而附以荣誉者。第一类学生,只需具有选读工科之能力。第二类学生,则须经入学试验,对于本国及一种外国文、数理化等科学,均应具有根柢。第一二类学生之肄业期限,除格拉斯哥(Glasgow)大学为四年外,其余大都为三年。第三类学生,则或须四年,或仍三年而将功课加重,初无一致。至各课程之内容,则完全偏重于科学及工程方面。所有普通之基本课程,均假定于中学时修毕。学生所读功课,虽经规定,但理论部分,则除在课室讲授外,余仅示以范围,列举书名，由学生自行选读，不似美国学生所受之拘束。各课成绩，亦赖考试为稽核。但因每班人数甚少，教师照料较周，故学生之程度参差不远。此英制之大略情形也。

（二）法国

法国富于研究科学之精神。故工程教育在一七六〇年时即行开办。盖认为科学研究之分枝，与英国之实用主义有别也。学生入校，皆须经极严格之考试（Concours）。其艰深远在我国之上，故录取人数极少。而入校学生之降级或不及格亦为少见。各课教授方法，理论部分最为透彻。学生修习，除做题外，每星期皆有口试。年终时，各课亦有大考，为评定之根据。肄业期满，由校授予文凭，但无学位。至教授人选，则视课程而别。大抵科学理论，均延名宿，而技术学课，则聘著名工师。故法国工程学生之科学根底甚深，而攻读之勤亦为罕见。其毕业后之执业工程界，以研究改进为最大之兴趣。则固其国民性有以致之也。

（三）德国

德国工业、科学，俱极注重。故工程教育之完备，亦彪炳一时。而中等职业教育之完善，尤为各国所罕见。兹专就大学论之。则创立机关均为各邦政府，私立者几不一见。学生入校，只需中学毕业，得有凭证，并在实业界有半年之实习，即可收录，无须经过考试。且无名额之限制。入校后亦极自由。既无班级课程之束缚，更无学分成绩之可言。盖将学业进步之责任，完全置诸学生本身，而鼓励其自动研究之精神也。其教授之人选，至为精当。不仅学识湛深，大都得有博士之学位，且其工程上之经验，尤称宏富。曾任工程重要职务至十年以上者，比比皆是。故待遇固极优厚，而社会重视教授之心理，尤为他国所少见。教授亦以是为终身职业，用能忠于所事，奋发有为。学生入校后，所选学科，概由自定，无相当之指导。每科课程，亦无规定之时间表按时上课。除应读科目由教授预为规划，以定范围外，其余修习时间，进行程序，均由学生自行酌定。且因各校之程度，全国一致，并可往来各大学之间，择其景慕之教授，随从学习。盖德国工校之教育，皆集中于一二教授之身。每校皆有其特长，而非他校所能及也。其教授方法，以造成相当环境，启发学生自动能力为目标。如每一学科之主任教授，皆有其教室、办公室、图书室、藏书室、试验室之类，互相联络，自成一组。身处其中者，宛若服务于实业界之研究室，而无学校形式之拘束。教授俨若工厂之总工师，所有学生工作，皆预为规划，监察进行。故能引起学生之兴趣，养成高等技术之人才，诚德制最良之特点。学生之修习时间，自入学起至毕业止，至少为九学期。其中最末一期，则为预备论文之用。全期考试，共只两次。第一次在肄业两年后举行,考验其基本科学及力学之类。第二次则在九学期之末举行,考验其工程技术上之学识。此外更须有半年之实地经验,方得毕业,接受文凭。至平时各种功课之成绩,则均不加考核。即上课与否,亦无规定。此德制之大略情形也。

上述各制,各有其精髓及目的。因国情之不同,自难一律。然亦有其共同之点焉。

1. 分科学习。

2. 每科课程之修习,依直线式前进。

3. 毕业生程度务求一律。如有半途废读者,只成畸形之工师。

此从高等教育观之,不能不认为当然之原则。然为广植实用人才及发展学校机能计,亦未始无研究之余地。近年来颇有工程学者力主打破此种现行制度者。兹举其极端之说如左。

(一)分职法

现时工校之分科,皆依工程事业之性质为标准。如土木、机械、电机是也。选修某科者,则对于该科之学识皆当涉猎,而该科范围内之各种职务,亦假定可以逐一胜任。然人之秉质、个性既殊,且虽同一学科毕业生,同在一地服务,而其职务之性质,亦不能彼此皆同。或任管理,或主营业,或事研究,皆为各业所应用。今试就主持管理者言之,则其在校所受之教育,果能尽用于管理之事乎?其他学科,因在校无暇兼顾,果于管理毫无关系乎?精于一种实业之管理者,遂不能改就他种实业管理之事乎?若任管理之事已久,深得其中乐趣,亦愿改就他项职务乎?准此以观,具见工校学生将来之归宿,必依其性质趋向,而投身于一种最适当之职务。至其在校所受之分科教育,于将来事业之应用,并不能有充分之裨益。此不能谓非分科制之缺点。美国威斯康新(Wisconsin)大学教授拜纳蒂氏(E.Bennett)有见于此,因有分职教育法之提议。就各种工业应有之职务,分为研究、计划、督察、管理、营业五种。而将每种职务应需之学识技能,编为科目,各成一科,由学生自由选习。毕业于某一科者,则该种职务即可胜任,而所知之事物,固不以一种工程为限。换言之,即既行之分科法为横的分类,而此项分职法,乃直的分类也。

(二)混合法

现时工校之课程,皆先谈理论,次及实验。基本科学,虽蕴义精奥,必习之于先。专门课目,即显明易晓,亦置之于后。此种程序,不仅减少读者之兴趣,晦藏各课之关系,且学生选科时,既不知各科之背景及真相,以资择别,修习时复无适当方法验其是否相宜,分别淘汰,于教育效率及学生前途,实多妨碍。美国康奈尔（Cornell）大学教授加拉比多夫氏（V. Karapetoff）为救济此种现状计，因有混合教育法（Concentric Method）之提议。将每科课程重新编制，取其性质专门而易于讲解、足以引起兴趣者，尽量置于初二年级。其基本科学之陈义较深、应用较晚者，则酌量分配于较高年级。每一功课，视其内容之深浅，分为数目，编入相当年级。总以应用部分在前，理论部分属后，且每年功课自成一组。各组之表面相同，程度有别。照此方法，学生在第一年级时所读功课，皆属一种工程之精要。使其周知涯略，审别所选学科之当否，性质不投者，即可及早他去，免入歧途；志趣符合者，亦无艰深理论，阻其上进。至第二年级时，则将上年之功课重新复习，但理论渐多，程度较深。如是递进至第四年级时，则工程部分已大半修毕，尚余纯粹科学之艰深而有关部分，为透彻之研究。学生经此种教育，有特长之点三：（1）修习目标，确定既早，则精神贯注，对于一切课程，知其轻重关系；（2）课程中之实用部分先于理论，则彼此之联络关系，益为明显，而理解亦更为透辟；（3）前后课程之名目相同，则重要部分必多重复，不致遗忘。

（三）阶段法

此为美国著名工师瓦特尔氏（J. A. L. Waddell）所建议。将每科课程，分为若干阶段。程度深浅，依年递进。毕业于第一段之学生，离校后得为低级工师。毕业于第一及第二段者，则可为较高工师。各段全行修毕者，则可为高等之工程顾问及研究工师。此法之意味，介于上述两法之间。其优点在予学生以弹性之训练，以取得相当之职务。盖与职业教育之用意，如出一辙也。

以上各国现行及提议之学制（工学并行制见实习章），与我国通行者相去甚远。冒昧仿效，固有未当，然其中不乏精义。倘能参合国情，酌量采用，抑亦当世教育家之专责矣。

二、招生

现时最普遍之招生方法，含有三种程序。（1）审查志愿入学者之资格。（2）资格相当者，予以甄别之考试。（3）考试及格者，依其成绩次序，按照预定名额录取之。

（一）审查资格

最重要之条件，为学力之证明。入学者之程度，须能与所入学校衔接。如投考大学者，应有中学毕业证书是也。此外如年龄、籍贯等，视各校之情形，亦间有规定。

投考生之资格，是否必有凭证，始能确定其学力相当，品质俱佳。而因特种原因，未能在中学毕业者，是否即因此而剥夺其入学之权利，实为教育上之问题。然此事牵涉学制。推其极,不过阻遏少数求学者之机会,兹姑不具论。

(二)甄别考试

严格言之,资格既经审查,是已有甄别之意味,原无待于考试。美国大学之招生,往往仅凭中学毕业证书为学力之证明,无须另经考试。此盖假定中学之毕业试验,与大学之入学试验,有同等价值也。然以我国中学程度之幼稚,及大学章制之不统一,此种办法,一时殊无实现之可能。但照现行之考试制度,其中亦不无可议之点。

1. 现时工校之课程,大都用西文讲授。故入学考试之试题及答案,除国文外,亦相率而用西文。致多数中学毕业学生,为之裹足。

2. 入学考试之各科命题,大都由各学校各该科教授担任,彼此无切实之联络,及共同之标准。以致各科程度,高下不齐,而应考者亦不知所措。

3. 普通入学试验,仅有笔答一项。录取与否,即以此为衡。至投考者之志趣、品质、个性及一切状况,悉置不问,殊失甄别之本意。

4. 多数工校,为表示程度高深起见,所出入学考验之试题,往往过于艰深,而忽略各科之基本学识,此种偏于消极的缩减方法,实不足以鉴别全体程度之真相。

(三)录取标准

工校因设备关系,对于录取名额,不得不加限制。故投者虽经考试及格,亦未能尽量容纳。只可就成绩之高下,定取舍之标准。此种限制,一时自无取消之望。然亦有应行考虑者。

1. 工校每次招生,报考人数,辄达招生名额十倍以上。录取标准自当严为规定,以杜幸进。然照普通情形,因试题过于深奥及学生程度太低之故,评卷之时,转形困难。录取标准,竟不得不随之低落。故从事实言之,各校录取之新生中,求其无一不合格者,直为从来所未有。

2. 入学考试之试卷,大都由出题之教授评阅。其成绩如何,只凭主观之意见,未足为确实之定评。且最后总成绩,由各科成绩均等平均,尤不足为取舍之依据。

3. 各校有因特别情形,对于考生之籍贯及情状,不得不加以注意者。往往为求适合某种条件之故,以致影响于取录之程度。

由上所述,具见现时之招生方法,以考试为中心。所谓审查录取,不过为当然之手续。今欲研究改进之道,应先问招生当以何为标准,欲达此目的,是否以考试为唯一之方法。从学校言之,每一学生之培植,须费若干之精神财力,始克有济。对于来学之士,自应悬一标准以为取舍之根据。犹工之作器,必慎于取料。嗣后之工作,始不至于虚掷。然从学生方面言之,则投考之先,本无坚定宗旨。只知就声誉卓著之学校,报名投考。所选职业,是否适当,无暇过问。而一经取录入校,其一生之事业,遂定其趋向。将来有无成就,胥视其所循途径,有无差误。在校之光阴,有无取偿,尚其余事。则招生之举,影响于学生者,较学制为尤大。虽命为工程教育中最重要之问题,亦非过语。据美国工校统计,每一百人入工校后,有六十人不能毕业。我国虽无此项统计,但半途废读者亦必居其多数。此犹指在校情形言。若更推及出校后之状况,则此少数毕业生中,能终身从事工程,有所成就者,其数将益为减少。故从学校言教育之效率,已极低微,而入学者所受之损失,尤不可以数计。此种现象,不能谓非招生不当所致也。

招生之须立一种标准,固无疑义。即以考试为检定甄别之方法,亦事实所容许。然考试之目标如何拟定,方法如何规划,除考试外应用何种鉴别为辅助之工具,则不可不先为考虑。

普通考试最大之弱点,在用主观方法,预悬标准。而以能达此标准者为合格。至于此种标准是否适当,不能达此标准者以何为区别,则悉视一己之意见,不能为公允之凭断。且照普通方法,学生之个性如何鉴定,智能如何测验,将来能否成一有为之工师,均无从知悉。是考试之功用,不过于试卷中领略学生之记忆能力而已。

欲图补救,有先决之事三。

1. 所招学生应有何种资质、志趣、能力、体格、习惯及程度。

2. 欲洞悉以上各项之真相,应用何种鉴察方法。如须用考试,则每项应有如何标准。其测验之法如何。

3. 各种考试及测验,应如何始能免去主观之臆断,而得可靠之结果。

工程师之事业,大都偏于物质。用客观方法,原可量度其成就。故工程教育亦不难藉科学方法,图其进步。美国哥伦比亚大学教授桑戴克氏(E.L.Thorndike),曾用极精密简单之客观方法,试验某工校之第一年级生。就其结果,推定各生在校之已往及未来成绩,与事实若合符节。是足见招生问题已有解决之可能也。(据开莱氏(T. L. Kelley)之研究,若仅用五种关于数学及两种关于填字之试验,则于五小时内,即可周知一学生之程度及特性。)

三、课程

我国工校课程,大都抄袭欧美,而以美国式为尤多,究其内容,是否为最良之制度,能否适合我国之现状,皆应予以充分之考虑。盖美国积多年之经验,已

深悟其现行制度为有改进之必要也。美国工校，大都附属于大学，为文理科所主宰。故其历年进展之途径，多受各方之牵制，与法医等科之发动于各该业之本身者情况不同。故效率亦相形见绌。如医生、律师几无一非大学毕业生（指美国），而工程师之受有大学教育者，为数盖鲜。此不能不归咎于教育方法之失策也。然课程为实施教育之主要工具。欲求教育之实效，自当首谋课程之改进。

（一）课程次序

工程为应用科学。故现时之工教课程，有一公认之点，即将各种纯粹科学置于专门学科之前，而假定理论必先于实验是也。如学生之在初二年级时，必先授以数理化之科学，及人文课程。至三四年级时，始有各项专门技术之学科。即每种课目之内容，亦必先谈理论而继以实验。此种程序，完全受大学文科之影响，而实有背于教育之原则。盖人类求知之欲，发源于好奇之念。今先授以精深之理论，而不使知其应用之所在，则不但减少求学之兴趣，且研习理论，亦不易得明澈之了解。此外尚有连带之障碍如下。

1. 学生入校之始，若先授以理论科学，则与其在中学所习者，除程度深浅不同外，无多差别。不能引起对于所习工科之兴味。

2. 普通学校规章，升级次序，不能躐等。今科学理论在前，而工程课目在后，则有工程天才而于高深理论欠缺者，势必先受淘汰，而理论高超不宜工程者，反随众升级，致入歧途。

3. 工校分科，大都始于第二年级。今第一年级之课程，既属于理论科学，与各种工程同有密切关系，则学生不能鉴别各种工程之异同，为选择学科之准备。

4. 理论科学原为工程之基本学识。但两者之关系如何，轻重何在，初二年级之学生，往往不能识别。只就课堂所授，囫囵修习。及至升入高年级时，处处应用科学，反不知其关键之所在。

5. 工程事业，日新月异。困难问题，随在皆有。今学生在校，动将理论归纳于事实，则此后解决工程上新事实时，将有不知所措之感。

根据上述原因，现时工校已觉现行制度之不当，故有多种提议，以为补救，如：（1）在第一年级时，加入简易工程科目，如测量、工厂实习之类；（2）在第一年级时，请工程界名人常川演讲，并出外参观；（3）从第一年级起，将理论及实习课程并行，一半时间受课，一半在厂实习（见实习章）之类。然除第三法外，其余收效甚微。今人有提议先授工程科目，次及理论科学，将现行程序完全倒置者，然事属创举，变动过巨。非经长时间之缜密研究，恐难遽成事实也。

（二）课程内容

工科课程可分为三部分，（1）基本课目，（2）专门课目，（3）选修课目。第一部分为各种工科之基本学识，第二部分为某种工程之必需学识，而第三部分则参酌各生情形规定之选课也。

1. 基本课目。此为各种工程之中心课目。盖一切工程，均有其共同立足之点，如纯粹科学（数学、物理、化学等）、机械艺术（绘图、测量、工厂实习等）、文学（本国及外国语）、经济及管理等类是也。惟各类之内容，则因各地情形不同，观念互异，至不统一。如以"微积分"之课目而论，则在美国有两校规定钟点相差至四倍以上。其他如关于文学外国语及工厂实习等课之争论，至今亦尚无适当之解决。尚有一普遍之现象，即此种种基本课目，各自为政，彼此固无联络，对于工程本身，尤无特殊关系。所谓科学课程，只系纯粹科学，对于工程上之应用，甚少注意。工厂实习，只系学校一种功课，无实业界工厂之环境。而文学课目，则故与工程分离，庶可领略高尚文化之空气。此种现状，固由于组织之不善（如文学由文科教授主持与工科无涉），而亦课程内容无审慎研究之所致也。

2. 专门课目。近世科学进步，一日千里，工程之发达，亦不可预期。最初之工程学校，只有一二科者，今则扩充至六七科。昔日每科之独成一类者，今则复分为若干系。工程之范围愈广，学校之分科愈细，而学生之择业乃愈益艰难（昔日之学生，只需于土木机械及采矿工程中任择其一，今则分科之数，无虑数十，如飞机、农工、营造、汽车、桥梁、凝土、造瓷、化学、土木、建筑、电机、暖室、取光、道路、水利、管理、船机、机械、冶金、采矿、铁路、卫生、汽机、机车、动力、纺织、造船、电信、测绘等均各成专门工程）。欧美之工校，往往十科并设，我国虽未臻此境地，分科比较简单（但唐山之土木，南洋之机械及电机，均于第四年级时各分三四门不等），然即以现在通行之土木、机械、电机、化学四科而论，其名目虽同，而内容亦多差别，各有所偏（如同一土木，唐山重铁路，河海重水利）。至每科课程，除所谓基本者外，其余应以若干为该科必修课目，理论与实验应如何支配衔接，每种课程应有若何内容，需用若干时间，则更无恰当准则矣。

3. 选修课目。工程学校之选修课目，有两种性质。一为专科之高深课目，一为工科以外之课目。盖前者所以资深造，而后者所以谋广博也。在美国工校，两种均有规定。我国则尚未达通行时期。故除第四年级各校间有选修课程外，其余三年之课程概经规定，无抉择之机会。

（三）课程容量

以上三种课目共需之时间，普通规定为四年。但每种应占之比例成数，至不统一。最大原因,即在学科之增多,与每科范围之扩大。依现时工程发达情形,若欲于在校读书之时间,周知一科之学术,实为情势所不许。今于去取之间,既有所择别,则其规划,自必因观念之不同而互异。故课程之种类日多,教务实施,遂发生两大趋势。

1. 将每科课程,择其性质比较专门高深者,分为若干组。由学生任选一组修习,而不顾及其他各组。

2. 将学生之修业年限,延长至四年以上。在此时间内,将各组之重要功课,尽量分配修习之。

我国工校虽不逮欧美之恢宏,然已感觉课程拥挤之困苦。故唐山、南洋两校,已有分科分门之举(延长年限,除前东大工科有此提议外,尚未见诸实行)。其他各校,则仍就四年之时间,将应有课目,尽量容纳,因此发生之困难,遂日甚一日。兹举其关系较重者如下。

1. 课目太多,学生之时间不足以充分预备。但为求升级起见,不惜将课程支离割裂,强忆其所谓重要之点,希冀勉强及格。至各课之精义,彼此之关系,及实际上之运用,均无研究之机会。

2. 课目既多,每课之时间必少,而内容遂趋于简陋。

3. 实验功课,虽为课程中之重要者,但因占时较多,往往设法缩短,或竟尽量删免。

4. 同时修习之课目太多,则意分识乱,难辨轻重,减少读书之精神,增加教授之困难。

5. 学生终日疲于功课,无闲暇时间,为身心修养之需。

6. 课目增多,难免无内容重复之处。不仅减少兴味,抑且虚费时间。

7. 工校教授,大都为该科专家,对于所授功课,具有特殊兴味。往往将课程内容,逐渐提高,以显其博,而其教授下之学生,处境乃愈苦。

据美国专家意见,按照普通学生之能力,每星期能贯注精神潜心研习之课程,其学分总数,不能超过十八(每一学分指一点钟讲授,两点钟预备,或三点钟之实习)。而同时修习之课程,不能超过五种(美国伦斯勒(Rennsselaer)理工大学,同时只准修习三种,故较短课程,于半学期内即行修毕)。此种标准,虽属假定。然倘能参照实行,于学业之进步,未始无补也。

以上为现时课程之概况,综其病状,则有如下述。

1. 现时编排课程,大都只定各种功课应需之时间。至每课内容则由该课教授在应得时间内自由支配之。以致各课内容,缺少联络,彼此不能呼应。且程度容量,参差不齐。即同一功课,因主教者之不同,亦先后互异。

2. 讲授之功课，与实地工程，殊少接触。虽各校皆有工厂及实验室之设备，而所经事物，仍不出书本范围。既无工程上环境启发其兴趣，复无实际上问题为自动研究之督促。

3. 课程分目，本属假定。今各课既少联络，则如何融会贯通，陶钧运用，胥视学生个人之能力。学校实未尽指导之责。

4. 学科太多，分类太细。究其实际，常有无关紧要，互相重复，或可以自习之课目，掺杂其间。以致学生之精神、时间，往往不能贯注于中心课目，以收事半功倍之效。

5. 各种课程之内容，因人地关系，至不统一。虽同一名称，而实质迥异。以致各课之标准、程度及教授方法，均随主观而定。

6. 学生所受功课，大都偏于物质。对于人事及经济，殊少注意。耳濡目染，渐成机械化。无开阔胸襟、远大眼光，为应付人事问题之助。

7. 各种实施之成绩，无客观的方法，为测验之工具。以致进行时不易周知利弊，为改进之南针。

以上为现行课程之通病。欲事补救，其道多端。兹就其症结所在，略述解决之方，为参考之一助。

1. 各种工程师应有若何之基本学识、办事才力及资质、个性方能胜任，应先加研究。然后就其必备条件，规划各科应有之共同课程，及每种课目应有之内容与程度，用为一切工程学科之中心课程。

2. 每种学科之课程，为该科工程师所必需者，亦为同样规划之。

3. 按照以上大纲，将所有各课应需之时间，用客观的方法求得之。

4. 各课之内容及时间，既经规定，则照各科情形编制课程表。但每学期内每生所修之课程，不得多于五种。每星期内每生修习课目，不得超过十八学分。

5. 在初二年级内，应多方输入工程科目及工程实习，并予以充分接触工程之机会（既在三四年级之专门课程，可设法酌量提前）。

6. 各生所受之教育，应以知识广阔、学力充实为原则。分科不可太细，人文学科应多加涉猎。

7. 工程之最大目的，为促进生产。故学生之经济思想、效率观念，应先为培植。

8. 实验课程应以解决问题为目的，不徒为证明理论之附品。

9. 各种课程之实验及理论部分，必须融合无间，互相阐明。其程序分量，皆应安为规划。

10. 各种专门课程，应与当地之工程界发生密切关系，庶有实地练习及参观

考察之机会。

11. 各学科之特殊课目,应定为选课。由性质相近者选习之。但不宜过于精细。

12. 各种课程之内容,均须敷陈精义,避免重复。且应彼此联络,前后贯串。

13. 各种科学所需之修业年限,应以该科课程之内容为主,不必求其统一。

四、考核

学校教育应以启迪感化为原则。学生在校,倘能各尽其责,毋荒毋怠,则现行之考试制度,记分方法,原不过为消极之甄别。然此种玄虚理论,远于事实。盖考试之最大功用,在鉴别各生之个性,测验教育之效率,以为职业指导及教务改进之张本。若其观念错误,有失考核之真义,则无怪现时废考说之日嚣尘上矣。我国近年来教育不振,各地考试往往有名无实,固不必论。工科学校素以严格著称,然其考核之结果,亦尽可凭信乎?

工校学生,自入校起至毕业止,四年之内,不受打击而能循序升级者,为数甚少。据美国统计,此项按期毕业学生,不过占其入校时同班学生百分之四十。其余百分之六十,则因身体、学力、经济、家庭等种种原因,不待终业,即离校他往。或需延长年限,始能修毕。我国工校情形,在昔时亦与此相类。近年来虽此项毕业成数较高,然是否因中等教育之进步,抑大学程度之衰落所致,尚无从确定。但工校效率之低微,固无疑义也。

1. 据考查所得,各校之降级学生,在第一年终为最多,约占总数之半。第二年终较少,约占总数四分之一强。可知第一第二两年之功课,最足使学生退缩。而长于该项功课者,则此后无忧。然则第一第二两年之功课,果足以鉴断学生之工程趋向乎。照现行制度,此两年之功课,均属纯粹科学及文学之类,而专门技术课程为仅见。是多数学生在未曾领略工程意味之先,业为普通性质之功课所淘汰。其中如有富于工程之天才,亦必因此而遭摒弃。

2. 设取任何工校之历年成绩,而加以分析研究,则可知物理、微积分及力学三课之成绩,均为各课中之最低,而亦为多数人降级之关键。即就其及格升级者言,此三课之成绩,至少亦有半数为勉强及格。足见每一百学生中,虽有四十人毕业,而其中之二十人,则对于基本学课,并无满意之成绩。然此类学生毕业后,遂终身困顿,永不能成良好工程师乎?据调查所得,则又不然。有时且适得其反。其故安在?

3. 各校之成绩,以记分为凭证。但记分乃一极无标准之方法,全凭主观为臆断。其陈述试卷如作文者无论已。即工程之专门学课,亦多凭记忆能力,而不能灼见其误解之程度与运用之能力。故学生之才识往往受他种影响（如文学之类），不能尽量呈露。而为教师者亦只就其个人之习向，将考试试卷为约略之估价。至所估是否恰当，则无从辨别矣。

4. 教师之观念不同，故记分方法亦各有其所本。或就平素成绩为伸缩之根据；或定一极深标准，务使成绩减色，以显其授课程度之高；或偏重叙述体裁；或讲究图表简洁。行之既久，不期流露教师心理，乃成学生研究之资料。同一学校，同一学课，同一学生，而因教师之更迭，程度乃随之升降。此种现象，足以减少成绩证明之效用。不仅转学不便，而毕业后不能得服务处所之信任，尤足为前途之障碍。

5. 各校考核之最大标准，即及格与不及格之分。通常以得六十分者为及格，不足六十分者为不及格。其及格者可以升级毕业，不及格者则须补考补习。故学生心目中以六十分为最大关键。倘成绩能在六十分以上，而各课成绩皆能如此，自可按时毕业，毋庸顾虑。浸假而养成一种敷衍之习惯，其素性懒惫无志进取者，以仅能及格为满足，固无论矣。即天资颖异、才力过人者，亦以努力进步，无论得分多寡，其结果亦不过及格而已，与其他勉强及格之中等阶级，固无差异。所费之精神脑力，毋所取偿。积久亦渐为中等阶级所同化。甚或受同班之威逼，而不敢过于猛进，以招嫉妒。此种现象，为人类之天性。犹工厂做工，只以到时散值为念，而毫不计其当日之成就。现时学校中已有见此弊，而思有所改革者。如颁发各种荣誉奖牌，以启诱其虚荣之念（昔日学校之榜示，与此意正同），或准予免缴学费，以动其功利之心。然皆无补于事实。且值今思潮荡激之际，尤适足见其迂阔，而各生之泄沓如故也。

以上尚系可以记分之成绩。若论及学生之操行品质，各校虽皆有极严之考核章程，实施则漫无准则。既无各种测验为辅助，更无客观标准为评判。故任取一校之操行成绩观之，几于人人雷同，不相上下。足见现行方法之无据。

综上所述，可得现时考核制度之病源如下。

1. 受招生及课程之影响。

2. 成绩记分无超然客观之方法为凭断。

关于招生及课程之问题，前章业有论列。兹述第二项之补救方法如下。

欲求一超然客观不涉游移之考核方法，其必备之条件有七。

1. 考试之性质，须能确定工程师必具之才能学识。

2. 每种考试，只验一种才能，视为单独动作。庶该项才能可以表现。如考试数学，则以数学为主，不计其他无关之事实。

3. 每项考试之命题，须按程度深浅遵循一定之次序。每两题之程度差别，务求大略相等。

4. 考试学生，须能使其不假文字之力，而充分表现其意思及才识。

5. 考核成绩时，以学生能了解问题之程度为断。所有评判者之主观意见，须减至最低限度。

6. 考试成绩，可以用确切数字表明之。

7. 无论何种科目，随时随地可以应用而不失其功效。

按照以上条件，现时考核制度，惟体育一门尚可迁就，其余多不适用。美国哥伦比亚大学之桑戴克教授（见招生章）曾拟有一种考试方法。需时极少而结果异常确切。曾费八小时之时间，考试四十名之工校毕业生。就其所得结果，与该生等服务多年之成绩相比较，高低之判，如出一辙。是可见考试之法，固有改革之道可寻也。

工程师应备之资格，除学识外，品质尤关重要。然此事最难衡鉴。若摒除主观之臆断，则尤无着手之余地。美国辛辛那地（Cincinnati）大学，曾拟有工程师品质标准表。由全校教师将校内学生各为单独之评判，然后集合众志，定其等第。结果颇为圆满，似可仿办。其标准表所列之品质，计有十六项。每项定有正反二类，由评判者圈定。无解说之必要。兹将其项目列下。

（1）体强——体弱

（2）劳心——劳力

（3）镇定——飘忽

（4）室内生活——室外生活

（5）指挥——倚赖

（6）创造——模仿

（7）狭隘——开阔

（8）适应环境——深自满足

（9）慎重——率性

（10）音乐嗜好

（11）颜色嗜好

（12）行事准确——行事疏忽

（13）思想准确——思想疏忽

（14）神凝——纷乱

（15）构思迟速

（16）活动——沉静

五、教授

往年我国工校教授，大都系延聘客卿充任。以致教授设施，处处以模仿西法为原则，未能适合国情以求实效。且西法本身，未尝无过。漫予抄袭，缺漏滋多。近年来我国专门人才，日盛一日。各校教席，遂渐为本国人士所担任。然历年遗规，依然存在。而西法之利弊，亦不难于此中寻之。

1. 各种课程，除本国文外，大都用西语讲授。课本之输自国外，固无论矣。即讲解问答，口验笔试，亦无一非西语不办。

2. 教授方法，或用课本，或凭口述，或重练习，各依教授之主观见解为定，不求最适当之方法。

3. 授课程序，轻重徐急，各自为政。彼此参商，无互相联络之协调动作。

4. 授课以灌输知识为唯一要义。对于生徒之创造性如何启诱，智力如何发展，个性如何鉴别，多置不问。以致学生受教日深，机械性日重。

5. 课程内应引之事物，及学术之应用，多援国外之例，不能引起本国学生之兴趣。如工程材料，中外不必尽同。然我国学生，对于本国材料则异常隔膜。

6. 我国工程幼稚，课程内所述之工程事物，往往为目不经见，而又无相当模型为讲解之助。

7. 欧美之工校范围甚广，生徒常逾千人，教授亦过百数。分科既多，人才亦众。因此发生科自为政，彼此隔阂之现象。我国工校教授，多者不过二三十人。然人各一科，自为主宰。所有课程内容及教授方法，彼此亦不相讨论。此盖受科自为政之影响，而客卿所输入也。

8. 学生受课，如考试及格，则此课之责任已了。即日后发现该课程度不足之事实，亦无从补救。如英文、数学已经及格之学生，若在他课修习时，发现英文纰缪或数学错误之凭证，则至多唯有在该课设法，而不能重修英文或数学。

工程教授大都系本科专家，对于教育方法，无多研究。故施教效率，至为低微。若在可供测验之课程，如绘图工厂等，尚不难自求其症结。此外课程，则学生实得几何，殊无确切方法，可资考验。故改进亦非易易。然我国学生之通病，据经验所得，亦有足述者。倘从此入手，不无途径可寻也。

1. 好问为求学捷径。然我国学生，大都深自敛抑，不愿于广众之间，质疑问难。积久自成习惯，播为风气。而为教师者乃不能周知学生之隐曲。

2. 我国学生富于模仿，而缺乏独立性质。故课程中之有分组演习者，每一组内只有极少数人实心求事。其余大都迟徊观望，不求甚解。

3. 缺乏常识。往往试验或计算结果，显为事实所不许者，亦不知其错误所在。

4. 重视考试而不求所学之应用。虽博闻强记,但对于浅近事实,不知解说;寻常工作,不知措手。

5. 读书方法,未尝研究。以工校课程之繁重,遂觉难于应付,而只求及格为能事。

教授方法,本视科目而异,无一定之界说。然据美国工程教育家之研究,则工程课程之教授,若参照下述方法,斟酌仿行,必可获较佳之结果。

1. 通常有试验之课程,其教授次序均为讲解、问答、试验。即理论先于实验。但为考查学生之悟力,增加学生之兴味起见,若将前后次序,稍加更动,使因试验之故而自答其所问不明之理,再行讲授,则收效必速。

2. 各种异名之课程,应重加整理。其性质类似者,即合并为一,以减分歧。盖课程之命名,原属假定,其间并无严格之界划也。

3. 课程中须征引日常目击之事物,以增兴趣。对于有关经济人事之问题,尤当特别注意。

4. 各科教授,应时常彼此接洽,藉以考查各生各课之程度。如发现某生某课之弱点,不论该课是否为本人所担任,或该生读该课时业已及格,均须公开讨论,速谋补救。

5. 各课应用之标本模型,应广为设备以便讲解。

6. 学生心理,应时加研究。如发现不当之点,应从速设法矫正。

六、实习

工校课程中之理工部分,几无一不可辅以实验或练习,为阐明理论及增长技能之助。惟事实经济,俱有限制。各课皆求其备,自所难成。只有视其性质内容,酌量择要举办,期于学校之范围内,得有充分之机会,此工校计划实习课程之原则也。然各校因境遇之不同,观念之歧异,现行方法,至不一致。其因经济困难,设备单简,以致实习课程徒具虚名者,姑不具论。兹就资望经济相当之学校,别其趋向如下。

1. 在未授技术课程之前,以一定之时间,令学生逐日至校内工厂,目击各种机械工作之程序及方法。并由教授从旁讲解,以便洞悉其原理。但无自行工作之机会。

2. 将必须实习之课程,各指定修学时间,按照性质内容,设立各项实习功课。此种学校工厂,须有相当设备,学生始能悉数参加。故较前法费用较巨。

3. 将校内工厂,参照商业厂所之情形组织之。所有设备工作等状况,皆求其逼似学生实习之时。按照一定计划,分别任事。时期届满,则各人所经工作,适足造成一种工业制造品。价值务求其廉,工作务求其精,以便与市场之同样物品竞销(实际上学校出品成本必巨,但因人工不计值,故售价可低)。此种方法,不仅使学生得有工作之技能,且使周知商业制造之内幕。

4. 上法虽甚完备,但制造一种物品,其中类似工作极多,且为时间所限,品物种类必甚单简,以致有有余不足之憾。今若将一切制造之工作,加以分析研究,求其共同之基本工作,用为校内实习之蓝本,则时间节省较多,而所知为更广。此法各校仿行者最多。然工作时无商业制造之空气,出品无市场竞销之可能,则其结果使学生忽略经济上之问题。

5. 读书实习,同时并举。将学生分为两组。当一组在校读书时,其他一组则派往临近商业厂所实地工作。各以两星期为一周,期满互易其地,轮流工读。厂所之性质,各个不同。每一厂所之工作,亦预为分配。学生每次实习时,应入何厂工作,皆由学校指定,并派教授随时到地指点。如遇困难过多,或理论较深之处,则于读书时间讲授,务使理论事实得以完全沟通,互为验证。似此办法,如以五年为期,每年作业十一月,则所有学校规定之课程,皆可如期修毕。较之其他方法,在校修业四年,毕业后仍需实习多时者,堪称事半功倍之良法。此种学制,最初由美国之辛辛纳地(Cincinnati)大学创行。在工业城市之学校,俱可仿效。盖此法从厂所方面言之,则学生工资低廉,且可培本厂需用之人才。从学校方面言之,同一设备,可容两倍之学生。且一切实习设备,皆可从减。从学生方面言之,费时五年而得两年半之经验及大学之教育。且理论事实均能融会贯通,所获尤为切实。至费用之减省,出路之无忧,尤其余事。此诚工程教育中别开生面而效率最巨之学制也。

我国工校因受经济影响,设备多不完善,以致实习与理论课程,未能占同等之地位。而毕业学生偏于理论,亦几成一般之舆论。实则学生中固多体孱畏劳、不能任重者(此招生不当所致),然大多数则以在校欠练习、出校少观摩之故,致未能得社会之信仰。此其责任固应由学校担荷也。欲图补救,自非整顿实习课程不可。然以现时之工校状况,欲求如欧美之完善既不可期。亦唯有择其比较易行者,参照原有设备,尽量扩充而已。上述诸法中,第一第二,均病其简陋。第五虽属最上,而又为我国现状所难能。唯有第三第四两法,尚可采用,而以前者尤为经济。各校中之机械科、化学科,虽已有类似之办法,但其出品之种类数量,均极简单,且工作者未必尽系学生,各生所经之工作,亦未能始末悉备。倘能加以改进,或亦足为整顿之初步。至土木科课程,除测量外,实习较难。应如何与校外之工程事业联络,以为参观或实习之场所,亦为工校之一问题,而现尚未臻完全解决之期也。

七、服务

科学以探索真理为目的。其工作结果，于人类生活有若何之关系，所费之精神、时间、财力，是否足以取偿，初非始料所及。工程则不然。其唯一使命，在应用宇宙间之事物，以谋人类生活之幸福。故着手之先，即有一预定之目标，为进行之归宿。所有科学知识、艺术技能以及经济之研究，皆为其趋赴目标所需之工具及应用之方法。而其主要观念，固不在科学艺术或经济之本身能有若何之贡献。此种区别，虽难严格确定，但工程师之事业及活动，自有其一定之范围与趋向，则固显然之事实。而工程教育所异于文理等科者，亦不难于此中寻其端绪。今试将我国工校现状，就此点研究之。

1. 所有课程中之纯粹科学部，如数理化等，因系基本学识，均异常注意，务使学生有充分之了解。其鞭策方法与文理等科初无二致。

2. 所有关于工程之专门课程，力求其内容充实，理解详明，务使学生洞悉窍要，周知涯略。任举书中一事，能照课堂所授，背诵其原委。

3. 所有实验课程，就设备所及，财力所许，务求完备。使学生就指定范围内，领略实验室中之世界。

4. 所有理论课程之考核，均务求严格，而以试卷为评定之依据。其实验课程，则只需按期毕事。考核标准，亦较有伸缩。

以上为工校之最大目标。即使完全达到，所教育之学生，充类至尽，所知亦只限于各种理论及理论之征验。至各种理论应如何融会衔接，固未计及。即有资质超迈之学生，能自求沟通，同冶一炉，而理论如何能用于事实，亦依然渺无准备。盖其所受之教育，有使其不得不然者。

1. 据多数工程师之意见，工程师成功之要素，至少计有六项。依其重要之次序，即品行、决断、敏捷、知人、学识及技能。以上仅最末之学识及技能两项，为现时学校所注意。其他四项，虽系天赋，然学校既无测验之法，复无培养之方，以致无从进步。

2. 无论何种工程所包含之事物，不外真理、材料及人工三项。普通工程学生，对于工程理论固有几分把握，材料、人工则所知已属有限。若与材料、人工有关之经济问题，更为隔阂。

3. 效率为工程师最要观念。同一工程，其消耗精神、时间、财力最少者，斯为上乘。然工程学生，对于一种工程，或能稍知其梗概。若以同一功用之数种工程，使为较量其效率之等差，则必难于解决。

4. 工程管理中之最大困难，即人工之进退调遣及其发生之影响。除劳资问题溢出工程问题外，即就人工本身言之，如雇佣之选择、奖励之方法、酬报之标准、工作之训练等等，均工程师应有之责任。然工校学生对于此种问题，固已研究准备否乎？

5. 工程师之职务，偏于物质。接触既久，往往有生活干枯、行动机械之烦闷。虽因研究经济及人工之对象，不时有窥察社会内情之机会，然倘为物质所囿，不于陶情养性之文化学科中，求有相当之了解，则一方使其胸襟狭隘，不能应付诸般之问题；一方使其观念错误，不能领悟人生之真趣。故将来之工程师，必须有生活化之趋势，始足成伟大之事业，而增高其社会上之地位。然现时工程学生所受之教育，及其历年所处之环境，固仍使成机械化也。

以上列举之弱点，虽为工校之通病，然其重要实不亚于科学之研究。历来世界著名之工程师，无论是否为工校出身，而其能力、器识固无不可用以测验其成功之程度。我国现时实业不振，工程师之事业尚无多表现。沈屈下僚者既居多数，身亲要职者复故步自封。对于工程所负之使命，及应尽之责任，殆无深切之觉悟。上述种种，或不感觉其重要，然为将来之工程师计，则工校固未可漠然视之也。

就我国之现状言，已往之工程教育，于实业之启发，不能谓无影响。然其程度则至为微小。工程专家既时为实业界所排挤，而工程学生更不为实业界所乐用。其间隐有无形之畛域，足为双方接近之障碍者，则诚工程教育之急切问题矣。

我国工校毕业生服务之状况，因无详确统计，尚难为切实之研究。然就所知之情形及各方之阅历言之，则实难满意。

1. 除交通部立之工校，其毕业生皆派往路电各局练习服务外，其余工校毕业生之出路问题，每为办学者最大之苦痛。盖实业既不发达，需用自少。而每年培植人才，则以数百计。供求悬殊若是，求一生活之地已属不易，更不遑计及其他。

2. 即以交通部立之工校而论，其毕业生虽有派遣练习之举，然考其实际，则练习之所与学校每多隔阂。其视学生之练习与普通员司之服务，初无特殊之差异。训练方法既鲜注意，升调之途亦无规定。较之欧美实业厂所之训练学生，每人有一定之计划，每日有一定之工作者，相去不可以道里计。故虽名为练习，实与派差无异。学生纵能苟安自满，其如教育之目的何？

3. 其他工校毕业生之出路，只有就各人之能力机会，随遇而安，不能过事苛求。如在工程机关服务已属幸事。至其职务是否需专门人才，性质是否属所习学科，个性是否适宜，前途有无希望，均无暇过问。

4. 在政府之技术机关任事者，除极少数之中外合办者外，大都如入仕途，毫不感觉其教育之重要。所谓官僚气习,不惟不时求其免,且日求其精,以为登庸之捷径。此种已完全失去工程教育之本义,最堪惋惜。

5. 在外人所办之实业机关服务者,因外人办事,比较认真,且有营业关系,不能敷衍,故所得阅历较多。虽不能如欧美训练之切实,然在国内已为难得之机会。其最大之缺点,即行事过于机械,不能养成伟大之人物。楚才晋用,原亦不能求全责备也(其他缺点,如中外待遇不均,国家观念薄弱,皆不在本文范围之内,故不论)。

6. 我国人自办之实业机关,除由客卿主持者,其利弊略如上述外,大都眼光浅近,不以提携工程学生为责任。其规模广大者,以工程为深奥莫测之能事,非延外人主持莫办。规模狭小者,则又以节省经费,只以雇佣工匠为了事。故我国之工程事业,多半为外国工程师及本国工匠所把持,无几工程学生插足之余地。

7. 近来工程学生曾受欧美之教育及有实地经验者,愤国势之积弱,实业之凋残,多有自行集合组织公司厂所,以与恶势力奋斗者。然其技术虽精,学识虽富,而于本国实业界之内情则完全隔膜,以致忽起忽灭,不能经长时间之试验,依然无从改善其环境。

8. 除上述各途外,其余工程学生,大半以教育界为生活。上焉者得一工程学校为讲学之地,将其本身所得之学识经验一一传授于来者,期其能创立工程事业,继本人未了之志。次焉者则求一任何学校为生活之所,不复更作无益之奢望。此类既不以工程为专业(Profession),更不以教育为职业(Vocation),而为多数优秀分子所栖迟,诚我国工程界最可伤痛之事实也。

据上述之情形,可见工程教育在我国实未尽其功效之万一。从美国教育史观之,工程教育自始即附属于文理等科,不能与法医等科有平行之地位。而实业家对于工程师之可由学校培植,尤深致疑问。故彼邦工程学生之出路,亦几经困难,始获得今日之结果。然求其足为一种事业之中坚者,仍不多见。可知工程教育本身,仍有其应负之责任。我国工程教育中病之深,较美为尤甚。益以实业之不能与日俱长,对于工程教育之始终怀疑,其所以造成今日之现象,固非一朝一夕之事也。

然实业不振,不过为暂时之现象,教育不良,亦非无改进之可能。只在求其症结,谋所以互助合作而已。试举其途径如下。

1. 工程教育本身应先加改进,务使入学者有工程师之志愿及资质,毕业者有工程师之技能及品德,一如本文所提出。

2. 实业界须有觉悟,应自知内容不免腐败,如管理无科学方法,执务无专门人才，出品仍未尽善，成本亦可减低。倘衡以欧美新法一一考察，则发现之缺点必多，而感觉高等技术人才之需要。

3. 实业界应与教育界接近，互明彼此需要，以为合作之基础。如工校教授应与实业发生特殊之关系。编列课程应迎合实业界之需要，教育方法应征实业界之意见，研究结果应供实业界之采用。而实业界对于工程学生，则应予以充分实习之机会。登进员司应依其教育为标准。工校困难，亦应尽力予以协助。

4. 工程学生应以致身工程为原则，而以实业界服务为前提。艰苦耐劳，实心任事，以取得实业界之信任，为最大之目的。

依此趋向，最有效力之实行方法，自无过于工读并行之实习计划（见实习章）。此在我国虽觉其过早，然果实业界感觉工程学生之需要，则及时准备小试其端，亦未始非工程教育之福音也。

八、结论

以上各章所述，我国工程教育之现状及其利弊之所在，只系就观察访问所得之印象，约略加以评论。按诸事实，既无精密统计，为确切之佐证。推其理想，更乏适当场所，为具体之征验。但其效率之低微，改进之需要，则昭然若揭矣。

兹将上述各种问题，分类综结如下。

（一）工程教育之功能及责任

1. 工程学校对于高等理工教育之以文科为蓝本，及专门技术教育之以法医科为蓝本者，应有若何之态度。

2. 学校课程应如何规划，始能与实业界之需要相呼应。学生学术应至如何程度，始副实业界之期望。其专门技能应有若何标准，始能投身服务。普通智识应如何发展，方能深造有得。

3. 教育计划，应以学生资质为标准，抑随实业界之需要为转移。课程之编制及内容，应如何伸缩以期双方兼顾。

4. 学生毕业后服务时所需之训练，除服务场所应担任者外，学校应负何种之责任，及继续训练之方法。

（二）编制课程之原则及教法之改进

1. 课程内之科学、技术、经济及人文等部分，应各占若干时间，其教材内容，应如何编订。

2. 每一学科之各种课程，应如何沟通联络，以期贯串。

3. 实业界之工程上及经济上各问题，在课程内应占何种地位，始足为阐明

学理增广应用之助。

4. 教授方法之改进,应有如何趋向及程序。

(三)学生及师资之问题

1. 招收学生,应用何种方法鉴别其志趣及资质。其性格不合之学生,应如何淘汰。入学程度应如何规定,始能与中学衔接。学生择科选课时,应如何指导以收事半功倍之效。

2. 学生在校,应如何考核成绩,不良之学生应如何淘汰,其原因何在,如何可以改善。

3. 学生毕业后,学校应负何种责任,代觅相当职务。实业界之各种位置,如何可使毕业生胜任。

4. 学校教员应如何养成,从何延聘。任职时应用何种方法与实业接触,以免隔阂。

(四)工程学校之联合

1. 各工程学校之间,应有如何结合,以促进教育之进步。其政策、方针、计划,应如何商定,以谋协调动作。

2. 各工程学校与工程界之学术团体,应有若何之关系。

以上问题欲求解决,当先由精密之研究,及详切之调查,继以稳健之实施,始可获美满之结果。试举其步骤如左。

1. 所谓教法、学制及种种计划,皆不外进行之方案,或只是一种仪式。倘教材师资等不求实质上之改进,虽学制服务求其新,亦无非形式之改进。

2. 我国各种实业之通病,在干预敷衍,不下脚踏实地之切实工夫。教育界虽属先进,亦未能免此。

3. 现时流行之各种教育新法,皆从国外搬演而来。对于本国情形能否吻合,殊少研究。

4. 外国之议创新法,必其旧法已经切实做过,毫无遗憾。虽其成绩已有可观,效率亦不低微,但意不自满,仍欲精益求精,更进一步,始有变法之提议。然亦必慎之又慎,经多少试验,确有把握,方敢逐渐推行。反观我国则不然。因进行不力而诿过于学制,因旧法厌倦而求新以自解。方法层出不穷,结果愈期愈远。

以上四端,为谈改革者所当戒。我国工程教育,在各种教育中比较已有成绩。现行制度,欲加改革,尤不能不出以审慎。此负教育重责者所当深思而熟虑者也。

造桥者言

（一九四八年）

导读：

20世纪30年代，茅以升主持建造了中国人自己设计的第一座铁路、公路两用桥——钱塘江大桥，开创了中国现代桥梁设计和建筑的先河，也为中国现代桥梁建设培养了大批科技人才。茅以升在文中强调桥梁在国家安全和人民生活中的重大作用，以及桥梁工程师地位的提高是要与其设计制造的桥梁质量及技术进步息息相关的。中国的桥梁工程师应当理所当然地担当中国的造桥责任，坚持“本国人造本国桥”。桥梁工程师的使命在于要履行精研桥梁技术，训练桥梁人才，健全造桥机构，力求桥梁符合科学、经济和艺术三原则，扩大桥梁的服务范围等五个方面的责任。

原文：

我是一个桥梁工程师，愿为我桥工同人说几句话。

（一）桥梁的重要——在过去十年的大时代里，交通建设，有了长足发展，桥梁的建筑，博得全国的注意。一条铁路或公路的完成，往往受桥梁限制，必须桥成，方能通车；而在战时，保护桥梁，比保护路线更为重要，修理桥梁，也比修理路线更困难。于是桥梁工程师的地位，因此逐渐的抬高。

（二）技术的进步——然而桥梁工程师今日的地位，也不是轻易得来的。假如过去铁路公路的建设，桥梁不能配合完成，或是完成了而不能任重，任重了而不能持久，破坏了不能修理，修理了不能使用，岂非造桥者之羞吗？经过了这十年的试验，全国桥梁，未闻出一大事变，足证我们桥梁技术的进步，也可见我桥梁工程师的努力！

（三）造桥的责任——有了地位，有了进步，桥梁工程师可有发言权了。先要向政府请求的，便是以后任何巨大桥工，应先尽本国的桥梁工程师去办，等到本国实在无人，再去向国外请教。这不是我们妄自尊大，要想包办一切，而是国

家对于培植本国事业有这种应尽的义务。我们工业落后,一切桥工器材,多半要仰给国外,即言桥梁技术有时也免不了要藉重国外的专家,但这造桥的责任,无论如何,是应由本国工程师担负的。前年美国某公司,用政治手腕,得到了一个大铁桥的代办合同,其条件苛刻,前所未有,便是轻视本国桥梁工程师的一个例子。我们政府常说自力更生,本国人造本国桥,不更应当提倡吗?

(四)用桥的代价——其次要向社会说明的,造桥需要巨款,而一般社会心理,都希望国家出钱来办。国家出钱,便是全国人民的负担,便是不用桥的人也出了过桥的代价,这是极不公允的。所以近代造桥的办法,是利用民间资本发行公债,然后向过桥者征费,以收来的费还债,日积月累,债还清时,这桥便可免费开放了。也许有人问,这种公债,容易发行吗? 须知桥梁事业是有独占性的,过河的人,非经过不可,虽然建筑成本大,而平时开支极少,又无罢工顾虑,且寿命永久,一朝落成,不须时刻改良,比起其他生产事业,要看市场需要,要对同业竞争,要防劳资纠纷,要有良好管理,其投资的稳妥性,桥梁是大得多了。美国旧金山八英里长桥的公债,原定四十年还清的,桥成后营业鼎盛,预计不到十六年,便可清偿,不是一个极好的例子吗? 我国各地,需要建筑的桥梁甚多,倘各地都想政府出钱造桥,这桥是永久造不成的,唯有切身利害的当地社会,能赞成过桥收费的办法,再有目光远大的企业家来担负承销债券的筹款责任,则一桥完成,他桥仿效,各地交通,就此愈形发达。我们桥梁工程师,也不怕无事做了。

(五)桥工的前途——最后,要向我同行的工程师请教的,将来我们不怕无事做的时候,我们应当如何达成任务,来报答各方的期望呢?我们对于桥工的前途,应负如何的使命呢?第一,我们要精研桥梁技术,能就现有的环境里,解决一切桥工问题。第二,我们要训练桥梁人才,使我们既得的经验传知于后人。第三,我们要建全造桥机构,不论政府机关,或民营事业,必使其内容充实,坚强有力,能造所有我们应造的桥,不必继续的倚赖外人。第四,我们要力求桥梁的真善美,这里面包括科学、经济和艺术三原则,凡真正经济的桥,未有不美的,而经济的桥也必是科学化。第五,我们要扩大桥梁的服务,不但在工程方面,更要进而至社会各方面。如学校是家庭和社会的桥梁,文艺是创造和欣赏的桥梁,舆论是民意和政府的桥梁,工程师是科学家和企业家的桥梁,这种种的桥梁,真是数不清,一切事业的前途,还有比桥梁更大的吗? 我们桥梁工程师,应先替自己做桥梁!

科技工作者的共同纲领

（一九四九年）

导读：

本文原载《工程界》，作者列举了中国人民政治协商会议第一届全体会议制定的六十条《共同纲领》中的部分内容，并指出：所有纲领条文都是科技工作者的指路牌，必须顺着指明的路线走，才能建设一个独立、民主、和平、统一和富强的新中国。我们全体科技工作者要首先在心理上有了坚实的基础，然后从行动上发挥出力量，达到共同纲领的要求。要实现这些，须有我们科技工作者共守的信条——一套小的共同纲领（科技工作者的共同纲领）。而这个“纲领”要充分发挥它的作用，还需建筑在三个基础上，即“科学技术与政治结合，科学技术与劳动结合，理论与实践结合”。“这三种结合，是科学技术进步发展的三个基础，我们科技工作者必须要知道而且实现如此地结合，方能成为新中国的新科技工作者”。科技工作者的共同纲领，为新中国的科技工作者指明了方向，提出了要求。

原文：

中国人民政治协商会议，为了建设新民主主义的中华人民共和国，在第一届的全体会议里，制定了六十条的《共同纲领》，博得了全国人民的热烈拥护，掀起了全国各界的学习高潮。我们科技工作者，对于新中国的建设，负有极重要的使命。看到这历史上最伟大的人民宪章，当然要有极明确的了解，方能完成我们的任务。我们必须要能完成任务，方表现出我们对这大宪章的衷心遵守。

我们首先要明了，这全部《共同纲领》，是个科学性的文献，是完全根据客观环境、历史要求，经过分析归纳而得到的总结。因此凡空想奢望，脱离现实，或因袭迁就，顾此失彼的条文，是看不见的。只要在这部纲领里有了规定的条款，这条款便须彻底执行。因为有了彻底执行的把握，所以纲领序言里才说到

“凡参加人民政治协商会议的各单位，各级人民政府和全国人民，均应共同遵守”。

举例来说——这是我最受感动的一例——第二十五条规定，“革命烈士和革命军人的家属，其生活困难者，应受国家和社会的优待。……”难道生活不困难的，便不应受优待吗？然而顾到国家社会的财力，便忍痛地只好如此规定了。其实假如规定所有革命烈士和革命军人的家属，一律都受优待，其生活不困难的，也不会来要求优待的，但如规定了而不实行，那便是不彻底，因此这条文只好让它那样去了！

在这种了解下，我们学习这全部纲领，便要庄严地透彻地认识它的重要性。所有纲领条文，都是我们科技工作者的指路牌，必须顺着指明的路线走，方能达到我们企求的目标，方能建设一个独立、民主、和平、统一和富强的新中国！在这指明的路线上，我们科技工作者的任务，实是太多了，只需零碎地举出几条，便可看出这任务的性质。

第三条，“……发展新民主主义的人民经济，稳步地变农业国为工业国”。第二十二条，“……应加强现代化的陆军，并建设空军和海军……”。第二十四条，“……军队……在不妨碍军事任务的条件下，应有计划地参加农业和工业的生产……”。第二十六条，“……国家应在……劳动条件，技术设备 ……方面，调剂国营经济、合作社经济、农民和手工业者的个体经济、私人资本主义和国家资本主义经济……”。第三十三条，“……应争取早日制定恢复和发展全国公私经济各主要部门的总计划……”。第三十四条，“……应根据国家计划和人民生活的需要，争取于短时期内恢复并超过战前粮食、工业原料和外销物资的生产水平，应注意兴修水利，防洪防旱，恢复和发展畜力，增加肥料，改良农具和种子，防止病虫害，救济灾荒，并有计划地移民开垦、保护森林，并有计划地发展林业。保护沿海渔场，发展水产业。保护和发展畜牧业，防止兽疫”。第三十五条，“……应以有计划有步骤地恢复和发展重工业为重点……同时，应恢复和增加纺织业及……轻工业的生产……”。第三十六条，“……必须迅速恢复并逐步增建铁路和公路，疏濬河流，推广水运，改善并发展邮政和电信事业，有计划有步骤建造各种交通工具和创办民用航空”。第四十三条，“努力发展自然科学，以服务于工业农业和国防的建设……”。第四十七条，“……注重技术教育，加强劳动者的业余教育……”。第五十三条，“……应帮助各少数民族的人民大众发展其政治、经济、文化、教育的建设事业”。

这些任务，是由中国人民政治协商会议，交给全国人民，也交给我们科技工作者了！它同时指出：第四十一条，“中华人民共和国的文化教育为新民主主义的，即民族的、科学的、大众的文化教育。人民政府的文化教育工作，应以提高人民文化水平，培养国家建设人才，肃清封建的、买办的、法西斯主义的思想，发展为人民服务的思想为主要任务”。第四十二条，“提倡爱祖国、爱人民、爱劳动、爱科学、爱护公共财物，为中华人民共和国全体国民的公德”。它是如何地重视科学，重视我们科技工作者！我们该如何地学习了解这些庄严的条文，该如何地加紧完成这些光荣的任务？

一个建议，便是我们全体科技工作者，要首先在心理上有了坚实的基础，然后从行动上发挥出来的力量，方能推动任务，彼此配合达到《共同纲领》的要求。这里面须有我们共守的信条、共定的计划和共拟的步骤，好像要有一套小的共同纲领，也就是科技工作者的宪章。建设新中国，是件空前的伟大工程，这工程的设计，是政协的共同纲领，而设计里面的一部分细节图，便是“科技工作者的共同纲领”！这个“纲领”是科技工作者根据人民政协《共同纲领》的要求，发挥主动性、积极性，用集体力量来订定的。今天在积极筹备中的中华全国自然科学工作者代表大会，就是将要订定这样一个“纲领”的全国性组织的起点。我们科技工作者应该努力执行科代筹备会的一切决议！

这个科技工作者的宪章，科技工作者的共同“纲领”，当然是不容易产生的，然而更为困难的，是要保证这个纲领的执行。我们必须了解，这个“纲领”，是要建筑在如何的基础上面，方能充分表现它的性质和效用。现在提出这基础的几个原则，作为我们科技工作者共同学习的目标，以便学习成熟后，来共同协商这个“纲领”。

我们知道科学技术要和政治结合，方有正确立场、服务方向，然而我们科技工作者对于政治的了解和兴趣，是否足够呢？我们看到马克思恩格斯的《共产党宣言》早在一百年以前已经刊布了，那时资本主义国家的生产，还是很落后，比起现在，有天渊之别；然而这一百年来，资本主义国家，凭借科技工作者的力量，将生产发展到帝国主义愈益尖锐化的程度，而科技工作者还是那样懵懂地在继续服务，也不问他服务的对象如何，服务的结果如何，他竟不管，甚至不知，世间早有那本《共产党宣言》，将他迷梦揭穿了，而他还在鼓中，这是如何地可悲！我们生在今日中国的科技工作者，真是幸运极了，这些宝贵的人民文献，都由人民解放军替我们带来了！我们随时随地，都可学习，只需初步学习，便可领悟到新政治理论的伟大，从而确立了我们的政治立场。有了正确立场、服务方向，还怕偏差吗？因此我们必须更深入地了解政治，引起日益浓厚的兴趣，方能使科学技术和政治结合，而这结合，便是科技工作者共同“纲领”最重要的基础。

我们知道科学技术要和劳动结合,必须依靠群众方能发生力量,然而我们科技工作者对于劳动的意义和价值,是真能体会力行吗? 劳动非乱动妄动,而是有计划地有步骤地行动,也就是合于科学方法,具有科学精神的行动。故劳动力是科学性的积极性的创造资本,一切科学技术的进展,皆是劳动力的表现。这里面,当然基本上是依靠工人担负,工人愈积极,科学技术便愈进步。科技工作者的劳动,也是一个重要因素,不能劳动的科技工作者,安能设计指挥? 因此科技工作者不但要有智力劳动,更须要有体力劳动,不经体力劳动,不能了解劳动的真义,必须是了解劳动,方知劳动群众的可贵,而衷心地靠拢团结!因而发生力量,克服障碍,完成建设。这劳动的意义是科技工作者共同“纲领”的第二个基础。

政协《共同纲领》第四十六条指出,“中华人民共和国的教育方法为理论与实际一致……”。这个方法,正是我们科技工作者达成任务的必由途径,也就是“理论和实践的合一”。科技工作者劳心的结果是理论,劳身的结果是实践。近代科学的发达,技术的进步,当然靠理论的原动力,理论精深的结果,可以预卜实际发生的情况,如天文上的预测行星,化学里的断定原子,以及工程设计恰和实验相符等等。然而理论的基础是在实践,而复杂的理论,更需要实践来解决。理论扩大实践的范围,实践提高理论的目标。每一科学技术问题的理论,后面必紧接实践,而实践的后面,又必有新的理论,两者紧密循环的接合便使理论与实践,融会成一物,理论里有实践,实践里有理论。因此科学工作者要贯通实践和理论,要使理论和实践合一,来完成任何科学技术的使命,这个合一,是科技工作者共同“纲领”的第三个基础。

科学技术与政治结合,科学技术与劳动结合,理论与实践结合,这三种结合,是科学技术进步发展的三个基础,我们科技工作者必须要知道而且实现如此地结合,方能成为新中国的新科技工作者,方能共同地制定出一个科技工作者的共同“纲领”,来完成人民政协共同纲领中给我们的巨大任务!

实事求是的工程师

（一九五〇年十月）

导读：

本文系茅以升1950年10月回到北洋大学的讲话，原载于《天津工程》。文中茅以升认为素有“老北洋”尊称的北洋大学历史悠久却不落伍，能老而前进的原因在于对其四字校训“实事求是”的坚守。在茅以升看来，“实事求是”就是“前进的表示”。“教员是实事求是的，学生是实事求是的，校友是实事求是的，因而促进了学校的进步。”

文章从五方面详细阐述了北洋大学校训“实事求是是前进的表示”之原因。首先，实事求是说明了学工程的人及做工作的人，应有的态度及作风。实事求是代表了唯物主义精神。“有了实事求是的态度，就能学会马列主义‘理论与实践结合’的作风，有了这种作风，就能进步。”第二，实事求是说明了工作的任务，尤其是学工程的人的任务。“工程师要能够理论与实际结合起来”，各大学要逐渐改革，完成高等教育的任务，“要学生在毕业以前将能做到理论与实际一致”。第三，实事求是中强调的是“理论”，“就是实事里一定要求是”。第四，实事求是中重视“实践”，“就是要在‘实事’里求是”。第五，要求理论与实际结合，“就是将是的实事与实事的是统一起来”。“理论与实践的关系，如同将一堆石子，堆成一座塔，如希望堆得高，底盘一定要大。实践多了，理论水平也就高了。”

茅以升认为在工程中“理论和实际全是基础，也全是工具”，要通过劳动和学习这两个主要的方法，实现理论与实践的统一，达到实事求是。“以实事求是的态度及作风来完成实事求是的任务，参加新中国的建设这个伟大的工程”。茅以升对北洋大学寄予厚望，“北洋是一个实事求是的学校，诸位在校中做实事求是的学生，将来一定做实事求是的工程师，我预祝各位在新中国建设里都做光荣的实事求是的工程师。”

原文：

今天到北洋来，是解放后第一次，也就是最近三年的第一次，感到非常愉快。三年中，我们国家，起了很大的变化，在历史上有了空前的进步，从黑暗走向了光明。三年来，北洋大学也是从黑暗走向了光明。诸位现在是在光明中受教育了，不是像以前在黑暗中摸索了，我想大家都感到非常愉快！

自解放后，我非常关心北洋的情况，在北京常见到北洋的同仁，知道大家都非常努力，都是在光明中奋斗！为了我们新中国的建设而奋斗！我相信诸位觉得在北洋读书，是一件很光荣的事，在中国的高等教育中，历史最悠久的就是北洋，因此社会上给北洋加上一个尊称，叫做“老北洋”。它的确是老，然而并不落伍，它的校友，对祖国有过很大的贡献。北洋如何能老而前进呢，就是因为北洋有四个字校训“实事求是”，而这四个字就是前进的表示。教员是实事求是的，学生是实事求是的，校友是实事求是的，因而促进了学校的进步。

为什么实事求是是前进的表示呢？

实事求是的第一个意义，说明了学工程的人，及做工作的人，应有的态度及作风。在政治学习中，大家都读过毛泽东同志的一篇文章《改造我们的学习》，论到主观主义态度及马列主义态度，其中说中国共产党人的态度，就是实事求是的态度。“实事”就是客观存在着的一切事物，“是”就是客观事物内部联系的规律性，也就是真理，我们要从四周的事物，来了解事物内部的规律，就是“求是”。有了实事求是的态度，就能学会马列主义“理论与实践结合”的作风，有了这种作风，就能进步。这四个字也就是唯物主义精神，是它第一个基本特征的应用。

实事求是的第二个意义，说明了工作的任务，尤其是学工程的人的任务。工程师要能够理论与实际结合起来，这是我们《共同纲领》中规定的教育方法。过去的教育，确实是与实际脱节的。我们的校友，在建设上的工作成绩，是很大的，这是因为他们能把理论和实际结合在一起，然而在学校里的教育就不同了。这不只北洋如此，全国各大学全是如此。这是受了过去封建余毒的影响；过去重文轻武，偏重书本，以前进学校说成“读书”，就是重视书本知识，这是很容易与实际脱离的。而且过去工程学校的教本，多半是外国人写的，当然是更与中国实际脱节的。我们过去的教育制度，是抄袭英美的，而英美是资本主义国家，所训练的大学生，要他成为“通才”，在学校中，不过给他一种工具，而要他在毕业后选择他的职业。大学四年，本来是很短的，也不可能造就“通才”。然而因为要造就“通才”,就把专业化忽略了。现在各大学中各系,多有分组办法,但还不够专业化,就是受了过去训练“通才”的影响,与实际一致,就发生困难。英美的学生是毕业后再联系实际,学校中是偏重理论的。也许他们学校中设备充足,可以了解一部分的实际情况,但对“现场”,仍是不够了解的。等到毕业后再与实际联系,当然也是一种办法。在过去我们大学的毕业生,分发到事业机关,要实习一两年,方能担任正式职务,就是这个意思,但这样的实习生制度,是不经济,而且做不好的。我们现在的要求,是要学生在毕业以前,就能将理论与实际结合,因此,在毕业以前的实习,是更为重要。但在工厂和学校间,还有一道鸿沟,实习也不容易做得好,除非预先有了解,学生毕业后就到那实习的处所服务。

因此,我们各大学,现在就要逐渐地改革,改革的目标,是要学生在毕业以前就能做到理论与实际一致。这是高等教育的任务,也就是实事求是的第二个意义。

实事求是的第三个意义,是强调“理论”,就是“实事”里一定要“求是”。理论的重要,学科学的都知道,科学的发达及工程的进步,都是理论推动的力量,若没有正确的理论,科学的发达,不会到今天的这种程度。今天进步的程度,很多事情已做到“未卜先知”,如建桥,可以知道完工后钢梁里有多大应力,多大挠度,计算的结果可以进行测验的,而量出的结果,一定是与计算吻合。各种科学中都可以见到理论的效果,如历史上海王星及元素周期表发现的例子,都表示出理论的重要。

实事求是的第四个意义,是重视“实践”,就是要在“实事”里求是。很多的理论是拿实际作根据的,如牛顿“力学定律”,绝不是凭空想出来的,而是从实验得出来的。如三角形可以代表力的分解,就是完全实际的情况,并非理想得来。就是纯粹的科学,也与实际有关系,如数学里“最小二乘法”的“或然率”,就是以事实为根据。物理及化学,也是全以试验作根据的;水力学里的公式,都有系数,而系数都是由试验得来。因此可以见到实际的重要。

过去的同学,多重视理论,而忽视实际。无论哪一门功课,数学多的就喜欢,数学少而实际多的如材料学、水文学、地质学等就不太喜欢,这也是与实际脱节的一种现象。

实事求是的第五个意义,是要求理论与实际结合,就是将“是的实事”与“实事的是”统一起来。实践可以验证理论,但理论举一反三,可以预测实际,因之理论扩大实践的范围。理论不是凭空想出来的,是从实际中发现了问题,加以研究而得来的。经此研究,理论往往更提高一步,因之实践提高理论的

水平。

理论与实践的关系，如同将一堆石子，堆成一座塔，如希望堆得高，底盘一定要大。实践多了，理论水平也就高了。我们要注意到理论的重要，但不可认为实践是不重要的。工程教育中以理论为唯一的基础，对不对呢？反过来谈，若以实践为唯一的基础，对不对呢？

从理论得来的数学公式无其数，为什么工程里只用这几个而不用那几个？就是因为这几个是可以用到实际中去的。究竟理论是基础？还是实践是基础？是很难答复的！不如说理论和实际全是基础，也全是工具。

以造房子来比喻，房梁就是理论，门窗户壁、砖石木料就是实际，如配合得好，就是一所好房子。也就是说：理论与实际结合得好，才能完成很好的任务。要造一所很高的房子，就需要高大的架子，及很好的材料及门窗。要理论与实践结合，在工程中不要偏重一个，假定实践没有理论，就如只有门窗砖石而无房架，如何能造屋？若是只有理论而没有实践，就如同一所房子只有空架子，那就更无用处了。

如何能做到理论与实践一致呢？如何能实事求是呢？这里有两个主要的方法：

（1）要劳动——工程师要是不知道劳动的重要，就不能实事求是。现在每位看报，到处都见到在生产建设上有了特殊的成就，梦想不到的成就，这就是靠广大的劳动人民。土木、水利及各种工业，天天都在进步着，如最近治淮工程，不但发动了当地人民，而且连华东各大学的教授和三、四年级的学生都发动去参加了。劳动的重要，自不必多讲。我只想说明一点，就是劳动非妄动（无计划）、非乱动（无步骤）、更非暴动（破坏性），劳动是有计划、有步骤，积极性的、不间断的动，那才能有创造。有创造的动，才是劳动。劳动就是创造的资本，而且是科学性、积极性的资本。不但自己劳动而且要深刻了解劳动的意义。这是实事求是的第一个方法。

（2）要学习——我们天天学习，就是为了要实事求是，这里包括两件事，一是“学”，一是“习”。学是为了理论，习是为了实践。也说明理论与实践，非统一不可。有的理论如数学，关起门来也许可能学得会，但是一般的理论就不是只是学就能全会的。有时习比学还重要，如骑自行车，看多少书也不会，但只要真的骑上去就很容易地学会了。“学而时习之”是先学而后习，应补充一句“习而时学之”，来说明很多先习而后才能学会的东西。要把理论与实践结合一致，才能叫学习。“学以致用”这句话是先学而后用，但也可补充说“用里面可以求学”。我们培养人才，不一定要在学校里，就是在各种企业里，在工矿企业里也可培养人才。所以学习是实事求是的第二个方法。

诸位都知道,新中国的建设,是一个伟大的工程,大家将来全要参加的,大家就要以事实求是的态度及作风来完成实事求是的任务,新中国前途是光明的,是无限的,工程师是与自然界作斗争的,征服自然的。在光明的国家里,与自然界作斗争,是一个何等光荣的任务。北洋是一个实事求是的学校,诸位在校中做实事求是的学生,将来一定做实事求是的工程师,我预祝各位在新中国建设里都做光荣的实事求是的工程师。

习而学的工程教育

（一九五〇年四月）

导读：

本文发表于1950年4月29日的《光明日报》。作者在文中回顾了旧教育中以“先学而后习”为特征的工程教育，分析指出这种教育模式造成下列现象：①理论与实际脱节；②通才与专才脱节；③科学与生产脱节；④对于学生入学的要求，是重“质”不重“量”；⑤对于学生毕业的条件，是一切分数及格，而这分数，极大多数是指理论的课程。在此基础上，针砭其弊，大胆建议，提出了一套从“感性认识”到“理性认识”，然后再回到感性认识的循环发展的新法（即习而学的工程教育）来培养工程师。

以训练桥梁工程师为例，茅以升主张设立桥梁工程系，招收高中毕业生于秋季及春季入校。第一年先到造桥工地和桥梁工厂实习；第二年前半年在校读理论课程，如结构学、基础学、河工学、机械工程和电机工程等，后半年在现场实习木桥、钢桥、钢筋混凝土桥的施工方法等；第三年前半年在校读理论课程，如工程力学、材料力学、土壤力学、水力学及电机、机械、冶金等工程，后半年实习负责施工、管理及设计等项目；第四年，全年在校学习，读基本科学如微积分、物理、化学、机械学、高等数学、高等力学、经济学等课程，并在实验室做材料实验、水力试验、机械及电机试验等。四年级完毕时，学生即系毕业，可任正式的桥梁工务员，以后按级升任工程师。茅以升主张从“学而习”的工程教育改进到“习而学”的工程教育。他认为，“只要打破了这个传统的观念，学与习便会自然地结合起来，成为‘学习结合’的工程教育。”

原文：

过去的工程教育，是先学而后习的。以大学的各工程系为例，它们有许多共同特点：（1）一律四年毕业，为的是同大学中其他学院（除医科）一致，招生方便。（2）第一年级必修课程，各系大体相同。使工学院里转系方便。（3）各年级的课程中“基本”性的较多，专门性的较少，为的是想求较广的基础。(4)第三、四年级课程内，专门性的选课较多，为的是想求较专的应用。(5)四年中理论课程多于实习课程，为的是理论重要，实习只是验证理论。(6)理论先讲，实习后做，尤其是最基本的理论，在最先讲，最专门的实习，在最后做，为的是先要头脑搞通，然后双手去做。

这些特点，说明过去工程教育的特性：(1)它是广泛不精，培养“通才”为目的的。土木工程系的毕业生，可以参加任何土木工程部门的工作(过去还有一种主张，开办普通工程系，希望那里的毕业生，能做任何工程！还有主张工程学生，应多读人文科学，他毕业后，更可做任何非工程的职务了！)。对于选择职业，当然是一种方便，而且有了一般土木工程的基础，在就业某部门以后(也许这个部门并非他在三、四年级选课的对象)，对那部门的专、精、深入，亦有帮助。但从他就业的那部门来看，成为一种负担，他不能立刻生产，他需要继续学习，他就业的那部门，担负了培养“专才”的任务。(2)它是以理论为前提，来便利学生选科选系的。希望学生在读了一年基本理论(其中小部分是与高中所读重复的)以后，使能决定他是否宜于工程，或是工程的哪一系。机电两系的学生在第二年级读完相同的理论以后，便能决定他是宜于机械或电机。这是唯心主义，从理论出发，来决定个人的职业方向，无形中养成了很多的工程“理论家”，能钻牛角尖，而不会转螺丝帽。(3)它是以理论为基础，施行工程教育的。开始便讲最基本的自然科学，认为科学理论，是一切工程的基本。有了理论.便可启发智慧，举一反三，对于各种工程，经过实习，即能触类旁通了。这似乎是经济办法，而且理论本是经验得来。然这种教育方法使学生处于被动，形成“填鸭式”的教育，并有空谈理论而好高骛远的危险。(4)它是以实习来帮助理论，不是以理论来贯通实习的。校内实习本已与工程生产脱节，而这脱节的实习还是理论的附属品。于是这理论更与工程生产脱节，成为“脱产理论”。这是过去工程教育最大的特性，是受了过去“学以致用”“知而后行”的影响(但并未注意到《大学》中“致知在格物”的“在”字)，成为传统的“学而时习之”的教育。

这些特性造成下列现象：(1)理论与实际脱节。工程毕业生不能做工人的事，虽说能计算，能画图，能设计，并能写论文，但多半是“纸上谈工”，不切实际。非在工程现场里，从头学起不可。等他能了解工程的实际时，他原有的理论也许忘记了(也许是陈腐不适用了)。他若不知补充新的理论，他便成为落伍的工程师。(2)通才与专才脱节。本来是想造就通才的底子，慢慢训练成为专才，但只是理论上的“通”(或仅是书本上的“通”)是无法达到实际上的“专”的，实际上的“专”，必须以实践为基础，由此进一步地达到理论上的“通”。因此工程毕业生，往往是半生不熟的通才。(3)科学与生产脱节。在校读科学，不以生产为对象，因之工程各系的划分，以科学的性质为主，成为土木工程、机械工程、电机工程等系，但在任何的生产工作上，都需要多种工程的配合，任何一种生产的专家，实是相关工程的通才。譬如桥梁工程，并非一个土木工程的通才所能办的，它需要很多的机械工程、电机工程、冶金工程等的理论与实践，方能成为一个桥梁的专才。因此工程各系的划分，如就生产需要而言，是应以工作的性质为主的，如铁道工程系、桥梁工程系、机车工程系、信号工程系等。(4)对于学生入学的要求，是重“质”不重“量”。宁可招收少数程度整齐的，不愿训练大量普通的。这是完全受了重视理论的影响，因为理论是可考试记分的，分数多的，便是质好，方能读好第一年级的基本理论，于是理论的分数成为入学的标准。至于这些理论好的学生，是否能成为好的工程师，那就无法过问了。其实“好的质”是要从“大的量”来的，尤其是工程工作者。(5)对于学生毕业的条件，是一切分数及格，而这分数，极大多数是指理论的课程。至于校内实习，暑期实习等的作业，往往是无关轻重。任何一个大学的“教务规则”，对于学生的“及格”“补考”“重读”等分数上的规定，是非常周密，如同一部法典，将每个学生活生生地捆死，成为“分数奴隶”，完全看做检验工程材料一样。倘若学生对学习工程有兴趣，如同看戏跳舞一般，还需要一套如此机械式的章程，来督促他多看少看或多跳少跳吗?

这些现象，都是不合理的，然而这便是过去工程教育的病态！因为过去是抄袭资本主义国家的教育方法(尤其是美国)，而在资本主义国家里：(1)工程生产事业大半是私营的。(2)大学及专门学校，私立的也很多。(3)学生在校是受一个主人支配，出校就业，又受另一个主人支配，而这两个主人，各有各的计划，只求自己出品增多，以致形成双方脱节的现象。因此工程学校，便想只造就通才，并以理论为号召，希望在各种脱节的情况下替学生多搭些桥梁，免得很多学生落水！

这一套教育方法，在我们新的人民民主国家里，应当重新估价了，应当开始改革了！

现在大胆地提出一个建议，并用具体的办法来说明。

为了训练桥梁工程师，设立桥梁工程系，招收高中毕业生于秋季及春季入校：(1)第一年级新生除受训练一个月外，先在造桥工地，实习半年，后在桥梁工厂，实习半年。同时实习测量、地质、工程材料、石工等课程。晚间阅读课本(包括政治课目及劳动法令等)，练习绘图。一年完毕后，学生认为桥梁不相宜时，可改系；认为相宜时，可升学；无力续学时，可在实习处所任桥梁工程的工人或领班工人(因已有高中程度)。(2)第二年级前半年在学校读与桥梁有直接关系的理论课程,如结构学、基础学、河工学、机械工程、电机工程等。后半年在现场实习木桥、钢桥、钢筋混凝土桥的施工方法,运用器材,管理人工等技术,同时实习测量、地质、材料、铁路等课程。晚间阅书及绘图。在此二年级完毕时,学生可升学,或就地任监工员或技师。(3)第三年级前半年在学校读较为基本的理论课程,如工程力学、材料力学、土壤力学、水力学及电机,机械、冶金等工程。后半年,在现场实习较为负责的施工、管理及设计等项目(特别注意生产条件及劳资关系),同时实习测量、房屋建筑、铁路公路等课程,晚间阅书及绘图。在此三年级完毕时,学生可升学或就地任助理工务员。(4)第四年级,全年在校学习,读基本科学如微积分、物理、化学、机械学、高等数学、高等力学、经济学等课程,并在实验室做材料试验、水力试验、机械及电机试验等(以上试验,都是现场所不能做,或无法控制的)。在此四年级完毕时,学生即系毕业,可任正式的桥梁工务员,以后按级升任工程师(其他工程系,视其性质,可定为三年或五年或三年半毕业)。以上四年中,除一般例假外,无暑假寒假。在现场实习时,必须有各种教师(教授及工程师)指挥协助,布置逐日的工作计划,讲解工作内容,并安排熟练工人为指导。

这个新法的特点:(1)第一年级完毕时,学生即知其将来任务与其个性兴趣,是否适合,不适合时,立即改系。同时得到关于将来任务的初步理论。(2)学生能很早养成劳动观念、劳动态度,了解劳动条件、劳动纪律。(3)先经实习,再读理论,由"知其然"逐渐达到"知其所以然",而所读者紧接有关的实习,实习与理论,相配合地由简单到复杂,则对理论的了解更为透彻巩固,随时有实习做背景,知道如何以理论来贯通实习,以实习来发挥理论,知道理论中有实践,实践中有理论。(4)实践与理论,同是工具,一是加强用手,一是加强用脑,两种工具结合起来,每种工具的效用,便可相互地提高。(5)理论与实际的结合,是现时现地的,不应似过去以四年级的实习,来验证一年级的理论,或以教师的实践,来结合学生的理论。(6)现场的生产实习,促进对于相关工程的了解,加强对于经济的掌握。(7)毕业时,所读基本理论,记忆犹新,就业后,即有继续高深研究的工具。过去毕业生的基本理论,是三年前读的,就业时往往忘却。(8)经此训练,毕业后自学,或可成一通才。(9)可以大量招收新生,校内宿舍,可容两倍过去的学生(因有一半在现场),这样重"量"的结果,必是"质"的提高。(10)四年中,每年成一段落,学生可于每年末决定升学或就业,或就业一时期后,再回校复学。(11)推行新法的结果,必可与工人在职教育配合,而工人(比较的"专才")便可逐渐地训练为工程师(比较的"通才")。(12)从生产部门言,常年有某年级某系的学生实习,成为经常任务,不需临时布置,妨碍生产秩序。学生毕业后,也愿回到原实习处所工作,满足生产部门的需要。

从原则上讲,在我们国家里,教育和生产(绝大部分)属于一个主人。这个新法,似乎是值得提倡的。所成问题的是:过去的教育方法,根深蒂固,一时不易解放,而所有的课本(多半是外文),都是为"先理论后实习""先基本后实用"而写的,对于新法,完全不能适用。必须经过一番慎重的考虑,变更过去"先修"观点,方能拟定实习计划、课本内容、教学方法等等。更需要广泛地讨论,由各工程教育专家多作深入的评判,以期树立新法的雏形,来做尝试的根据。切忌旧的打破,新的建立不起来,演成半真空景象。或者这个新法,较宜于专门学校,而不适于大学,也值得研究。这个新法的路线,是从"感性知识"到"理性知识",然后再回到感性知识,循环发展。是旧法的大翻身!是从"学而习"的工程教育改进到"习而学"的工程教育。只要打破了这个传统的观念,学与习便会自然地结合起来,成为"学习结合"的工程教育。我们如要将"理论与实际""科学与生产""读书与劳动""通才与专才""普及与提高""学校与现场""教师与学生"统统紧密地结合起来,我们便先要实行这样一个"习而学"的工程教育!

工程教育的方针与方法

（一九五〇年六月）

导读：

茅以升在中华人民共和国成立后相对系统地剖析了旧教育的问题，再次提出了自己对工程教育的改革主张。本文原载于1950年6月4日的《光明日报》。文中茅以升针对社会上关于如何开展工程教育这一问题的争论，呼吁要从制度上、内容上进行改革，阐明了自己对工程教育的方针与方法上的一些看法和观点，并针对社会上对其早前提出的“先习而后学”理念的批评和意见做出了补充性的说明和解释。他认为，我国的工程教育要参考苏联的制度，配合国情拟定方针与方法。在方针上，首先要注重解决通才与专才的问题，亦即通才训练与专业化问题。在方法上，茅以升深入探讨如何实现“理论与实际一致”的途径，同时提及在实践“理论与实际一致”中，可能会遇到学校与工厂的配合、理论与实际的配合、基本与工具的配合、理论与实习的配合、理论与技术的配合等诸多问题及其解决方法，建议工程教育要实行“先习而后学”的方法。

原文：

工程教育包括高等、中等及初等三个阶段，本文所讨论的，以高等教育为主，附带提及和中等、初等的联系问题。

近来，《光明日报》上登载了马大猷、钱伟长两先生和本人的几篇专论，提出了许多工程教育里存在的问题，让我们从事教育工作者，得有发表意见的机会，我们对于《光明日报》，非常感谢。从这些问题里，看出目前工程教育，确实是应当要研究改革了。马、钱两先生在他们的文里，很详尽地说明了工程教育的内容和性质，指出了过去的种种缺点和痛心的实例，并且进一步地提出了原则性的方案。马先生的建议是：(1)在学习前先入工厂实习一年，有许多好处。(2)首先要精简课程，逐渐走向专门化的方向。(3)大量举办专修科，主要吸收在职干部和青年工人。钱先生的建议是：(1)普通技工的训练，在生产机关里做。(2)技术员的训练,通过中等技术学校来做。(3)工程师的训练,通过高等教育机关来做,要在全面的科学基础上专门化,不宜操之过急。(4)技术专家的养成,通过研究和专业工作。(5)在高等教育内,教育的步骤也是一个专门化的过程,先是基础科学理论,然后分系分组,最后有毕业论文的训练和工厂实习,逐步达到专门的目的。(6)努力克服困难,如设计制造师资的缺乏,逐步减少纯经验的训练,加强基础的科学理论课程、实验实习过程。(7)大量地创设中等技术学校。办工厂训练班,在大学附设高级的专修科。(8)中等技术学校的毕业生,有条件地送入大学,接受全面的科学训练。

这些建议,一般说来,都是很正确的,如能做到,对于工业生产,当然有极大的帮助。然而仅仅这些建议,便能改正目前工程教育里所存在的那些缺点吗?我们知道那里面的缺点,有的是因为制度关系,有的是因为办理不善。如果制度不好,即便是办得很好,对于工程教育,就可能有改进吗?我们过去的工程教育,多半是抄袭美国制度的,我们过去办理不善的种种缺点(如同依赖性、盲目性、投机性),在美国一般的好的工学院里,是不存在的。然则我们纵然办得极好,而不从制度上、内容里去研究改革,其结果还不是和美国的工学院差不多吗?

我们先来看看苏联的制度:(1)高等学校的主要类型为大学及专门学校。现有八百多所的高等学校里,只有三十几所是大学,其余七百多所都是专门学校。大学本身的任务,是培养研究机关科学工作者和中等学校的教师,因而所设的学系,限于文理,且为数不多。如莫斯科大学,共只有十一个系。但大学里同时附设很多的专修班,学习年限较短,如莫斯科大学即有五十六个专修班。(2)专门学校的种类繁多,在工业方面,一般的冠以“高等工艺”“机械工程与动力”“矿业与钢铁工业”“高等化学”“高等建筑”“高级电信”“高等测量与气象”“高等粮食工业”“高等木材工业”“高等纺织”“轻工业”“印刷工业”等的专门学校的名称,其个别的,举例而言,有“汽车工程学院”“航空学院”“交通器械制造学院”“汽油学院”“泥炭学院”“建筑物品工程学院”“制冰工业学院”“起重机经济学院”等等。这些专门学校的入学学生,要有中学毕业证书(即读过十年制学校者),在校学习四年到五年半(个别情形有延长到六年的)方能毕业,可见其程度之高,亦可见其分科之细。(3)专门学校的学生,除在校内听讲,并做实验外,须经过三个阶段的生产实习,在生产机关的现场里进行。其最后一段的实习,是为作毕业论文准备的,时间有的延长到三十六周(如高级建筑)。(4)专门学校里学生的学业时间分配,视其学校类型、任务及学科性质而定,大概课室讲授占百分之四十到五十,实验室和实习作业占百分之五十到六十。(5)工科学生的毕业论文,主要的是为解决生产部门里存在的实际问题,因此学生需要了解整个生产系统,并知其生产过程的管理。

从苏联的这种制度里,显然看出他们工程教育的方针,是要训练"见闻广博的高度熟练专家",和美国大学造就通才是大不相同的。所以他们现在每年就有十几万个专家,从学校走向生产,从事经济建设,这是何等浩大的技术队伍!反观我们现在的工程学生,数量微小,不去说他,即此微小的数量,是否已得到适当的教育?如果还没有,趁此数量不多的时候,进行改革,准备迎接将来更大的需要,岂非学习了先进国家的经验。

但是我们学生的情况,有很多地方和苏联的不同。比如:(1)我们大学生是高中毕业程度,比苏联的十年制多一两年(如数学里,我们学生是读过解析几何的)。(2)苏联十年制学生,已知理论联系实际了,并有操作实习,而我们是没有的。(3)苏联是高度工业化的国家,学生在未入高等学校之前,已经有了工程的认识和气息,而我们是没有的,我们过去是个文弱的国家。因此苏联的制度,我们还不能全部采用。

我们的工程教育,必须参考苏联制度的精神,配合到我们的国情,来拟定我们的方针与方法。

(一)方针

首先要解决通才与专才问题,亦即通才训练与专业化问题。从整个科学和技术来看,任何一个科目,都与很多的其他科目,或多或少、或远或近地互相关联,因而学术(包括理论和实践)里面的"通",是广宽得无边际的,并非任何一个人的精力所能得到的。但每一科目的"专",因为局限于科学进步的程度,不得不有其一定的深浅,于是专家即有造成的可能性。专家欲在他那专科里更求深造,必须多了解与他有关的其他科目,尤其是对他直接有关的有系统的自然科学。了解的科目愈多愈深,便愈能提高他本行专科的水准,而成为更高度的专家。好比垒石为塔,塔底愈广,塔顶愈高。因此,我们高等工程教育的方针,应当培养专门性的工程师,亦即是应和苏联一样,造就高度的熟练专家。但为了他将来还需要更专起见,应当同时给他全面的启发知识,作为他扩充塔基的工具。这便与美国制度造就通才,基本上有了区别。美国工学院毕业生,只有塔底而无塔顶,这塔顶是要出了校门以后,再去建造的。

我们讲专才,专到什么程度,当然应与实际生产能配合。苏联今天的工学院,有专到以汽车、汽油、制冰为院名的,其学院里分系之专,更可想见,我们当然是办不到的。但我们的教育制度,必须要与生产配合,随生产专业化的发展,

来分院分系,不能像美国一般的大学一样,不论外面生产情况如何,工学院里的分系分组,总是保持那“古典”式的老套,至多不过添些选课而已。即以今天中国工业落后的情况来看,如果仿效苏联,开办几个“动力学院”“电机工程学院”“公路学院”“炼钢学院”“化工学院”“矿业学院”等不太专门的高等学校,以便四五年后,有许多专家来服务,似乎也不太理想吧?

上面说我们高等工程教育的方针,应当训练专才,这并非说工程师应以专才为满足,相反的,工程师的知识,是应当力求广博的。但这广博知识不一定要在学校里得到,工程师在学校里得到的,主要的应当是专业训练和训练中的学习工具。有了工具,他便能独立研究,从事开拓他知识的田园,而逐渐成为通的专才。美国制度是希望工学院的毕业生,以通才的底子,逐渐求专,和上述先专后通的目标,有极大区别。毕业生如是专才,他便能立即服务,因服务的需要而要求“通”,于服务机关是有益的。毕业生如是通才,他非再经专业训练,不能担负任务(我们以前的大学工科毕业生在铁路服务时,须经实习一两年,便是一例),这求“专”的时间,于服务机关是有损的。而进一步对学术本身而言,由专而通,是加强专的,由通而专,是削弱通的,更足见前后次序的重要。

(二)方法

有了方针,从现时工程教育的情况来讲,应采用何种方法,来达到这个目的呢?这在我们政协纲领里面,早已有明文规定,“理论与实际一致”。这好似一句原则性的话,但同时也是最现实的话,因为我们过去的工程教育里,理论与实际太不一致了!这个好方法,如何实行呢?照现在一般的意见是:(1)精简课程。将不必需的课程淘汰,采用重点发展或分组学习的原则。但分组的数目,不宜太多,而各组共同必修的课程,占到全部时间一半以上。(2)增加实习。精简课程后,余出来的时间,除为政治课应用外,分配到实习课程。此外加强暑假的校外实习,从第一年级起连续三个暑假,做由“认识”“操作”而“专业生产”的现场实习。(3)改编教材。使书中所述的,切合于我国现状,并一律用中文讲授。(4)将学习时间,从四年延长到五年。第一年完全在工厂做生产操作实习,补足高中毕业生的生产常识,如机械系所建议;或在第五年往工厂进行专题研究,如化工系所建议。以上这些方法,如果统统实行,在我们工程教育上,当然是前进了一大步。尤其是重点发展分组学习的原则,对于专业化的要求,已可满足了一部分。倘若分组后,每一组的学生人数相当多时,这一组也可以和苏联一样,成为一个单独的专业的学院了。然而这些办法里,关于实习部分,是就原有的制度规格、教学内容,勉强地、生硬地加进去的,在实行时必然要发生以下的问题：

（1）学校与工厂的配合——现在各大学，因为以前模仿美国，是以造就通才为目标的。所定课程，由基本理论，经应用理论，到专业理论，完全依照理论上的发展，自成一套系统，是由内而外，由抽象而具体的。但现场的实习作业，却是不可避免地由外而内、由具体而抽象的另一套系统。这两套系统，是反向逆流的。只看大学里第一、二年级的课程，大半是公共必修课，而每课教学内容，对各系学生又都是相同的，因此第一年级的学生不分系，第二年级的学生不分组。但生产部门的任何一个工厂（这个名词，在本文里包括土木系现场工程），却无一不是专业的。第一年级读完普通基本理论的学生，去到工厂里做“认识”实习，这认识与他的基本（理论），有什么关系？第二年级读完普通应用理论的学生，去到工厂做“专业”实习，他的应用理论，对于专业，又起何种的作用？第三年级读完一部分专业理论的学生，去到工厂做“生产”实习，他这一部分的专业，就适巧是那工厂里的生产吗？如果那工厂的生产专业课，是要在第四年级讲授，不就成了先实习后理论了吗？

（2）理论与实际的配合——学校里所谓理论，多半是指以数学为骨干的理论，是举一反三的理论，因而也就是原则性的理论（受了通才训练的影响）。但工厂里所谓实际，多半是指有高度效率的生产，是狭隘的、精深的、具体的实际（有时也不免有偏差存在）。学生“一肚皮”的理论，去往工厂实习，而看到、感到、领略到的实事，却多半与他所学的不相谋，大小不投，深浅不合，甚至有些矛盾，于是在他短短的实习期中，不过得到些模糊概念而已，反而妨害了理论与实际的结合。在美国的大学里，因为与生产隔了主人，它里面的训练，以理论实验为主，希望学生在毕业后，进入工厂，再与实际接触，是一种由理论而实际的“衔接联系”（前后一致）。同我们所要求的一面理论、一面实习的理论和实际的“平行结合”（同时一致），是大不相同的。我们大学，过去受美国影响太深，对此应特加注意。

（3）基本与工具的配合——理论与实践，谁是基本？谁是工具？在学校的看法，理论是基本；工厂的看法，理论是工具。这两种看法，对学生实习，有极大妨碍，其实都是有问题的。近代科学发达、技术进步，当然是靠理论的推动力，然而理论的根源是在实践，而复杂的理论，更需要实践（实验）来解决。理论扩大实践的范围，实践提高理论的目标。每一工程问题的理论，后面必需要紧接实践，而实践的后面，又必有新的理论。两者紧密循环的接合，便使理论与实践融会成一体。因此理论与实践，是互为基本，互为工具，而不应强分高下或形成孤立的。学校里必须打破理论为基本的成见，工厂里也必须看重理论对实践的作用,然后这基本和工具,才能配合,学校与工厂间的鸿沟,才能消除。

(4)理论与实习的配合——原则上讲,理论学习是应与实习同时进行的,但事实上不能不有先后(实习时应有讲解与说明,里面不需要数学,故非此地所谓的理论),于是发生理论与实习的次序问题。现在学校的看法,是理论在前,实习在后;基本理论在前,应用理论在后。因此三者之中实习便不得不排在最后。但同时又觉"认识实习"应排在最前(所谓认识实习,不应只是参观,也非高中应有的操作实习,而是认识生产里的运用和施工等的实践,这是与专业理论有直接关系的),这种矛盾思想,如何解决呢?

(5)理论与技术的配合——学校里对于学生程度深浅的看法,是与工厂不同的。学校以理论为重,理论分数高的(尤其是微积分),便是程度高。但工厂是以实践为主,对于学生的常识、劳作、积极性等的要求,认为更成技术训练的基础。这种差别的原因,发生在学校的制度和内容里。学生的理论程度较高(学生从小学到中学到大学一年级,其理论程度是逐渐提升的,但在二年级以后,便转变方向,甚至降低了。以土木系四年级为例,课程中虽有用到微积分的地方,但一般来说,是比一年级的还容易),而技术能力甚浅,如何能使学生在技术和理论方面的深浅程度,配合得当,是应在课程的内容和排列上,加以考虑的。倘若每年的理论课程,配合到实习,同样地由简而繁,由具体到抽象,由认识而专业,由专业而生产,与在工厂里的过程相同,双方对学生程度的看法,便自然地会一致了。

以上所提关于实习各种问题,只是从课程方面着想,此外在工厂方面,还有学生生活与工作所需的设备、教师指导协助的供应、生产秩序和成本的维持等顾虑。在实习问题外,学校和工厂间的联系、还有教授和工程师的交流、生产技术的研究、学生的就业服务和在职干部与工人的进修训练等,都应逐渐地加以解决。其中教授与工程师的交流,有一奇特现象,即双方各有其理论和经验上的准备,易地而处,便格格不相入(美国情形,亦复类似)。若想到工厂里的工程师,以前本是大学毕业生,而经过了实际锻炼,今天反与大学脱了节,亦足证明大学本身,是早与实际分离了!因之今后的工程师,能否与教授交流,是大学内理论与实际能否一致的一个验证。

(三)建议

为了解答上述的种种问题,本人曾提出"先习而后学"的建议,登载于本年4月29日《光明日报》,业经引起了不少的注意和批评,甚感兴奋。这个建议的特点,补充说明如下,借作对批评的总答:(1)先习后学,便是先知其然,再知其所以然。一般的看法认为难行,但举例来说,无线电是需要较深的理论的,但修理无线电收音机的人,却能知其然而完成任务,如再教以理论,他更能知其所以然,他不也成为专家了吗？理论对他本是一道墙,但在他有了经验后,这道墙变成了巧妙工具。同样理由,这个习而学的办法,足为工农打开大学之门的一条捷径。(2)先读专业理论,后读基本理论,在遇到数学公式时,是否因不知理论上的来历,而不为学生所接受？但公式用途在生产,先明白了公式的用途,是否会引起学生更大的兴趣？这是否为更合理化的教授法？(3)先习后学,所习的是工厂实际,既非只是为了实用,更非要为理论做验证,用自己的累积经验来总结科学理论。这种总结,前人已做,何必重复浪费。至于在学校实验室里,证明理论公式(如牛顿定律的“来历”,便非理论,而是实验),那另是一种教育意义。(4)先习后学,是将理论来贯串实践,实践如是“串”,理论便是“贯”,当然是先有了串再去贯。为了学习专业课程,最能帮助学生了解的办法是叫他先明了现场实际情况,还是先明了专业基本的理论？(5)先习后学,并非不学。相反的,先有了实际经验,再学高深理论,这理论的了解,将是格外的透彻和巩固,因而学生也更有创造力。(6)先习后学,是为了获得最全面的知识。首先在工厂里实习,学生所领悟的工程需要,比在课堂里面获得的多得多。现场的田地,是比教科书广阔的,因而学生也更富于积极性。(7)先习后学所需的时间,和现在先学后习,是相同的。从工程训练来讲,先有工程背景,理论的掌握便更为完整、更为充分,因而培养了学生的领导能力。(8)先习后学,需要在实践和理论方面,有彼此呼应,由浅而深的步骤,因为实践必须要有规律、有层次,于是理论也跟着成为有系统、有条理的知识。

然而这个办法,还非立时即可实行的,其中师资、教材、设备及工厂联系等问题,都需要充分准备。因此我们可有长时期的讨论和研究,来求其更圆满的实现,希望工程专家及教育工作者,多多指教。

这个建议,提出很早,最初登载于二十五年前上海南洋大学(今上海交大)的三十周年纪念刊,其后转载于同年的《工程》杂志。其实这个建议,也非新发明,早在两千年前,《四书》里的《大学》,已经说出了“致知在格物”,而在前清末季,且已有了“格致书院”的设置,当然都未发生作用。今天我们来重提“学”“习”或“格”“致”的先后,应当正是时候了。

习而学的工程教育制度

（一九五一年三月）

导读：

本文发表于1951年3月23日北方交通大学出版的《习而学的工程教育制度》。茅以升习而学的工程教育思想是他结合自己多年的工程实践和工程教育经验,进行深入研究和思考而提出的,包括培养目标、教学计划、课程设置、培养模式等一系列内容。习而学工程教育思想的形成可划分为两个阶段:第一个阶段以茅以升在1926年发表的《工程教育之研究》为标志,提出了“习而学”工程教育思想的一些初步想法;第二个阶段是在读了毛泽东的《实践论》后,茅以升觉得自己有关“习”与“学”关系的认识是符合马克思主义的辩证唯物主义认识论原理的,自己的工程教育思想有了坚实的理论基础,更加坚定了信心,于1950年4月到1951年3月间连续发表了一系列文章,形成了完整的习而学工程教育思想,而对其工程教育思想表述最为完整的是《习而学的工程教育制度》一文。

从一定意义上说,习而学的工程教育制度是“对近代以来通行的工程教育模式的一种革命性改造”,茅以升本人也考虑到了对于习惯于旧式工程教育模式中的人们来说,习而学的模式是难以接受的。因此,茅以升在本文中以高等学校桥梁工程系为例,设计了一个具有操作性的课程方案,以此对习而学的模式进行了系统深入的阐述,希望习而学的制度及其优点能够得到更多人的理解并将其付诸实践。茅以升对习学新制及其特点进行了全面介绍,他指出,“本制度的主要意义,在深入实践,巩固理论”,“新制的精神,是要训练见闻广博的熟练专家,而非造就精通理论的万能通才”。他主张工程教育的课程设置应按照先工程专业科目后基础科学科目,先实习后理论亦即先习后学、再习再学、习学交替的原则加以安排。尽管茅以升极力提倡习而学新制,但其对这种新制的态度和实施是科学审慎、尊重客观实际的。在此文中他对新制的准备专门进行了阐述,强调要在师资、教材、设备及厂校合作等方面做好充分准备后再进行试验,要“极端审慎”从事。

原文：

习学新制

（1）高等教育的目的，是培植高级建设人才，培植人才的目的，是要完成建设的任务。因此凡能很快地造就很好、很多的人才来担负建设任务的教育，便是准备建设的最好教育制度。

（2）现在建议一个教育制度，以针对完成任务为目的，并且有充分的灵活性和广泛性，来适应“三年准备，十年建设”的需要。

（3）这个建议的制度，现在先以工程教育来说明，并以桥梁工程为举例。在这制度里高等学校分系，应更专业化，如土木系应分铁路系、公路系、桥梁系、河工系、市政系、卫生系、建筑系等。

（4）工程教育，应以完成工程任务为目的，工程的任务，依性质和程度可分析如表一。欲完成这些任务，需要具备相当的政治上、技术上和文化上的条件。这些条件的获得，经过高等教育，是一个方法；完全经过经验和自学，是另一种方法。

（5）一个工程师的技术上的准备，如果是经过高等教育，他在修完每一学年的课程后，便应能担当某一阶段的任务。拿桥梁工程说，在高等学校里，修完每一学年后，应能担负的任务，可举例如表二。在这表里列举的桥梁任务，依性质和程度，分成五个阶段，上面的四个阶段配合高等学校的四个学年，即是第一学年修完的学生，应可担负第一阶段的任务；第二学年修完的学生，应可担负第一和第二阶段的任务；余类推。第五阶段是指大学毕业后而言。

（6）根据任务的要求，学生在学校里所修的课程，应与之充分的配合，不多不少。任务随阶段上升趋于复杂，课程也应随学年上升趋于高深。现依此方式，从表二的任务，订出表三的课程，这课程是高等学校专修桥梁的学生所必修。他在入学之前已有高等中学毕业的程度。在修完每一学年后，他可继续升学或出校工作，担负桥梁工程中与他程度配合的任务。对于不升学而工作的学生，应给与函授教育，帮助他理论上的进步。

（7）表三里所订的课程，仍沿用现在通用的名称，但其内容，是完全不相同了。这表里的课程，在制订时应有一套共同原则，如表四中所列。

（8）各种课程，应有不同的学习方法，但其进行程序，应有共同的规则，如表五。

（9）表三规定各种课程排列的次序，表四规定每一种课程进行的程序。这两表里，有一重要而共同的原则，便是“先习而后学”。习和学的意义及其关系，另文讨论。

（10）表三里规定，上学期的课程应在现场修习。但因课程的性质不同和企业工厂准备的条件各异，这里所谓的现场，不能全指企业的工厂，而应以一部分的时间，在校内工厂修习，其原则为：在上学期内，各课程均是实践性质，不论校内校外，学生均应树立生产实习的观点。在下学期内，各课均是认识性质、学生应树立理论概念。

（11）政治课、语文课、体育课均应修习，但因非技术业务性质，故不在表三之内，应另行规定之。

（12）本学制的毕业生，在理论水平上，决不应低于现行学制，但其生产技术则较高，可免去毕业后之实习阶段。

（13）本学制的精神，更宜于中等学校，兹附列中等技术土木工程的课程，以见一斑。（表六）

表一　工程任务分析表

	第一阶段（监工）	第二阶段（施工）	第三阶段（设计）	第四阶段（规划）
理论水平	修毕高一、高二、高三	修毕大一、大二、大三	大学毕业	大学毕业再加研究
基本技能	技术操作（做工与绘图）	操作加制图	操作、制图加计算	操作、制图、计算加布局
现场工作	根据蓝图及说明书，看工、查工及监工，并编报告	根据蓝图及规范书，绘制图说，指挥局部工程并编报告	根据规范书技术条件，计算并绘制设计图、说明书，指挥工程	根据技术条件工程要求，布置全局、制定规范书并指挥全部工程
技术表现	根据指导解决工人技能问题	根据指导，解决技术上局部问题	根据指导，解决施工及设计上普通问题	解决整个工程上设计及施工的特殊问题
管理能力	关于劳动力、材料、机具之使用及管理	就地组织劳动力、配置机具、供应材料、完成布局工程	计划材料机具及劳动力之数量与质量、以应局部工程之需要	组织材料、机具、及劳动力、实施经济核算以应全部工程的需要
劳动认识	了解劳动法、令，就地处理问题	掌握局部劳动情况、预防事故、解决问题	掌握一般劳动情况、布置安全设备	掌握全部劳动情况、保证施工安全发挥潜能
训练能力	训练工人、指导简单技术工作	训练监工人员、指导部门技术工作	训练施工人员、指导工作、处理事故	训练设计人员、指导设计及施工计划

续表

	第一阶段（监工）	第二阶段（施工）	第三阶段（设计）	第四阶段（规划）
研究能力	局部工程之新纪录	局部工程之合理化、克服浪费提高效率	工程设计之合理化及技术上之发明创造	通盘筹划、整体改进
应负责任	保证局部施工之质与量、爱惜劳动力及材料、延长机具的寿命	保证局部施工达到设计上的要求	保证局部设计达到全盘工程的要求	保证全部工程完成后之效果、并使用最少的劳动力及材料
可任职务	看工员、查工员、监工员	学习技术员	技术员、帮工程师、副工程师	工程师

表二　桥梁系学生可担任技术任务表

	第一学年	第二学年	第三学年	第四学年	大学毕业后
职名	学习技术员	学习技术员	学习技术员	技术员	工程师
勘测	桥址测量 桥基钻探	河道测量 施工测量			桥址勘测 桥梁设计资料
检验	材料保管收发，沙、石、水泥、木材的试验	钢铁性能测试、土壤检验、钢梁的制造装配、铆钉、油漆	混凝土试验 钢梁杆件实验 土壤实验	桥梁检验 桥梁模型试验	桥梁评价 桥梁调查（无图）
绘算	计算土方 描绘钢梁图 描绘各项建筑图	计算钢梁应力 绘制钢梁细节图 计算钢梁重量表 绘制混凝土施工图 绘制钢筋木模图 计算混凝土容量及钢筋重量表	计算钢梁挠度 钢梁成本估计及核算 桥墩成本估计及核算 绘制混凝土设计图 绘制建筑施工图 绘制桥梁竣工图	计算钢梁次应力 计算桥墩应力 计算土压力 绘制桥墩设计图 绘制钢梁设计图	桥梁规划
施工	挖土工程 打桩工程 混凝土浇筑 引桥土方 河岸、河床、保护 铁路轨道及公路面建筑	围堰工程（木钢板） 桥墩浇筑 木便桥工程 钢梁装配油漆 工房建造	开口沉箱工程 气压沉箱工程 钢梁制造 钢梁安装	桥梁建筑 桥梁修理 桥梁加固	桥梁施工计划 桥梁施工程序 桥梁制造厂计划
研究				制订工程说明书 制订工具说明书	制订规范书 桥梁载重及布置

注：一、可担任务能力，逐年增加。二、技术之外之任务见表一。三、所谓任务均指参加，而非主持，即在指导下进行。四、所列任务系举例性质，不求完全。

表三　高等学校桥梁工程系课程表

政治课、体育课、语文课另列，入学程度为高中毕业或中等工程科毕业生

年级	学期		现场						课室					
第一年级	上	科目	桥梁基础	混凝土建筑	测量	地质	工程画	铁路工程						
		习	打椿挖土	混凝土房屋	桥址测量	地质调查	描图计算	铁路建筑						
		学	基础工程（上）	混凝土学（上）	高级测量	工程地质	工程画	铁路理论						
	下	科目							数学	力学	材料	河工	道路工程	土壤力学
		学							数学（上）	工程力学（上）	材料性能	河工学（上）	道路建筑	土壤力学（上）
		习							图解法计算器	实验	实验	实验	实验	实验

续表

年级	学期		现场						课室					
第二年级	上	科目	钢梁工程	混凝土建筑	土壤力学	桥厂机械	房屋建筑	测量						
		习	钢梁制造	混凝土桥	土壤实验	机械使用	房屋构造	大地测量						
		学	细节作图	混凝土学（中）	土壤力学（中）	机械构造	营造学	校正法						
	下	科目							数学	力学	结构学	机械工程	电机工程	冶金学
		学							数学(中)	工程力学（中）	结构理论（上）	动力工程	交流直流	钢铁制造
		习							图解法计算器	实验	实验	实验	实验	实验
第三年级	上	科目	桥梁基础	桥梁安装	混凝土建筑	工程设备	河工							
		习	沉箱围堰	安装工具	混凝土桥	机械使用	河床保护							
		学	基础工程（下）	安装工程	混凝土学（下）	动力学	河工学（中）							
	下	科目							数学	力学	结构学	机电工程	土壤力学	
		学							数学(下)	工程力学（下）	结构理论（下）	动力机械设计	土壤力学（下）	
		习							图解法计算器	实验	实验	实验	实验	

续表

年级	学期		现场					课室					
第四年级	上	科目	钢桥设计	混凝土设计	河工	桥梁工程	论文						
		习	钢桥设计	混凝土拱桥	河工实验	修理加固	生产问题						
		学	桥梁预算	拱桥设计	河工学（下）	桥梁工程	生产问题						
	下	科目						高等数学	高等物理	高等材料力学	流体力学	高级结构	论文
		学						微积分及分析	电磁光	弹力学	水力风力	高级结构理论	生产问题
		习						图解法计算器	实验	实验	实验	实验	生产问题

表四　制订课程的一般原则

（一）根据工作任务的要求（如表二），工作者有其必须具备的理论知识与工作技能，这些知识与技能，均应在学校的课程（如表三）里传授。

（二）每种课程的内容，均应在教学计划中详细规定。

（三）课程依其性质分为四类：（1）理论课需用数学较多者；（2）理论课需用实验验证者；（3）业务课需要在生产里实习者；（4）业务课需用理解较多者。

（四）以上第一、第二两类课程在"课室"学习，第三、第四课程在"现场"学习。所谓课室包括学校内的教室和实验室。所谓现场，包括学校内的工场和企业型的工厂。

（五）学校内课室进行的课程，依通常办法学习。学校及企业内的现场课程除每日作业外，必须规定在事前有充分说明，在工作时有充分指导，在事后有充分自修。

（六）每种课程内容，必须衔接上学年的程度和下学期的需要，即除有该课程本身独立性外，尚须与前后的课程有直的连贯性。

（七）每一学年的课程，应与同时期的其他课程，有横的联系性，配合成套，以应任务的需要。

（八）每种课程修完后，必须能紧接在下一年起，即充分地应用，或表现于学习上（如在校），或表现于完成任务上（如工作）。

（九）同一名称的课程，可按程度深浅，分配于几个学年，分段完成之（如数学）。

（十）不同学系的同名课程，内容不应相同，如桥梁系的"测量"不同于采矿系的"测量"。

（十一）每种课程的学习时数及每学期课程的排列方法均另定之。其原则为：各星期的课程不必相同，有必要时，在一时期内可集中修习一种课程，而无其他课程。

（十二）每学期修习的课程，至多六种，每一种课程每学年只修一次。

（十三）课程考试方法另定之，最重要之衡量为将来担负任务时的表现。

（十四）教学计划要能打破传统的"进学校即是读书"的观念。

表五　每种课程学习程序表

目的	求得理论与实际一致的知识以期担负规定的任务			
教育	对象	作用	方法	工地
习↓	（外形） 实　际 ↓	（任务轮廓） 感性认识 ↓	（动目不动手） 参　观 ↓	现　场 ↓
学↓	（整体） 理　论 ↓	（任务性质） 理性认识 ↓	（了解） 阅　读 ↓	课　室 ↓
习↓	（内层） 实　际 ↓	（任务要求） 感性认识 ↓	（动手不生产） 实　验 ↓	现　场 ↓
学↓	（分析） 理　论 ↓	（任务条件） 理性认识 ↓	（深入） 阅　读 ↓	课　室 ↓
习↓	（核心） 实　际 ↓	（任务重点） 感性认识 ↓	（出品不经济） 生　产 ↓	现　场 ↓
学↓	（综合） 理　论 ↓	（任务关键） 理性认识 ↓	（贯通） 阅　读 ↓	课　室 ↓

表六　中等土木工程科课程表

政治课、体育课、语文课另列，入学程度初中毕业

年级	学期		现场						课室					修业后可担任职务
第一学年	上	科目	绘图	测量	材料									初级绘图员—初级测量员 普通看工员
		习	描图 计算	量地 收土方	收料 发料									
		学	工程画 （上）	平面 测量	材料 性质									
	下	科目							数学	物理	化学	工作法		
		学							三角几何代数	力学 热学	无机 有机			
		习								实验	实验	木工		

续表

<table>
<tr><th>年级</th><th>学期</th><th></th><th colspan="6">现场</th><th colspan="5">课室</th><th>修业后可担任职务</th></tr>
<tr><td rowspan="6">第二学年</td><td rowspan="3">上</td><td>科目</td><td>绘图</td><td>测量</td><td>材料</td><td>房屋</td><td>道路</td><td></td><td colspan="5" rowspan="3"></td><td rowspan="6">中级绘图员
土地道路测量员
初级查工员</td></tr>
<tr><td>习</td><td>建筑作图</td><td>房屋测量道路测量</td><td>验收材料</td><td>房屋看工</td><td>道路看工</td><td></td></tr>
<tr><td>学</td><td>工程画（中）</td><td>平面性能</td><td>材料性能</td><td>房屋构造</td><td>道路筑造</td><td></td></tr>
<tr><td rowspan="3">下</td><td>科目</td><td colspan="6"></td><td>数学</td><td>物理</td><td>化学</td><td>地质</td><td>工作法</td></tr>
<tr><td>学</td><td colspan="6"></td><td>三角几何代数</td><td>电磁</td><td>无机
有机</td><td>初级</td><td></td></tr>
<tr><td>习</td><td colspan="6"></td><td></td><td>实验</td><td>实验</td><td>实验</td><td>金工</td></tr>
</table>

续表

<table>
<tr><td>年级</td><td>学期</td><td></td><td colspan="6">现场</td><td colspan="5">课室</td><td>修业后可担任职务</td></tr>
<tr><td rowspan="6">第三学年</td><td rowspan="3">上</td><td>科目</td><td>绘图</td><td>测量</td><td>材料</td><td>工程设备</td><td>房屋</td><td>铁路</td><td colspan="5" rowspan="3"></td><td rowspan="6">普通绘图员
普通测量员
普通查工员
铁路测量员</td></tr>
<tr><td>习</td><td>建筑作图</td><td>铁路测量</td><td>材料试验</td><td>工具使用</td><td>房屋查工</td><td>铁路看工</td></tr>
<tr><td>学</td><td>工程画（下）</td><td>平面测量</td><td>材料检验</td><td>工具构造</td><td>房屋建筑</td><td>筑造铁路</td></tr>
<tr><td rowspan="3">下</td><td>科目</td><td colspan="6"></td><td>地质</td><td>数学</td><td>物理</td><td>化学</td><td>工作法</td></tr>
<tr><td>学</td><td colspan="6"></td><td>中级</td><td>代数解析几何</td><td>光学声学</td><td>无机有机</td><td></td></tr>
<tr><td>习</td><td colspan="6"></td><td>实验</td><td>图解法计算器</td><td>实验</td><td>实验</td><td>金工锻工</td></tr>
</table>

三年卒业后发给“中等工程科”毕业证书

新制说明

（1）本制度的主要意义，在深入实践，巩固理论。

（2）为了深入实践，凡属业务需要的课程，即应在现场修习，以便先从感性认识，而后逐渐发展到理性认识。

（3）为了巩固理论，凡属业务课程之理论根据，应在完全明了实际应用后再行修学，先从“知其然”，而后达到“知其所以然”，则实际接触中所获得的片段、零碎、局部、偶然的具体现象，方能贯串，联系为整体，其贯串联系的法律法则，即是理论。因系从实践得来，而非仅凭书本传授，故所得理论较为巩固。

（4）为了达到上述目的，业务课程应先行修习，其有关的理论课程应随后修学，即是从具体到抽象，从感性到理性，亦即是先习而后学。

（5）课程有对象，而学习的方法应有自然的步骤，即应从外表到内核，从片段到整体，从简单到复杂，因之课程的排列次序也应由浅入深，由外而内。同一性质的课程应分为几个阶段，每个阶段的课程，都应先习而后学。故每种课程，视其内容性质，应分为几个往复轮回的习学阶段，由具体到抽象，再具体再抽象，亦是先习后学，再习再学。

（6）依此方法的自然趋势，在同一时期的课程，如分配得宜，即应具有相等作用的程度。作用既属相等，则凡能了解本期所有课程者即应能发挥与其相应的功效，因之亦即能担负与之适合的任务。故在本制度修毕某年级课程者，即能担负某种工程的任务，并非由于勉强要求，而系习而学的制度的自然结果。课程配合任务是目的，先习后学是方法。课程应与任务配合，本无问题，任务的条件，好像是购买材料应具备的规格，如无规格，买来的材料定不合用，然则造就人才，如何能不知其任务的条件呢？

（7）在现行的教育制度里，一切课程的安排，是理论在前，应用（即业务课）在后，每一课程的内容，亦是理论在前，应用在后，倘继续不断地将四年课程修完，“一气呵成”，当然有其连贯性及完整性，此为现制之特点。但不将四年修完，不能中途退出另谋工作，因除毕业外，在任何一年所已修毕的课程，均无配合到可以担负任务的条件。譬如爬山，在现行制度，是四年爬一座大山，在半山中无法下地；而在新制之内，是四年内爬四座小山，每年可另爬一山，或不爬山而服务。

（8）在现行制度，学生于暑假中须经实习，毕业后更需实习一年方能任职。在新制则两种实习均包括在课程之内。其故由于现行制度是先学而后习，新制是习而后学。

（9）新制先习后学，再习再学，是另一种“一气呵成”的方法。现行制度的

“一气呵成”是直线式,新制的“一气呵成”是螺旋上升式。现制是先理论后应用(学以致用),故是先难后易,新制是先应用后理论(用而后学),故是先易后难。

(10)学与习本难严格划分,现在所谓习,是指在现场作业,其主要任务为修习技能,但同时亦须学相关理论。所谓学,是指在课室作业,其主要任务为修学理论,但同时亦须习学相关技术。故先习而后学,是指主要任务而言,并非习时不学,或学时不习。

(11)习学轮回应往复于现场课室之间,且一年中在现场修习时数,不必同于在课室修学时数。其最理想者,为视课程性质,分配其现场课室时数,及往复次数。然而实际上极难办到,只能大体上规定半年现场半年课室,但为补救其缺点,则在现场内应设教室为习的时间学的用。在课室内,亦应包括试验室及工厂为学的时间习的用。但学校试验室及工厂无生产环境,故只是理论之一助,亦即学中之习;同样的,现场教室无学术空气,故亦只是实践之一助,亦即习中之学。现场以实践为主,课室以理论为主。

(12)新制中的现场,本应指企业性的工厂而言,但在工厂准备条件未具备以前,尚难实行半年在校外现场,半年在校内课室之规定。因之在新制实行伊始,所谓现场修习,应分校内校外两种,其一时尚难在校外现场修习之课程,暂时应在校内现场进行。所谓校内现场,即系仿照企业工厂所特建之小规模示范工场。但在校外现场之修习时间每学年至少应有一次,且应在每学年开始时前往。倘学校所在地与企业工厂邻近,则此点不难办到。

(13)校内现场,除上述原因外,尚另有其必要的理由:(一)土木系的工程,有地方性及季节性,不似其他工程之在固定地点,流水作业。欲在授课期内,觅得其适当修习之校外现场,极为不易,因之须在校内,特辟示范工场,置备各项工具及材料,尽量做实地施工之修习(借此亦可劳动建校,然遇适当机会,仍应尽量往校外现场,参观实习)。(二)企业性之现场工作,有时太快或太慢,不适宜于教学。如有的机器转动太快,难于了解,而在校内现场,则可减少其速度。又如土木工作,在实施时往往太慢,而在校内现场,并可增加其速度。(三)对于基本性和代表性的机械的实习,校内进行比较经济。

(14)业务课之实习,何以必须在校外企业性工厂进行一部分,且何以必须在第一学年较早时期开始,其故如下:(一)学生在选系之初,如身临现场,亲眼看到将来一生的工作环境和任务性质,对于所选之系是否相宜,便能确切决定,如不相宜,趁早转系,不致浪费时间。在现行制度里,第一、第二两年课程,多是理论性质,学生须到三年级学到业务课时,方知所学是否合适,如欲改系已是太晚。(二)很早到现场,便可很早地树立劳动观点,劳动态度,了解劳动法令,劳动条件。(三)学校内的实习工场,无论如何模仿企业工厂,不可能有其生产环境,因之学生在直觉上不免隔靴搔痒,失去实习的意义。(四)学生在企业性现场实习,同时可了解经济核算的重要,并学习关于会计、工率定额等问题。(五)在企业工厂,学生与工人一同工作,得其指导,在教学上是极大帮助。

(15)在校外企业性工厂修习时,有应注意的几件事:(一)每日作业要有计划,必须事前有充分准备,讲解清楚,然后在指导下动手。(二)与实习有直接关系的理论,应在晚间上课修学。(三)对于生产工作的实习,只求充分了解,不须熟练,因实习并非正规生产。(四)修习时间应随工厂规定,其原则为施工时则习,其余时间则学,假定夜间开工,则白天上课自修,以学的时间去凑习的时间。

(16)在校内学习,不论是课室或工场,书本当然重要,但更为重要者为实物(可动),其次为模型(可摩),再其次为电影(可观),这些都是引导往理论去的感性工具。任何理论都是为某种实物而发,学的对象为实际,因之书本要有实物帮助,方能发生作用。

(17)同一名称的课程,在不同的学系里,作用不同,因之学习方法亦异,在某一系为习的课程,在另一系,可能为学的课程。

(18)在现行制度内,实习多半利用暑假,且不在课程之内,不计学时,不计成绩。在新制内,实习是包括在课程之内,既计学时,亦计成绩。学时如何规定,成绩如何纪录,应加研究。

(19)现行学制内的暑假,以作实习之用,在新制内,有无暑假,可另研究,为了利用时间,似可将暑假缩短。

(20)现行制度,对于业务课的学,是将各种性质相近的生产工具,从里面分析出若干有代表性的及共同性的个体单位,进行教学,学生了解之后,将来在现场工作时,如将各单位综合组织起来,便会了解生产工具的全面和整体。在新制内,其进行程序,恰恰相反,学生入校后,很早便往现场,先认识生产工具的全面和整体,及与其他生产的关系,连带地了解生产任务的性质和劳动条件,然后逐步地从外而内,从全盘到局部,来学习各组成单位的内容。两种制度的程序,所以不同,便因一是训练通才,一是训练专才。一是从理论基础上专门化,一是从实践基础上理论化。

(21)在新制里,学生分系之后,便等于规定了他毕业后的任务,甚至他终身的任务,以后他对人民服务,便限于这一行。因之学生选系,必须特别慎重,学校应负责给他最大的帮助。好在学生的入校之初,便到了现场,亲身了解到任务的性质及其前途,不似现行制度的选系,是以抽象的理论为标准,不免含有

盲目因素。

本学制适应国家建设具有极大弹性，不但任何年级修完的学生都可出校工作，而且任何一个年级都可招收新生（或是回校的旧生）。因课程既与建设任务配合，凡已有担负某种程度任务的能力时，即可插入与其任务程度相衔接的年级。在现行制度下，学生要四年毕业，毕业后实习一年，而这五年中，不能中途退出，退出亦很难担负任务，因此学校要能预见五年后的建设需要来规定现在招生的名额，如何能灵活地配合建设的需要呢？

（22）新制的精神，是要训练见闻广博的熟练专家，而非造就“精通理论”的万能通才。学术的“通”，浩无边际，本是件不可能的事，但一种任务的“专”，因为局限于科学进步的程度，不得不有其一定的深浅，于是专家即有造成的可能性。专家欲在他那专科里，更求深造，必须多了解与他相关的其他科目，尤其是自然科学，了解的科目愈多愈深，便愈能提高他本行一科的水准，而成为更高度的专家。好比垒石为塔，塔底愈广，塔顶愈高。新制的目的，便是先造就一个有塔顶（专门技能）的小塔，然后经过长期的学和习，将它逐渐扩大起来。

（23）现行制度的课程，是倾向于造就通才的，由基本理论，经应用理论，到专业理论，完全依照理论上的发展，自成一套系统，是由内而外，由抽象而具体的。但在现场的实习作业，却是不可避免地由外而内，由具体而抽象的另一套系统，这两套系统，是反向逆流的。因此现行制度的毕业生，要经过一年的生产实习，方能担负任务，这里面理论与实际的关系是“衔接联系，前后一致”，与新制里面理论与实际的“平行结合，同时一致”是大不相同的。

（24）理论与实践，谁是基本，谁是工具？在学校的看法，理论是基本；在工厂的看法，实践是基本。近代科学发达，技术进步，当然是靠理论的推动力，然而理论的根源是在实践，而复杂高深的理论，更需要实践来解决。理论扩大实践的范围，实践提高理论的目标。每一工程问题的理论，后面必需要紧接实践，而实践的后面，又必有新的理论，两者紧密循环的接合，便使理论与实践融合在一起。因此理论与实践，是互为基本，互为工具，而不应强分高下，或形成孤立的。新制里，先习后学，便是将理论来贯串实践，实践如是“串”，理论便是“贯”，当然是先有了串，然后再去贯。

（以上三段见《光明日报》，1950 年 6 月 4 日“工程教育的方针与方法”）

（25）在新制里的学生，先经实习，再读理论，由“知其然”，逐渐达到“知其所以然”，而所读者紧接有关的实习，实习与理论，配合地由简单到复杂，由低级到高级，则对理论的了解，更为透彻巩固，随时有实习做背景，知道如何以理论来贯通实习，以实习来发挥理论，知道学理论须实习，实习中有理论。

（见《光明日报》，1950 年 4 月 29 日，“习而学的工程教育”）。

（26）其他说明，见上举《光明日报》的两篇稿件。

新制特点

（1）新制解决目前及将来对于干部教育之迫切要求。此项要求即是要在最快的时间内造就大量的极好的建设人才。（一）新制造就出的人才是好的，因他们能结合理论与实际，而且他们的理论将是巩固的，他们的实际将是深入的。（二）新制造就出的人才是多的，因除在课堂修学的，另有在现场修习的，倘若将全校学生分为两部，同时在课室及现场学习，这人数不是比现在多了一倍吗？（三）新制造就出的人才是快的，因不必等四年毕业，在任何一年修完时，学生都可出而服务，倘将各年级的名额，按照建设任务的条件和人数比例分配，那便更合于实际需要了。

（2）新制为工农开了门。现行制度也是为工农开了门的，但这门开在山上，高不可攀。因在这制度里：理论课在前，业务课在后，微积分是较难的，放在第一学期，桥梁建筑，是较易的（难易是从工农观点而言），倒可能放在第八学期。工人出身的技术干部，对于桥梁建筑不觉可畏，但微积分对他却是一道墙，有道墙堵着大门，这位工人还能进门吗？这门不是开在山上吗？在新制里，桥梁建筑和微积分，彼此换了位，业务课在前，理论课在后，而且一切课程，都是由浅入深（也是工农观点），这门里不是没有墙了吗，工农不是真正地可以进门了吗？

（3）在新制里，师资较易解决，因属于现场修习的课程，在现场的工程师都可胜任，这样便增加了一半师资的来源。在现行制度里，现场的工程师对于理论课固不擅长，即对业务课亦觉格格不入，因其课程的内容，多半不切合本人的实际，而课本的写法，又多“书生”气息，因之，学校教授与现场工程师的交流，在过去是无甚成效的，结果便是师资缺乏。然而在新制里，这交流是确实可行。至少对业务课而言。

在新制里，学生毕业后的工作，可以预定，因他在企业工厂实习，工厂对他当然很了解，在他毕业后，一定欢迎他来厂服务，这样在学生实习时，工厂就可将他预定为职工，对他的实习训练，也更感觉得重要了。

（4）在新制里，学生不等毕业，可在任何一年终了时，出校服务，对于建设需要，已是极大帮助。此外另有一种作用，即如学生响应号召而出校参加任何工作时，其在校学习之课程，因分年成段的关系，对其所任工作，必可发生作用，其学习时间并非浪费。但在现行制度里，学生如在中途退出，则其在校所得多

属理论课程，系未来业务课之准备性质，对其出校工作，未必有作用，因而在校时间几等浪费。

（5）在新制里，不需另设专修科，因前三年之课程，每年分段，即无异一年制、二年制、或三年制之专修课。一个校内专修课与本系并立，问题甚多，本不相宜，新制是简单化了。

新制准备

（1）现行制度是“学而时习之”，新制是“习而时学之”，两个制度，对于学习的看法，理论与实际的看法，通才与专才的看法，都不相同。因之新制并非现行制度的改良，而是基本上不同的另一套制度，同样地，新制里的课程，也很难从现行制度“改革”而来。既有如此的悬殊，在现行制度下，这新制如何能产生呢？唯一方法，便是实践，便是办一个新的学校，在这新的学校里，完全实行新制。

（2）在这新学校未招生之前，先要准备三件事：（一）师资。新制的教学计划与现行的是完全不同的，因之新的师资，须重行储备，或从现有教师来，或从现场工作人员来，均须先经研究，将课程内容完全商妥，教学计划完全议定，方能开始授课。（二）教材。现行制度的教科书，都是按科学分类来写的，每类由浅入深，自成系统，而且都从理论发展到应用，其目的在训练思想。新制的教科书，是应从工作任务分类来写的，每种任务包含多种科学，其目的在深入实践，从实践发展到理论，从而巩固理论。举例言之，力学一课，在现行制度里，是当做物理的一部分来教的，几乎全讲抽象的东西，甚至举例习题，也是抽象的。因为需要高深数学，故而学在微积分之后，而微积分成为进大学的敲门砖。在新制里，力学一课，应配合现场所习的东西来教，其举例习题，也应限于实习里亲身经历的对象，如此的力学，便是工程的一部分，而其包含的，也不止物理一科了。像这样的力学教科书现在是没有的，必须新写。因此新制里的一切教科书，也都必须新写，这是一件巨大的工作。（三）现场。在新制里，一部分的课程，在现场修习，而现场最好是企业性工厂。因此企业性工厂，如何与学校合作，如何将学生实习，看做经常任务，对于学生实习及生活上的照顾，如何规定实施，工人指导学生能否看做生产任务，有无超额奖励，以及工厂的一切物资条件，如何促其实现等均须有充分准备，方能实行新制。同时学校里的现场，也不可少，这现场并非现在学校已有的工厂，而是具体而微地模仿企业性工厂建造的，不同的系，有不同的现场，这又是一件巨大的工作。

（3）以上这三件大事，岂是嗟咄能办？还有第四件大事，虽非开门急需，也是极关重要，便是对于中途出校学生的函授教育。因为学生不到毕业，即出校工作，不论由于自愿或响应号召，但他求知欲，是必定与时俱增的。愈在现场历练，便愈感高等教育的重要。因此学校有义务为其解决，这义务便是函授教育。好在这函授里的教材与学校正规用的，无多差别（若现行制度的教材便不适用），其问题只是教师而已。

（4）由于准备的困难，新制实行，当然要极端审慎，只可在新成立的学校试办，而不便在现有的学校里，强行改革。等到一年一批的新学生，走到现场工作，尤其是等到四年毕业生“出而应世”，那时新制旧制的学生“并肩作战”，便很容易看到他们中间的差别，而新制是否优于旧制，也可在实践中证明了。

（5）“三年准备十年建设”，这习学新制，能否算做准备之一呢？

工程教育中的学习问题

（一九五一年九月）

导读：

本文刊登在一九五一年的《自然科学》上。茅以升在文中重述自己在1926年《工程教育之研究》一文中提出的旧工程教育存在的问题，以及自己希望在学制、招生、课程、考核、教授、实习、服务等方面的改革主张，认为一直到新中国成立，高等学校依然延续了从前的情形，因此于1950年再次提出了自己习而学的观点，一时间各方反映甚多，有些疑问已经在《工程教育的方针和方法》一文中有所解答。

本文针对此后的意见，对工程教育中应遵循先习而后学的观点进行了解释，从十五个方面回答了各方质疑：理论与实践并非各自孤立，需要彼此相互依靠；由“知其然”而达到“知其所以然”是极其自然的学习方法；理论与实践互为基本、互为工具，不应强分高下或各自孤立；理论课程与实践课程都至关重要，缺一不可；习而学的教育方法符合工程发展的本身规律；先知其然，后知其所以然不但是教育的当然程序，亦是研究一切事物的方法；克服理论课程空泛的唯一方法是先习而后学；先习而后学能够感知理论的应用是有限制的，有助于言行和作风态度的培养；实物教授法更加形象，高于书本传授，能领悟到一些非从实践经验无法领悟的理论；实践的方法可补理论之不足，可以解决只凭理论无法解决的问题；实践是搞通思想的更好方法；实际经验是许多发明创造灵感产生的源泉；唯有以实践为基础的理论方能应用，方能解决问题；有了经验再学理论，方知理论可贵的所在，能善用而不致误用；先知实际再学理论最适合教育的原则。在此基础上，又对工程教育中课程的排列原则及其效果进行了相应的解释。详尽阐述了自己坚守的工程教育中实践在前理论在后的观点和学习原则。

原文：

在解放后的新中国，工程教育和其他教育一样，面临着严重的考验，凡不符合《共同纲领》里教育政策的那些内容，都应该逐渐地予以淘汰或改革。中央教育部为此曾召开各种会议，确定了教育工作的总方针，强调指出教育必须为国家建设服务，学校必须为工农开门。明确了改革旧教育的方针和步骤，与发展新教育的方向。在各种学校里，并已有重点地开始进行了改革课程、改编教材、改进教学方法、改变教学组织等一系列的工作。因此我们工程教育，在短短的一两年内，已有了很显著的进步。此后不断努力，必可将旧的工程教育，稳步地改革成新的工程教育。

旧的工程教育里，不论高等、中等或初等的学校，都存在着很多的问题，有的是众人皆知，急需解决的；有的是若隐若现，人不注意的。然而正是这些不甚显露的问题，大家视为当然，不觉其利弊之所在，倒很可能是其他问题的症结，是其他问题的核心。因此在工程教育里，像这样的核心问题，似应及早提出研究，及早予以解决，对于新教育的发展，可能有极大的帮助。这些核心问题之一，便是学习问题，即"学"与"习"的内容、比重及其先后程序问题。现在就高等学校里的这个问题，将研究所得写成本文，贡献给有关各方，希望讨论批判。并将讨论结果，反映到中等和初等的学校里去，以供改革各级教育的参考。

旧的工程教育，在中国以前的所谓新式教育中，还是比较早的，而且也是比较有成绩的。但其内容，多半是从欧美资本主义国家，尤其是美国抄袭而来的，因而不合国情，在很早的时候，便已有了问题。然而在当时环境，这些问题是无法解决的。我于二十五年前，在一篇《工程教育之研究》的文里，揭发了这些问题，登载于1926年12月份的《工程》杂志。那里面讨论了学制、招生、课程、考核、教授、实习、服务等问题，兹将关于学习问题的几段，照录如下。

课程次序——工程为应用科学，故现时之工校（指高等学校，下同）课程，有一公认之点，即将各种纯粹科学，置于专门学科之前，而假定理论必先于实验是也。如学生之在一、二年级时，必先授以数理化之科学，至三、四年级时，始有各项专门技术之学科。即每种课目之内容，亦必先谈理论，而继以实验。基本科学，虽蕴义精奥，必习之于先，专门科目，即显明易晓，亦置之于后。此种程序，完全受大学文科之影响，而实有背于教育之原则。盖人类求知之欲，发源于好奇之念，今先授以精深之理论，而不使知其应用之所在，则不但减少求学之兴趣，且研习理论，亦不易得明澈之了解。此外尚有连带之障碍如下：（1）学生入校之始，若先授以理论科学，则与其在中学所习者，除程度深浅不同外，无多差别，不能引起对于所习工科之兴味。（2）普通学校规章，升级次序，不能躐等。今科学理论在前，而工程课目在后，则有工程天才而于高深理论欠缺者，势必先受淘汰，而理想高超，不宜工程者，反随众升级，致入歧途。（3）工校分科（系），大都始于第二年级。今第一年级之课程，既属于理论科学，与各种工程，同有密切关系，则学生不能鉴别各种工程之异同，为选择学科之准备。(4)理论科学，原为工程之基本学识，但两者之关系如何，轻重何在，初二年级之学生，往往不能识别，只就课堂所授，囫囵修习，及至升入高年级时，处处应用科学，反不知其关键之所在。(5)工程事业，日新月异，困难问题，随在皆有。今学生在校，理论与事实不能融会贯通，则此后解决工程上新事实时，将有不知所措之感。根据上述原因，现时工校，已觉现行制度之不当。今有提议先授工程科目，次及理论科学，将现行程序，完全倒置者，然事属创举，变动过巨，非经长时间之缜密研究，恐难遽成事实也。

教育方法——工程教授，大都系本科专家，对于教育方法，无多研究，故施教效率，不免低微。若在可供测验之课程，如绘图工厂等，尚不难自求其症结，此外课程，则学生实得几何，殊无确切方法，可资考验，故改进亦非易矣。然我国学生之通病，据经验所得，亦有足述者，倘从此入手，不无途径可寻：(1)好问为求学捷径，然我国学生大都深自敛抑，不愿于广众之间质疑问题，积久自成习惯，播为风气，而为教师者，乃不能周知学生之隐曲。(2)缺乏常识，往往试验或计算结果，显为事实所不许者，亦不知其错误所在。(3)重视考试，而不求所学之应用，虽博闻强记，而对浅近事实，竟可不知解说，寻常工作，不知措手。(4)读书方法，未尝研究，以工校课程之繁重，遂觉难于应付，而只求及格为能事。

教授方法，本视科目而异，无一定之界说，然若参照下述方法，斟酌行之，必可获较佳之结果：(1)通常有试验之课程，其教授次序均为讲解、问答、试验，即理论先于实验。但为考查学生之悟力，增加学生之兴趣起见，若将其前后次序，稍加更动，使因试验之故，而自答其所问不明之理，再行讲授，则收效必速。(2)各种异名之课程，应重加整理，其性质类似者，即合并为一，以减分歧，盖课程之命名，原属假定，其间并无严格之界划也。(3)课程中须征引日常目击之事物，以增兴趣，对于有关经济、人事之问题，尤当特别注意。(4)各种教授，应时常彼此接洽，借以考查各生各课之程度，如发现某生某课之弱点，不论该课是否本人担任，或该生读该课时业已及格，均须公开讨论，速谋补救。(5)各课应用之标本模型，应广为设备，以便讲解。(6)学生心理，应时加研究，如发现不当之点，应从速设法矫正。

服务——工程使命，在应用宇宙间之事物，以谋人类生活之幸福。故着手之先，即应有一预定目标，为进行之归宿，所有科学知识、艺术技能以及经济研究，皆为其趋赴目标所需之工具，及应用之方法。今试将工校现状，就此点研究之：(1)所有课程中之纯粹科学部分，如数理化等，因系基本学识，均异常注意，务使学生有充分之了解，其鞭策方法，与文理等科，初无二致。(2)所有关于工程之专门课程，力求其内容充实，理解详明，务使学生洞悉窍要，周知涯略，任举书中一事，能照课堂所授，背诵其原委。(3)所有实验课程，就设备所及，财力所许，务求完备，使学生就指定范围内，领略实验室中之世界。(4)所有理论课程之考核，均务求严格，而以试卷为评定之依据。其实验课程，则只需按期毕事，考核标准，亦较有伸缩。以上为工校之最大目标，即使完全达到，所教育之学生，充类至画，所知亦只限于各种理论及理论之征验。至各种理论，应如何融会衔接，固未计及，即有资质超迈之学生，能自求沟通，同冶一炉，而理论如何能用于事实，亦依然渺无准备，盖其所受教育，有使其不得不然者。(1)据多数工程师之意见，工程师成功要素，至少计有六项，依其重要次序，即品行、决断、敏捷、知人、学识及技能。以上仅最末之学识及技能两项，为现时学校所注意，其他四项，学校既无测验之法，复无培养之方，以致无从进步。(2)无论何种工程，所包含之事物，不外真理、材料及人工三项。普通工程学生，对于工程理论，固有几分把握，材料人工，所知已属有限，若与材料人工有关之经济问题，则更为隔阂。(3)效率为工程师最要观念，同一工程，同一功效，其耗费精神、时间、财力最少者，斯为上乘。然工程学生对于一种工程，或能知其梗概，若以同一功用之数种工程，使为较量其效率之等差，则必难于解决。(4)工程管理中之最大困难，即人工之进退调遣及其发生之影响。除劳资问题外，即就人工本身言之，如选择奖励、报酬标准、工作训练等，均为工程师应有之责任，然工校学生对于此种问题，固已有研究准备否乎？

从这些工程教育的学习情况里，看出二十五年前的高等学校，是不可能很好地为国家建设服务的，更谈不到为工农开门。这些情况，在我们高等学校里，一直延续到解放为止，基本上还是无甚变更。所以我在1950年4月29日北京《光明日报》所载《习而学的工程教育》一文里说：

过去工程教育的特性：(1)它是广泛不精，以培养“通才”为目的的。土木工程系的毕业生，可以参加任何土木工程的部门，对于选择职业，当然是一种方便，但从他就业的那部门来看，他成为一种负担，他不能立刻生产，他需要继续学习。他就业的那部门，担负了培养“专才”的任务。(2)它是以理论为前提，来便利学生选科选系的，希望学生在读了一年基本理论以后，便能解决他是宜于工程的哪一系。机电两系的学生，在第二年级读完相同理论以后，便能决定他是宜于机械或电机。(3)它是以理论为基础，施行工程教育的，开始便讲最基本的自然科学，认为科学理论，是一切工程的根本，有了理论，便可启发智慧，举一反三，对于各种工程，经过实习，即能触类旁通了。(4)它是以实习来帮助理论,不是以理论来贯通实习的。校内实习,本已与工程生产脱节,而这脱节的实习,还是理论的附属品,于是这理论更与工程生产脱节,成为“脱产理论”。

这些特性,造成下列现象:(1)理论与实际脱节。工程毕业生,不能做工人的事,虽说能计算,能画图,能设计,并能写论文,但多半是“纸上谈兵”,不切实际,非在工程现场里,重起炉灶,从头学起不可。等他能了解工程的实际时,他原有的理论,也许忘记了或是陈腐不适用了。他若不知补充新的理论,他便成为落伍的工程师。(2)通才与专才脱节。本来是想造就通才的底子,慢慢训练为专才,但只是理论上的“通”(或仅是书本上的“通”)是无法达到实际上的“专”的。实际上的“专”,必须以实践为基础,由此进一步地达到理论上的“通”。(3)科学与生产脱节。在校读科学,不以生产为对象,因之工程各系的划分,以科学的性质为主,成为土木工程、机械工程、电机工程等系,但在任何的生产工作上,都需要多种工程的配合,任何一种生产的专家,实是相关工程的通才。譬如桥梁工程,并非一个土木工程的通才所能办的,它需要很多的机械工程、电机工程、冶金工程等的理论与实践,方能成为一个桥梁的专才。因此工程各系的划分,如就生产需要而言,是应以工作的性质为主的,如铁道工程系、桥梁工程系、机车工程系、信号工程系等。(4)对于学生入学的要求,是重“质”不重“量”,宁可招收少数程度整齐的,不愿训练大量普通的。这是完全受了重视理论的影响,于是理论的分数,成为入学的标准,至于这些理论好的学生,是否能成为好的工程师,那就无法过问了。其实“好的质”是要从“大的量”来的,尤其是工程工作者。(5)对于学生毕业的条件,是一切分数及格,而这分数,极大多数是指理论的课程。至于校内实习、暑期实习等的作业,往往是无关轻重。

这些现象,都是不合理的,因为过去工程教育,是抄袭资本主义国家的,是在资本主义国家里:(1)工程生产事业是私营的。(2)大学及专门学校,私立的也很多。(3)学生在校是受一个主人支配,出校就业,又受另一个主人支配,而这两个主人,各有各的计划,只求自己出品增多,以致形成双方脱节的现象。

从上可见,旧的工程教育里,确是有很多问题的,如制度、课程、教学方法等等,都与实际的要求不一致,因此必须进行改革。改革的目的,即是要理论结合到实际,将一切存在的问题,得到根本的解决。所谓解决,以上面提到的问题来说,即如制度要适应国家建设的需要,课程要配合生产现场的任务,教学方法要保证学生学业的完成等等,总结地说,即学习要有最好的效果。倘若这效果是能长久地、继长增高地好起来,这些问题,才算得到根本解决。所谓根本,应是针对原有的教育基础而言,倘若这基础是不坚实的,在那基础上进行的一切改革,诸如制度的改善、课程的充实、教学方法的提高等等,便均非根本的解决。

旧的教育基础是否坚实呢？我们学习了毛主席的实践论以后，即可肯定地说，它是不坚实的！学的对象是理性知识，习的对象是感性知识，倘若一切知识的获得，都是先由感性而后理性，那么在学习的方法里，不是也应该先习而后学吗？因之，先习后学的教育基础，才是坚实的，否则即是不坚实。而旧的教育恰正是与此相反，是先学后习的，因之，旧教育基础，即是不坚实的。在这不坚实的基础上，来解决任何问题，所有的解决，当然皆非根本的了！

过去的工程教育，都是先学而后习的。中国数千年来的一切教育，都是如此，所以古书里有“学而时习之”的话，而“学以致用”“知而后行”等类的说词，成为万变不离其宗的教育方法。然而这方法的产生，并非由于教育原则，而是由于政治和社会的制度。在封建统治或资本主义的政治和社会里，一要造就通才，二认为理论重于实践，三对学生重质不重量，四将教育“科举化”“八股化”，其结果便自然而然地产生了先学而后习的方法。但从教育的原则来说，这方法是恰应相反的。在上述“工程教育之研究”的文内，已经提出先习后学的意见，无奈当时认为幻想，和之者寡，但是我却坚信不移。等到解放后，就提出“习而学”的口号（很多年以来，同学们要我提纪念册，我就爱写“学而时习之，习而时学之”两句话），并在《光明日报》上发表了“习而学的工程教育”的主张。其时各方反映甚多，有些疑问，我在去年六月四日《光明日报》《工程教育的方针与方法》一文里答复了。后来又听到些意见，需要解释，现将先习后学的各种理由，一并列举如下，以供讨论。

（1）学的对象是理论，习的对象是实践，理论与实践，并非各自孤立，而是彼此需要相互依靠的，同体力劳动与脑力劳动不可分一样。因此在学习里，理论与实践，应求其统一。但在课程结合到实际时，在任何一个阶段里不能不有其一定的次序，于是发生学和习的先后问题。这里主张的，是先习实践课程，后学理论课程，由“知其然”达到“知其所以然”，是“学而时习之”的大翻身。

（2）由“知其然”而达到“知其所以然”，本是极自然的学习方法，如学文先习语，即是一例。工厂里“师徒制度”训练出来的人才，往往是出类拔萃的工程师，即因他先实践以习技能，后自学以通理论，对于实际中接触所得的具体现象，能以理论去贯串联系，得到整体全盘的透彻了解。他看重理论，甚于大学的毕业生，他对理论的了解，亦甚于大学毕业生（指旧教育而言）。

（3）理论与实践，谁是基本，谁是工具？在学校的传统看法，理论是基本，然而在现场工作的人们看来，理论只是工具。这两种看法，对于学生学习，都是有妨碍的。近代科学发达，技术进步，当然是靠理论的推动力，然而理论的根源是在实践，而复杂的理论，更需要实践（实验）来解决。理论扩大实践的范围，实践提高理论的目标。每一工程问题的理论，后面必须要紧接实践，而实践的后面，又必有新的理论，两者紧密循环的结合，便使理论与实践融会成一体。因此理论与实践，是互为基本，互为工具，而不应强分高下，或各自孤立的。正因为如此，在工程的学习里，理论即不一定要先于实践，倘若先实践的效果更好，便应放弃理论为基本的成见。

（4）理论课程与实践课程，谁是基本问题，可举例以明之。譬如造屋，实践课程是供给造屋所需的一切材料，如砖石木铁。理论课程是使这些材料配合成形，大之使成屋架，小之使成门窗户壁。当然二者都关重要，缺一不可。然若说“成形”的功用，大于材料本身，将“基本”的美名，加到理论身上，无形中减低实践课的重要，则不免受了封建教育思想的影响。再以学习外国语文为例，以前传统的方法，是先学文法，后学会话，亦即是先理论后实践，过于看重理论。然而现在最新最好而且经考验的方法，是先习会话，后学文法，亦即先习而后学。在这新方法内，会话与文法，同等重要，不分谁是基本，但从功效来决定，便是先会话而后文法。

（5）从工程发展的历史来看，一切工程都是先根据经验，然后尝试，等到知其成败，再从成败中推求出法则，研究出理论，然后从新的理论，再创造出新的工程，但其最初根源是实践而非理论。因此习而学的教育方法，正是符合工程发展的本身规律。

（6）“先知其然，后知其所以然”，不但是教育的当然程序，亦是研究一切事物的方法。遇到一件新鲜东西，最初知道的，只是他的作用，莫明其妙，后来经过考察分析等思虑，方才逐渐地领悟其真相，推敲出理论，知其所以然。因此有了先习后学的习惯，便能进行研究工作。历史上有许多发明家，循此步骤，得到成就。有些重大发明，连发明的人，当时都不知其理论，可见实践实是研究的开端。

（7）理论课程，是重要的，是必须修学的，但切不可空，亦不应泛。欲避免此种空而且泛的毛病，唯一方法即是先习而后学。所学的以所习的为根据，所习的既是无法空泛，因此所学的理论，也就不会空泛。如若先学而后习，脑中海阔天空，无处非理论，等到实践时，偏偏那最关重要的理论，倒可能未曾见过。

（8）先学理论后实践的人，往往易犯教条主义，尤其是在初学理论还无实际经验的时候。倘若先习后学，便知理论的应用，是有限制的，因而不致空谈乱说或言行不符，对于作风态度，也可起一定的作用。

（9）欲了解理论，过去传统的办法，是从书本中钻研，因为书本是旁人经验的累积，既是有人从经验证明了的理论，当然可以信赖接受，不需要重复地去再做实验。然而除了这种间接方法，倘能从自己的实验里，来了解自己所欲了解的理论，这了解的程度，一定比从书本得来的，更为透彻。书本所用的文字和图画，无论如何，总不及实物，因之形象教授法，高于书本传授，而有些理论，更非从实践经验，无法领悟。

（10）科学进步，理论当然日益精到，同时实践也愈来愈新。以桥梁言，计算应力，若只凭理论，疏漏之处尚多，甚至有无法解决的问题，然若用实践的方法，如“偏光析力”或“电流感应”等法，则其结果，格外周密正确，可补理论之不足。又如近代之“计算机”能解决数学上的高深问题，其功用之大，极可惊人，竟可代替人脑的工作。机械虽是根据理论做成，但其功用的发挥，却将理论更推进一步。

（11）过分看重理论的人们，每好说理论即是思想的训练，理论不通的人，思想便也不通，其意好像是说，但凭实践是无法把思想搞通的。其实，实践正是搞通思想的更好方法，不仅政治方面为然，科学技术亦如此，其分别只是在有些思想要靠理论，有些要靠实践来搞通，而并非单凭理论即可将思想训练的。

（12）理论主义者又好说“灵感”，认为许多发明创造，是由灵感而来，而灵感则有赖于“幻想力”，欲养成幻想力，则需精通理论，其实这是倒果为因的说法。幻想是想入非非，灵感是有触而发。这非非的边际是什么，有触是触到什么，难道都是书本上的理论吗？不是的。无论如何想入非非，这非非有个边际，就是实际的经验。无论如何去触，所触到的是根源，必定是具体实物。假使一位理论主义者，关在房中，埋头苦干，他决不会有灵感，他的幻想力，也决不会有进步。

（13）理论是抽象的，应用于事物而求其内在的规律和联系时，必须假定事物应具备之条件，而此项条件，又不免抽象，决难吻合于实际。如材料力学中分析应力，必须假定材料之物理性质应如何均匀，材料上加重应如何分布等等，均为实际不可能之事。倘实际情形，不似理论所假定，则理论结果，亦必不合于实际，而成为空泛。工程上最困难的问题，不在理论本身，而在如何应用此理论。工程成败，完全决定于应用的当否。而欲知如何应用，则决非深入于理论能解决，必须于实践的经验中求之。理论无论精辟周到，皆是在抽象的理论环境中，但在应用理论时，便到了具体的实践环境。不知实践，理论一无是处。唯有以实践为基础的理论，此理论方能应用，方能解决问题。

（14）工程师对于科学理论，不但要能彻底了解，尤其要能牢固掌握。然后方能（1）解释现象，坚定他对任务的信心；（2）举一反三，扩大科学应用的范围；（3）推陈出新，研究更新的理论。然而任何理论都是抽象的，一用到具体实物

上面，便受实物的条件限制（譬如材料性质、四周环境、使用情况等等），这些条件限制，无一能从理论知道，必须从实践经验得来。因此有了经验再学理论，方知理论可贵的所在，能善用而不致误用。否则若先知理论，然后应用，其结果不是手足无所措，便是横施滥用，徒然辜负了理论的价值。

（15）我们常说理论应与实际结合，这里面的意义是说，有的场合，应当理论去结合实际，有的场合，是实际去结合理论。如同革命行动的实际，是要靠理论去指导的。又如创造发明的研究工作，也是在实际里去求结合理论的。然而在教育里，究竟是先有了实际，然后用理论去结合，还是先有了理论，再拿实际去结合呢？理论是举一反三的，实际是时刻变化的，谁应该去结合谁呢？哪种结合方法，最适合教育原则呢？如果理论是要掌握实际的规律，而教育是要了解实际的情况，那便应是理论去结合实际，亦即先知实际，再学理论。

以上说明了在工程教育中实践的重要，理论与实践的相对地位，实践在前理论在后的学习原则，并且强调了先习后学所得的理论，更为巩固。如将此结果，反映于高等学校的工程课程，即可发现其中存在的矛盾。这些课程的排列，是基本科学课在第一年级，应用科学课在二、三年级，专门业务课在第四年级。亦即理论课在前，实践课在后，正与上述的条件相反。若用先习后学的原则，则年级划分，只有程度区别，而无性质差异。在每一年级内，都应先习业务，后学理论，理论程度，随业务上升。像这样的课程，在实行时有无困难呢？这里需要较详的解释。

（1）课程排列的主要原则，为"先修"规定。甲课为乙课之先修者，必须先修甲课，及格后方能修乙课。其意义为，甲课既是乙课之来源，自应先知其来源，然后方能了解来源之去路。此从纯粹理论课程言，完全正确，如欲修微积分课程必须先修解析几何，而欲修解析几何者，必须先修平面及立体几何。同时从实践课程言，亦完全正确，如欲修桥梁基础之沉箱工程，必须先修打桩、挖土及混凝土建筑，而在此前，更须先修测量绘图。然而此中有一大问题，即理论课程与实践课程之间，究竟谁是谁的先修？旧教育里认为理论是实践的先修。故一、二年级课多为理论性质，而三、四年级课，多为实践性质，此即学而习的传统理念。然而从实施证明，有工程经验的人，修学理论，其成就多在先学后习者之上，亦即说明，实践实应为理论之先修。初等理论应先修初等实践，高等理论，应先修高等实践。若旧教育中，初等实践（如测量），往往以高等理论（如微积分）为先修，当然是本末倒置。

（2）课程中之先修问题，往往是主观决定，并无固定标准。除纯粹数学较有范围外，其余理论课程，牵涉都是很广，如物理学中，即牵涉到数学、化学、生物、地质等课，然则此数课亦是物理的先修？每学一课，即欲先知此课的“来历”，甚至来历的来历，其势为不可能，亦即说，任何课程，也不能完全避免先“知其然”，后“知其所以然”的程序。既然如此，何不整个课程体系，一律彻底地改为先知其然，后知其所以然，亦即先习而后学？

（3）课程内先修的原则，如是先学后习，即先从“所以然”而至“知其然”，则这“所以然”的范围，是如何规定的呢？以数学来说，如认微积分是一切工程“所以然”的一个来历，成了先修，然而工程日益进步，所需高等数学的帮助也日多。以无线电来说，除了微积分、微分方程而外，还需要其他更多更深的数学，难道这许多数学，也都是先修吗？如说那些高深数学，用得不多，不必先修，然则微积分就是一切工程同样地、同等程度地所必须先修的吗？再以物理学来说，一般来说，其内容里“所以然”的成分，远不及“知其然”的多，倘若通通要“知其然”，而且都认为是先修，那么这整个工程系的四年，也不够用，而且这工程系，成为物理系了。若说工程系的先修物理，有其一定的范围，那么这个范围，与高中的物理，对于工程需要来说，所差多少呢？（如就桥梁来说，高中物理，固然不够，大学物理里的“所以然”，同样的也太少。）然则为何大学物理，一定要是一切工程课目的先修呢？（它应当是必修，是无问题的。）

（4）任何课程，对于学生的作用，不外两种，一是为了指出未来课程的“来历”，一是为了说明过去课程的用途。前面一种课程的性质，可能是理论性或实践性的，而后面一种，则必然是实践性的。如两种相关的课程，都是实践性的，来历课程，应先于应用课程，是完全必要的。然若一种是理论性，一种是实践性，而彼此互有关联，则应将哪种课程排列在前呢？过去的说法，是学生对于任何课程，必须先知其来历，方能接受。而所谓来历，即是指理论，尤其是数学性的理论。譬如有数学公式的课程，必须先了解此公式在数理方面的来历，这课程方被接受。然而，反过来看，倘若学生先明了此公式在工程上的用途，能够立即试验，立即发挥其效用，他是否因不知其数理的来历而拒绝使用，是否因能够使用的关系，使他对此公式发生兴趣，增强信心，因而更迫切地想知其理论上的来历？将来一旦知其来历，所得的印象，是否比先学来历后习应用更为深刻？

（5）在旧教育里，为了使学生明了工程上的科学应用，因而先灌输科学理论，其理由是必须先知理论的来历，然后方能应用此理论，但每一应用科学之理论，其来历上更有来历，如欲穷源尽委，便须在理论课程上多费时间，因而应用课程只可在最后学。但科学技术，日新月异，以今日已知之技术进度，而于今后一两年内学其理论，迨理论既通，而应用方法，早已大变，则新方法之来历，岂非依然不晓！何不先习新方法之技术，然后再学其理论，与其以应用迁就理论，何不以理论去迎合应用?

(6)理论课与实践课的内容,倘能妥善地预为规定,不受其先后排列的影响,则两种课目先后程序,仅是学习效率问题而已,尚无大关系。然若因为先后的次序不同,而影响到课程的内容,则排列方法,便成为基本性质的问题了。在工程教育里,理论课的范围是相当广阔的,但实践课因为专门化的关系,必然是范围狭仄的。同时理论课的内容,多属原则性,是比较固定的,而实践课的内容,为了要适应进步,是必然时常变化的。以一个广阔的、固定的理论课,来配合一个狭仄的、变化的实践课,其排列方法,当然应是先规定实践课的内容,再求理论课的配合,亦即实践在前,理论在后。

(7)按照上述原则,全部课程,即可分为实践性和理论性的两部分。而在程序上,一律实践在前,理论在后。然而是否所有的实践课都在前,所有的理论课都在后呢?是否应在一、二年级全习实践课;三、四年级全学理论课?这样的区分,有两个问题:第一,对于相关的实践课和理论课,学习时间,不宜相隔太久,以免失去联系。第二,每种实践课,必须通晓其相关理论,方能牢固掌握。必须掌握了初级的实践课,方能进修高级的实践课。为了解决这两个问题,全部四年的课程,应当分成几个阶段,每个阶段里,都有实践和理论的课程,这些课程,也都是实践在前,理论在后。像这样安排的课程,在每个阶段里,都是先习后学,上升到更高的阶段里,再习再学,循环往复,螺旋前进,必可将理论的水平提高,实践的范围扩大。

(8)课程之排列原则,应当是:(1)从简单到复杂;(2)从具体到抽象;(3)从现在到过去或未来,简言之,即是应从"感性"到"理性"。不但全部课程如此,即每个阶段的课程,甚至每一课程的内容,也都应用同一法则,都是从感性到理性,再从较低理性到较高感性,由浅入深,由外而内,从片段到整体,从外表到内核,从具体至抽象,再具体再抽象,亦即是先习后学,再习再学。然而旧教育的课程,即不如此,其标准是从理性到感性,而且往往是从高级理性到初级感性。专门课程,虽是简单,排列在后(如第四年级的钢架屋顶设计),理论课程,虽是复杂,而排列在前(如第一年级的微积分),先后程序,不以深浅为前提,极清楚地暴露了先学后习的病症。

(9)旧教育先学理论,后用于实际,其主要理由,是将来所能接触的实际,都要受某些"基本"理论的支配,有了这些基本理论,便可应用于无穷。然而如何能在各种理论里,将所谓基本的挑选出来,根本上还是看将来实际的需要。譬如微积分课目,一般的看法,都认为是最基本的了,然而就实际来说,它对某些工程是太浅,某些工程又太深了。因此无论如何强调理论的基本化,其结果在实际应用的时候,所学的理论,不是嫌多,就是太少,换句话说,就是很难与实际密切地配合。然而,倒转过来,先习实际,再学理论,以理论的内容,去凑合实际需要,实际既是生产任务所必经,而非若理论基本化之主观愿望,则由此所学得的理论,当然是最充分又最有用的了。

(10)旧教育认为教育如种树(所谓十年树木,百年树人),先有根株,然后有枝叶,最后开花结果。根株好似纯粹科学,枝叶好似应用科学,花果才是所要收获的专门技术。因此要花果,便只好先从根株起,而纯粹科学,成为专门技术的基本。但先习后学,再习再学的看法,则教育如种豆,豆发了芽,生豆,豆再发芽,再生豆,新豆胜过旧豆。这里的豆,好似技术,芽好似理论,先有了实际经验,再去学抽象理论,然后再从事更好的技术,再发展到更高的理论。像这样实际到理论,理论到实际,无穷地向上发展,应当是教育更好的原则。

由此可见,工程教育里的课程排列,从学习效果及将来需要言,应当是实践性的课目在前,理论性的课目在后。而且全部课程,应按程度深浅,分成若干阶段,每个阶段内,都应先实践后理论。因此实践课目,随阶段上升而趋于复杂,理论课目,则随阶段上升而趋于高深。亦即先感性,后理性,再感性,再理性,从课程里发挥出先习后学的精神。这样的课程,不但是工程教育应有的课程,而且很巧合地同时解决了工程教育里的三大问题:(一)学生实习的困难;(二)为工农开门的障碍;(三)专修课的存废。

(一)实习问题。在上文里,业务性质的专门课程,名为实践性的课目,即因这些课程必须有实习之故。然而,旧教育里的实习,是有极大的困难的:(1)所定课程,由基本理论,到应用科学,再到专业课目,完全依照理论上的发展,自成一套系统,是由内而外,由抽象而具体的。但现场的实习作业,却是不可避免地由外而内,由具体而抽象的另一套系统。这两套系统,是反向逆流的。因此第一年级读完普通基本理论的学生,去到工厂里做“认识”实习,这认识与他的基本,有什么关系?第二年级读完普通应用科学的学生,去到工厂做“专业”实习,他的应用理论,对于专业,能起何种作用?第三年级读完一部分专业课的学生,去到工厂做“生产”实习,他这一部分的专业,就适巧是那工厂里的生产吗?如果那工厂的生产,是要在第四年级讲授,不就成了先实习后理论了吗?(2)学校里所谓理论,多半是以数学为骨干的理论,因而也就是原则性的理论(受了通才训练的影响)。但工厂里所谓实际,多半是指有高度效率的生产,因而就是狭隘精深的具体实际。学生在实习时,所看到、感到和领略到的实际,与他所学到的便不相谋、大小不投、深浅不合,甚至有些矛盾,于是他在短短的实习期中,所得的只不过是些模糊概念而已,反而妨碍了理论与实际的结合。(3)

原则上讲,理论修学是应与实习同时进行的,但事实上不能不有先后。学校的看法是理论在前,实习在后,基本理论在前,应用理论在后,因此三者之中,实习便不得不在最后。但同时又觉“认识”实习,可帮助学生选系,并使他很早地具有劳动观念、劳动态度,了解劳动条件、劳动纪律,因此实习便应排在最前。这种矛盾思想,如何解决呢?以上这些困难所以发生的原因,便是由于先学而习的制度。在这制度里,学生实习是应在毕业以后去做的。那里对于业务课的进行,是将各种性质相近的生产工具,从里面分析出若干有代表性及共同性的个体单位进行教学。学生了解之后,必须等到将来,在现场工作时,将各单位综合组织起来,方能了解生产工具的全面和整体。倘若改用先习后学的方法,学生便应先往工厂实习,然后再学相关理论,先认识生产工具的全面和整体,及与其他生产部门的关系,连带地了解到生产任务的性质和劳动条件,然后逐步地从外而内,从全盘到局部,来学习各组成单位的内容。实习与理论,同样地按照程序,由简而繁,由具体到抽象,实习过程配合到工厂的生产,这实习的困难不是迎刃而解了吗?

(二)为工农开门问题。旧教育是从未为工农干部开门的。纵然表面上并未关门,而实际上,那门是开在山上,高不可攀的。因为在先学后习的制度里,理论课在前,业务课在后,微积分是较难的,放在第一学期,桥梁建筑(举例)是较易的,倒可能放在最末学期。工人出身的技术干部,对于桥梁建筑,不觉可畏,但微积分对他却是一道墙,有道墙堵住大门,这位工人还能进门吗?这门不是开在山上吗?除了微积分,此外还有许多高的矮的墙,他必须在两年内,先通过这许多墙,方能在第三年内遇到对他亲热的东西——业务课。像这样的制度,如何能吸收工人干部呢?但在先习后学的制度里,上面提到桥梁建筑和微积分,彼此换了位,业务课在前,理论课在后,而且一切课程,都是由浅入深(工农观点),这门里不是没有墙了吗?工人干部不是真正可以进了门吗?他们既有实际经验,同时便也有了相关的理论(定性而非定量的),在他们原有理论基础上,更从实际出发,在具体的事物里继续发挥,在实践中求理论,他们的程度,是可越提越高的。因此他们在进门之后,先习后学,便毫无障碍了。

(三)专修科问题。专修科的设置,是为了速成教育,亦即要在最短期内,训练出最大量的人才。这些人才,程度是要高等的,性质是要专精的,但受教时间却是要很短的。因此发生了许多问题:(1)课程如何拟定。程度既是高等,课程的内容,便应与“本科”(指四年毕业的正规生)无别,然而,本科的专业课,都是在三、四年级,倘若提前,则基本理论课无时讲授,倘减少理论课,则又影响其程度。(2)实习无法安排。本科学生的实习,是在暑假进行的,然而专修科两年毕业，只有一个暑假，这实习如何能做好。(3)年限过于短促。专修科并非"高职"，亦非大学的缩小，而是大学的一个竖的片段。即是专修某一类的专门，而这类专门的课程，其首尾是应与本科相同的。然而为了先理论后实践的关系，欲求这首尾齐全，年限即感不足。以上这些问题的发生，主要是由于先学后习的制度。并因在这制度里，大学必须四年毕业，不能中途出校，方有专修科的产生。然而在先习后学的制度里，全部课程，是按照程度深浅，分成若干阶段的，每个阶段的课程，都是先习而后学，因为习是要有对象，而现场里的对象必是限于一种性质一种程度的整体，故每一阶段训练的完成，即是培养了与此阶段适应的人才，因之亦即是能担负相当任务的人才。这人才的能力，随阶段上升而增强，学生不等毕业，可在任何一年终了时，或出校服务，或继续升学，于是前三年的学习，即无异一年制、二年制或三年制的专修科。譬诸爬山，学而习的制度，是四年爬一座大山，在半山中无法下地。而在习而学的制度内，是四年爬四座小山，每年可另爬一山，或不爬山而下地服务。

上面第一个问题解决了，学生的理论必可与实际一致，因而训练成很好的建设人才。第二个问题解决了，技术干部的数量一定大增，因而就可有很多的建设人才。第三个问题解决了，学生可视国家需要于任何一年终了时出校服务，因而就有速成的建设人才。倘有任何一种教育制度，它能很快地造就很多很好的建设人才，这制度不正是我们国家所急切需要的吗？不正是中央教育部所强调指出的为国家建设服务又为工农开门的教育吗？这种新教育如何能产生呢？可能它就是产生于一种新的学习方法，先习而后学的学习方法！这方法是学习问题里的一个症结，而在过去，是不甚为人注意的一个症结，然而就因这症结的解决，就可唤起旧教育制度的改革和新教育的产生。像这种症结的学习问题，在工程教育中，该是极端重要的问题了。

李书田

工程教育思想文献

人物小传

李书田（1900—1988），字耕砚，河北昌黎人。著名的水力学家、工程教育家、中国近代水利科学的开拓者之一，中国水利工程学会的主要创始人之一，美国土木工程师学会会员，美国土木工程协会会员；曾任职中国水利工程学会、华北水利委员会、黄河水利委员会，曾参与在天津创办中国第一水工试验所；被誉为“中国现代高等教育的一位拓荒者、奠基者”。1917 年入北洋大学预科；1919 年升入正科；1923 年以优异成绩毕业于北洋大学土木工程系，荣膺“中国斐陶斐励学会会员”；后赴美国康奈尔大学研究院，于 1926 年获土木工程专业博士学位。

1927 年起，执教北洋大学，讲授土木工程专业课程；1930 年，出任国立交通大学唐山土木工程学院（唐山交通大学）院长；1932 年起，执掌国立北洋工学院。在他的带领下，国立北洋工学院在国内率先完成了从教学型向教学与科研并重型的转变，设立工科研究所，开创了我国工科研究生教育培养模式，引领了中国大学向现代大学的转型。1937 年制定了《国立北洋大学筹备缘起及分期完成计划》，提出要将学校建设成为工理文法医相结合的综合性一流大学的目标。七七事变后，率领北洋大学师生西迁，历经国立西安临时大学、国立西北联合大学、国立西北工学院等时期的学校变迁，在我国西部大地上创建了西康技艺专科学校、贵州农工学院、北洋工学院西京分院等院校。抗战胜利后，他在返津复校后的北洋大学继续担任工学院院长。1972 年，在美国创办世界开明大学与李氏科学技术学院，于临终前将一生积蓄全部捐出，在世界开明大学设立了“李书田基金”，以奖励学有成绩的学生。李书田以工程学术救国为宏旨，将毕生献给了他所热爱的教育事业，一生倡导并践行北洋大学“实事求是”的校训精神。

作为我国著名的工程教育家，他坚守“要实地把中华改造”的信念，在国家和民族危难之际，努力领导大学担当救国重任。他为北洋大学等多所大学的建设和发展做出了不可磨灭的贡献，培养和造就了一大批优秀的工程技术人才，在我国工业建设和高等工程教育发展中产生了重要影响。他号召并组织成立水利工程学会，联络中国学人，凝聚水利技术力量，以提升服务国家社会的能力。在长期的办学过程中，他不懈地深入研究工程教育在中国的实践，提出中国工程教育的实施方针和实践方法，制定工程学者标准，实施培养健全工程师举措，形成了理论与实践紧密结合、系统而丰富的工程教育思想。

中国水利工程学会之旨趣(第一届年会开会词)

(一九三一年)

导读：

在李书田等人的推动下,中国水利工程学会于1931年4月22日宣告成立。学会成立后,以联络水利工程同志、研究水利学术和促进水利建设为宗旨,积极开展活动,呼吁中国水政的统一及水利立法,创办《水利》月刊,推动中国水工试验馆的建设,为当时水利建设和水利科学发展发挥了重要作用。本文为李书田在中国水利工程学会第一届年会上所致的开幕词。

李书田认为,我国水利建设待举之多,而有学历经验之水利专门人才尤感不足。以此极少数之水利专门人才,应我国今日百废待举之水利建设,必然要战胜进行期间之一切障碍。提出要以本会为强有力之中枢,将全国水利工程同志悉行联络,同声相应,同气相求,使我全国水利工程人才,合成一水利技能之总集合。在他看来,这样才能增强服务国家社会的力量,才能发挥我中华民族之水利技术的完整功能,才能由本会同志共同研讨解决水利技术疑难问题,才能使我中央及各省当局不被一知半解之洋专家欺骗,才能使热心水利事业之伟人贤士不被半通不通的水利工程师所迷惑。

针对学会在研究水利学术方面应如何发挥作用,他提出,"世界上最经济最省时间之增进经验及学识的办法,就是要遍悉他人以往错过的,而绝对勿再蹈其覆辙,最近最良好之设计与实施方法,用以解决自己应办之业务。"为此,须赖学会为枢纽,"时常考究国内外工程著述及记载",并"藉全国性质之学会的刊物,如本会之月刊"等进行著述及论文的讨论,"至更困难之技术问题,则可由本会专组委员会,给以充分之时间与经济,以期为我全体会员得到彻底之科学的解决"。

李书田呼吁水利同仁要视推进全国水政统一、取消重叠机关、设立中央统筹机关、打破行政区限治水观念等为"促进水利建设当前最急切之要务"。

原文：

会员诸君：今天本会在京举行第一届年会，书田实觉含有非常重大的意义，惜本会会长李仪祉先生办理陕西引泾等工程不克莅会主持。书田既不得已而代行其职务，深虑不能胜此含有非常重大意义之本会第一届年会会务之任。惟望本会会员共同尽力研讨，以期今日之年会，完全达到本会正值今年中国洪水横流环境之中而举行此第一届年会的条件下所应尽之任务。

本会之组设虽在今年四月下旬，至今尚不满五阅月，而创议之由来渐矣，并非一朝一夕之故。当民国十七年（1928 年）北伐既告完成，今华北水利委员会成立之后，书田随同本会会长李仪祉先生，奉彼时中华民国建设委员会之命，办理华北水利之初，即曾面商仪祉先生，组织中国水利工程师协会。中以时局多故，继以李先生南来，主持导淮大业，本会遂未获早日观成。十九年（1930 年）九月，国民政府导淮委员会举行导淮计划讨论会，国内水利专家多奉邀到京参加，书田亦列席未议。至导淮计划，讨论既毕，书田曾提议从速组织中国水利工程师协会，并曾请当时住京同志，担任筹备任务。惜彼时政府正在讨伐“叛逆”（编者注：指国民党对红军鄂豫皖根据地的第一次“围剿”），我水利界同志未便积极筹备。迨至民国二十年（1931 年）四月中旬，因根据国务会议之议决，建设委员会所管辖之水利机关，已划归内政部主管，书田及本会孙董事棐忱先后奉内政部电召来京，藉供垂询，在京水利工程同志，遂商议乘时组设我中国水利工程学会，连开筹备会两次，并随于四月二十二日举行成立大会，议决会章，推定董事，选任职员，至是我会遂完全诞生矣。

本会宗旨，据会章所载，计分三项：（一）联络水利工程同志，（二）研究水利学术，（三）促进水利建设。兹值本会第一届年会开会之日，请为诸位申言之：

国内工程人才，在此建设事业甫行动员之际，已深感不敷，土木工程师虽较机电矿化等类工程师为多，而以铁路、公路、桥梁、水利、市政诸建设，较之机械、电气、采矿、冶金、化学等工业，尤为急要，故相形之下，土木工程师，倍感不敷。而其中具有相当学历经验之水利工程师，衡之以今日我国水利建设待举之多，尤感不敷之至。以此极少数之水利专门人才，应我国今日百废待举之水利建设，而期为国家社会尽最多量之服务，苟似一团散沙，即各能尽其所事，亦绝弗克战胜进行期间之一切障碍，必也将全国水利工程同志，以本会为强有力之中枢，悉行联络，同声相应，同气相求，使我全国水利工程人才，合成一水利技能之总集合。而后服务国家社会之力量始厚。而后我中华民族之水利技术的官能始完整。而后一人精力所不能彻底解决之水利技术疑难问题,始得由本会同志共同研讨最适当之办法。而后一知半解之洋专家,始不能以似是而非之水利工程技能,欺骗我中央及各省当局,而后半通不通之专恃吹牛的水利工程师,始不至迷惑我热心水利事业之伟人贤士。而后因互相联络之切,彼此相悉之深,始见人之长,知己之短,以人之长,补己之短。而后因同为本会会员之故,在某一水利机关之中,高级同志,不以职位阶等,而凌忽初级同志,反而尽力领导,详加指示,多方训练,为国家于最短期间,铸成多数后进之完全水利人才,以应今后全国水利建设总动员之急需。以上各端,不过仅就联络水利工程同志之宗旨,而申述本会之应组设也。

次就研究学术言:工程学术,因实际经验及研究工作,日益改良进步。只以前十数年大学所学者,应付今日工程问题,必不能得到最妥善与最经济之结果,即加以逐年自己单独的经验,犹不能臻至美尽善之域,况我国大部分工程师已往常无得良好经验之机会乎?世界上最经济最省时间之增进经验及学识的办法,就是要遍悉他人已往错过的,而绝对勿再蹈其覆辙,将最近最良好之设计与实施方法,用以解决自己应办之业务。而欲达此目的,第一须时常考究国内外工程著述及记载;第二须藉全国性质之学会的刊物,如本会之月刊,互相参证各个会员因研究及经验所得结果,而著述之论文,并每年举行年会,将各个会员所经困难而解决之问题,与会友讲述,同时邀其详审评判。其不能独自解决之技术问题,尚可藉年会之讨论,而阐明其途径。至更困难之技术问题,则可由本会专组委员会,给以充分之时间与经济,以期为我全体会员得到彻底之科学的解决。而吾会之所讨论与吾会所刊之书报,尚有将吾辈研究与经验所得之结晶,播之五洲之力量,传之万世之功效。须知吾辈继承了前人所阐明之学理与方法,已不胜枚举,但吾辈有更阐明更改进并传之后世之大责任。凡此种种,均非赖学会为枢纽,不能期最大之效果。抑更有进者,他如桥梁工程、热力工程、电力工程等,均经前人积百年上下之研究与改进,而可寻一定之工程的规律,获得一定之效果。水利工程,则尚不然。虽数千年前,即已有治水工事,但迄至民国二十年(1931 年)之今天,除水力发电、灌溉排水、开凿运河等外,如整理河道,如防潦排洪,如改良港口,任举现代哪一个水利专家,均尚不能遽谓其所办之水利工程,已最经济,其所预计之结果,一定可以完全达到,而有如造桥、发热力、发电力之能有数学的准确者。此盖由于关系水利工程之气象问题、水文问题、地形、地质、地上农林、动植物。以及居处之人类与其建设破坏等工作,俱足以影响我们所预期之结果。故水利工程师,所必须熟知之自然现象,最为繁复。而此自然现象之外,又有种种政治上、社会上之阻碍,而必须超越之或迁就之者。关于政治及社会的影响，兹姑不论。自然现象之关于水利工程者，因已往之研究试验结果，尚不足以彻底解决吾辈所常遇之问题，故非有大规模之水工试验所，以济参考书籍与所知经验之穷，实不足以拿现在可办到之财力，去解决现在所需要之水利工程问题。所以吾会同志，此后应用全力建议政府，设置一大规模之国立水工试验所，以为全国水利工程师研究水利学术，促进水利技术之工具。尝考德、瑞等国，近十数年来，藉水工试验，以阐明水理，而至实施工程时，节省工款，至数十万数百万者，为例已夥。但其试验所费，不过数百元或数千元而已。故美国大水利工程师费礼门氏，上年在东京万国工业会议时，当面告我世界上唯有水工试验所可以给至一千倍大之利息，洵实言也。此外如水利书籍之编译，如水利名词之厘定，中国以往河工方法之整理改良，并制造模型，以成立中国河工旧法之博物馆，均有极大之价值，而待吾辈今后之继续努力者也。此就本会研究学术之宗旨，而阐述吾辈应取之态度，与应努力的方向之大概。

末就促进水利建设而言：我国水利建设目前之最大障碍，厥唯水政系统之分歧与夫事权之不一致。机关重叠，国库虚糜，政出多门，成效难期。就中央主管水政机关言之，本年四月一日以前，一切水利行政事项系由建设委员会与内政部会同办理。此时以后，则由内政部主管，然内政部无专司水利署司之设，以全国水利行政，归在该部土地司内一科职掌，不独显示政府之不甚重视统筹办理全国水利行政，即事实上亦殊难适应今日全国水利建设所需要之中枢组织。且其职掌，仅偏重于消极之防灾，而于积极之兴利，则毫未规定。至航路之疏浚，则由交通部主管，农田水利，则交实业部主管，导淮与广东治河两委员会则由国府直辖，分负统筹办理之责。东方北方两大港筹备事宜，复由交通铁道两部主管。是不仅中央主管机关之组织，极不完备，中央各部且将水利行政之职权，加以割裂。再就各区域之情形言之：在一华北水利委员会范围之内，而永定、大清等河，则由河北建设厅设局管理；津沽间之海河，向由外人把持之海河工程局主持。前年复组隶属于行政院之整理海河委员会，同一扬子江水道整理工作。吴淞汉口一段，由交通部扬子江水道整理委员会规划；通州海口一段，复由海军部海道测量局测量；最近海口神滩之疏浚，则由上海浚浦总局筹划办理。黄运两河，则依行政之区限，割裂管理，灾害屡见，成效绝少，而各省之水利河务等局或直属省府，或隶于建设实业等厅，机关层出，统率不一，不独失统筹兼顾之效，而各自为政，亦贻筑室道谋之讥。本年夏秋霪雨为害，已经报灾者，达十六省，难民在六七千万以上，冲毙者其数亦至巨，诚近代文明国家之最大耻辱。虽属天灾流行，无可避免，然中央无专一之统筹机关，不能为全盘之未雨绸缪，迨出险以后，遂因责任不专，指挥不一，因循互诿，以致灾情扩大者，要为无可讳言之事实。本会以促进水利建设为宗旨之一，值此危急存亡之秋，安可缄默。希望此次年会决议，建议国民政府，从速设立全国水利行政之最高机关，或于内政部下，设置水利署，统筹办理全国防潦、排洪、灌溉、排水、整理水道、发展水力及其他一切有关水利事项，同时将全国各水利机关，划归主管，并修正有关各部组织法中关于水利部分之职掌，以一事权。且全国各河流域，务须依其天然形势，分区治理，于重要河流，设立专管机关，办理防害兴利之计划与其实施，打破以前以行政区限治水之观念。此我会同人所应引为促进水利建设当前最急切之要务，且必俟此第一步工作完全达到目的后，而后其他促进水利建设之工作，方能为最有效的循序进展。

对于今年空前浩劫的大水灾，很希望本会同人不顾一切之牺牲，各尽量出其精研之学识与多年之经验，任救急之最先锋，并于最短期间，妥筹最经济之治标治本各方案，贡献于我中央及被灾之各省政府，且促其从速实施，而早拯我被灾同胞于风餐露宿非人生活之中。此书田今日所馨香祷盼于我会员诸公之前者也。

所愿与本院师生共勉者

（一九三三年二月）

导读：

20世纪30年代，日本帝国主义加紧了对中国的侵略，目标逐渐转向华北。在民族危急存亡之际，李书田在北洋大学刊物《北洋周刊》中发表此文，与师生共勉。文章中阐明，“国家民族危急存亡之秋，大学之责任愈大……尤其以应用科学为国家富强枢纽之现代，我工程学院所负之使命愈大，则我国历史最久之北洋工学院所负之使命，更非新设之工学院所可同日语”。

在李书田看来，学校校舍、设备的增加，院系的发展及学生规模的扩大，还不足以体现大学的使命，体现大学使命的更重要的部分在于能够担当挽救国家的重任。他认为，北洋师生素来以实事求是为之精神，大学对国家民族的贡献在于继承传授思想学术，培养现代青年之能力，利用知识服务于社会。因此，应以大学为中心向国家和人群贡献思想学术、新发明、新创造；同时“造就具有思想、富有学术、能发明、能创造、能领袖群伦之人才。”希望北洋的教授和专家在启迪教导学生及学生在勤勉受教的过程中，以此为共勉。

原文：

国难方滋，榆热告急，际兹华北各大学假期未竟之时，我院独先于二月一日正式开学缴费注册后于六日上课，师生之大多数均已到院，工作紧张有加平日，岂只表吾人之镇静，尤足见爱国之心情，何则当国家民族危急存亡之秋，大学之责任愈大。国家危亡之挽救，中国民族之复兴，罔不依大学师生之如何振奋而定其运命。尤其以应用科学为国家富强枢纽之现代，我工程学院所负之使命愈大，则我国历史最久之北洋工学院所负之使命，更非新设之工学院所可同日语。今后我师生应如何尽此重大使命，即是书田所愿与诸师众生所共勉者。

校舍之堂皇，设备之宏丽，院系之遍设，学生之众多，决未足尽大学使命之万一。自我以实事求是为精神之北洋师生，观之国家民族所依于大学，及大学之应贡献于国家民族者,在乎综合前贤之思想学术,而传之现代青年,养成现代青年独立研究学术能力,阐明思想学术而致之用,以福利人群,并就现代人群所需要者,利用天然物而发明新方法以满足之。是故应以大学为中心,第一向国家人群供给思想学术、新发明、新创造,籍大学之刊物如本院之周刊、季刊及专著等输之四海之内,以备国家人群之用,而增进人类之福利;第二造就具有思想、富有学术、能发明、能创造、能领袖群伦之人才,负设计执行人群团体间一切职务以跻于治平。

本院诸教授专家应如何启迪、领导本院诸生,而诸生又应如何勤勉受教以共达上述之标的,非独书田所愿,与本院师生所共勉,抑亦本院所愿与各国立院校所共勉者矣。

训练水利建设人才刍议

（一九三六年）

导读：

本文原载《水利月刊》。为了造就适当的水利人才，以利于兴办水利之国民经济建设，从而实现厚民生的初衷，时任北洋工学院院长的李书田通盘计划，事无巨细，列举了训练各类水利建设人才的办法，提出各级各类水利人才应能负担推动与协助、计划、实施、改进水利建设事业的四种任务。所谓水利人才，包括倡导水利事业之领袖人才、协助推行水利事业之普通人才、水利工程之高等专门人才、水利技术之中级职业人才等四类人才。李书田认为，各类人才由于在水利事业中承担的任务不同，需必备的条件及训练方法也不同。在他看来，水利人才之训练需要中小学教育、大学专门教育、职业学校教育、水利机关训练、社会教育的各种不同阶段及场所相互与分别致力，并对各个阶段与各个场所的训练办法进行了概述。

李书田认为，高等水利专门人才之训练最为切要，特别针对其培养进行详细论述，提出十端要点。其中特别指出，为训练具有丰富的科学基础、水利工程实际的专门技术、管理指挥的才干、经济及农业的常识、研究实验的能力之高等水利专门人才，必须大学或独立学院之土木工程学系，特设水利工程组；必须具有丰富之图书，充分之水力及水工实验场所，优良之师资。设置水利工程组之各院校，应于短期内成立工科研究所，招收研究生。只精于学理而缺乏经验，仍不克胜重任，各水利机关应择学绩优异、身心健强、最有希望的大学毕业生，予以特殊训练，由绘图而测量而水文测量而设计而施工，以期于二三年之内训练成一全才，俾克单独负责工作。

李书田主张，推进水利建设的最主要因素在于水利专门人才的培养，深切希望政府当局及负有推动经济建设与训练水利人才责任者，详加考虑，采决施行。

原文：

年来蒋院长(编者注:指蒋介石,时兼任国民政府行政院院长)所倡导之国民经济建设运动委员会总章中,有“培养训练及介绍各种经济建设人才”之规定。中央国民经济计划委员会之水利组专门委员会亦以推进水利建设为我农本国家发展国民经济要图之一。而推进水利建设,有赖于水利建设人才之训练。但任何建设人才之训练,必须有通盘计划。兹特就水利建设人才之训练,试举一整个办法,俾供政府及负有推动水利建设与训练水利人才责任者之参考。

培养训练水利建设人才之整个办法,必须足以充分造就各种各级之适当水利人才,藉期完全负起下列之四种任务:

元、推动与协助水利建设事业之任务;

亨、计划水利建设事业之任务;

利、实施水利建设事业之任务;

贞、改进水利建设事业之任务。

所谓水利人才者,就发展国民经济建设之需要而言,必须释之以广义,而包括下列四项人才:

甲、倡导水利事业之领袖人才;

乙、协助推行水利事业之普通人才;

丙、水利工程之高等专门人才;

丁、水利技术之中级职业人才。

庶可资以肆应各种水利建设事业之任务。

上述倡导水利事业之领袖人才与协助推行水利事业之普通人才,系为担负推动与协助水利建设事业之任务;水利工程之高等专门人才,系为担负计划实施与改进水利建设事业等任务之专门的、指导的与实验研究的部分;水利技术之中级职业人才,系为担负计划实施与改进水利建设事业等任务之普通技术的与助理的部分。

此四项人才之训练,各有其必要之条件,兹分述之:

甲项倡导水利事业之领袖人才,对于水利知识,不必专精,但须悉其梗概,要具高瞻远瞩之识见,要富牺牲服务之精神,要有热心公益之美德,要有组织能力,要能排除困难,要能消释众疑,要能百折不挠,要长于口讲及笔述。

乙项协助推行水利事业之普通人才,要对水利知识,粗悉梗概,要善于劝导民众，要能权衡利害，顾全公益。

丙项水利工程之高等专门人才，必须具有：（子）丰富的科学基础，（丑）水利工程的实际专门技术，（寅）管理指挥的才干，（卯）经济及农业的常识，（辰）研究实验的能力，而后始能担起计划实施与改进水利建设事业之负责任务。

丁项水利技术之中级职业人才，必须具有：（子）普通科学的知识，（丑）测量及水文测验之普通技能，（寅）绘算及监工之普通技能，（卯）管理工匠之能力，（辰）记录工料之技能。

水利人才之训练，需要几种不同的阶段及场所之相互与分别致力，即：（一）普通学校教育，（二）大学专门教育，（三）职业学校教育，（四）水利机关训练，（五）社会教育。

普通学校教育，指中小学教育而言，特别是初中及小学教育，此阶段之教育，为各种水利人才所必经历者。倡导水利事业之领袖人才，必更须受有大学土木工程、或水利工程、或农艺或农业工程、或经济、或行政之专门教育者。协助推行水利事业之普通人才，须受有高中教育，并辅之以社会教育。水利工程之高等专门人才，必须更受有大学土木工程系或水利工程系组之专门教育，而辅之以水利机关实际工作之训练。水利技术之中级职业人才，必须受有高级土木工科职业学校教育而辅之以水利机关实际工作之训练。

各阶段与各场所之训练实施办法，拟如下述：

一、小学算术自然社会等学科内，编入有关水利问题之习题及叙述，以导引儿童对于水利问题之兴趣，而使水利问题根本民众化，增进其了解。

二、初中数学、物理、地理、经济学科内，编入有关水利问题更进一步之习题与叙述，以灌输水利知识之梗概，而奠协助推行水利事业普通人才之基础。

三、中央及各省市县之理工博物院、理工陈列所以及民众教育馆内，多事搜集制造水工模型照片图籍等，详加说明，任人观览，并在各都市映放关于水利工程之电影，以为协助推行水利事业普通人才训练之辅。

以上系普通学校教育及社会教育，对于水利普通人才之训练，应致力予以机会者也。

四、大学专门教育之土木工程学系或水利工程系组，为造就水利工程高等专门人才，或倡导水利事业领袖人才之所，除关土木工程及水利工程之基本科目必须教练外，经济学科、农业学科以及水利行政、水利法律，亦应尽量设置授习。

五、大学专门教育之农艺系、农业工程系、经济系、行政系，如设置有关水利事业之普通学科，令学生有机会选习，实属造就倡导水利事业领袖人才之一法。

大学专门教育之修习法律者，应令留意于各国之水利法律。

以上系大学专门教育，对于水利高等专门人才及领袖人才之训练，应致力者也。

六、高级工科职业学校，应增设土木工程科。列入水利工程教程，以训练助理测量地形、水文测验、绘图监工等之中级职业人才。我国今日固缺乏水利高等专门人才，同时更缺乏中级水利职业人才，如聘用大学土木工程系或水利工程系组之毕业生，以充任中级水利技术助理职务，不但不经济，而往往不克久于其任。故此项人才实有训练之必要。

七、水利机关之实际工作训练，所以增加熟练，所以补专门教育与职业学校教育之不足。在水利高等专门人才及中级水利职业人才，单独负责工作以前，此层训练，至属必要。

八、沿江河两岸各县民众，应责成主管水利机关负责训练关于修防抢险及徵工浚河等事宜。

以上七八两项系水利机关，对于水利高等专门人才、中级水利职业人才及沿江河两岸各县民众应致力而训练者也。

本方案所举关于水利人才之训练办法系就整个的需要，而为各项水利人才之训练，但高等水利专门人才之训练，所关最为切要，特申叙详细办法如下：

一、为训练具有丰富的科学基础、水利工程实际的专门技术、管理指挥的才干、经济及农业的常识、研究实验的能力之高等水利专门人才，非二年或三年毕业之专科学校所能达其目的，必须大学或独立学院之土木工程学系，特设水利工程组，于第三四年级，增授水象学及水文测量、河工学、防洪学、灌溉及排水学、运渠学、港坞工学、水力工程、水工试验、防洪灌溉等水工设计，经济及农业科目，水利行政及水利法律科目，亦须注重授习并辅之以水利工程实地练习。

二、如是特设水利工程组之大学或独立学院，必须具有丰富之图书，充分之水力及水工实验场所，优良之师资。

三、就我国之地理区域，至少应先在天津之国立北洋工学院、北平之国立清华大学、南京之国立中央大学、武昌之国立武汉大学、广州之国立中山大学内，就其土木工程学系特设水利工程组，由政府各年拨两万元，以为充实设备添聘教授之需。上述各大学学院如北洋清华中央虽已有水利工程组之设置，但尚未臻充实美备之境地。必须特予补助，藉竟全功，以宏水利专门人才之造就。

四、上述各设置水利工程组之各院校水利工程教授，必须减轻授课钟点，以竭力从事于水工之实验研究、著述、考察，及与国内进行中之水利工程，取得联络。

五、上述各设置水利工程组之各院校，并应于短期内成立工科研究所土木工程部之水利工程门，得招收研究生，予以进习研究之机会，盖近来水利工程学术，至为繁颐，仅大学本科，不足以毕其学，而肆应水利建设上之需要。

六、但只精于学理，而缺乏经验，仍不克胜重任，故各流域水利机关，每年所聘用之大学土木工程学系或水利工程系组毕业生，应择学绩优异，身心健强，最有希望者，予以特殊训练，每数月至半年易其工作，由绘图而测量而水文测量而设计而施工，以期于二三年之内训练成一全才，俾克单独负责工作，此或初期竟牺牲工作效率，然对于水利专门人才之训练，殊有长足之功效也。

七、各机关一般水利技术人员亦应由各该机关总工程师及主任工程师，予以充分训练，考察其进修，激劝以方。

八、已有水利工程之知识，需要整理与编撰，未定水利工程之学说与理论，需要实验与研究，水利工程之著述与发明，更应提倡与奖励，俾期水利人才之培植，与水利学术之进步，相辅迈进。

九、凡已从事国内水利工程五年以上之水利专门人才，每年可竞考一次，资送其成绩特优者，前往欧美考察与进习。

十、办水利而录用非水利专门人才，最足以消减水利专门人才之努力上进，嗣后非水利专门人才，概不许担负水利专门技术责任。聘用外籍水利工程师，最足以消减水利专门人才之负责工作机会，嗣后非万不得已，概不必聘用外籍水利工程师，即因有必要而聘用之，亦只应予以咨询任务，而不可畀以执行任务。

凡此十端，咸关水利专门人才训练之要图，所恃推进水利建设之最主要因素，仍在水利专门人才之养成。深望政府当局及负有推动经济建设与训练水利人才责任者，详加考虑，采决施行。

本篇所举训练各种水利建设人才之办法，乃系一通盘计划，巨细未敢或遗，目的在充分造就适当水利人才，以期肆应发展一切由于兴办水利之国民经济建设，而厚民生。

矿展会的意义及其与北洋工学院之关系

（一九三四年）

导读：

1933年12月23日，国民政府行政院院务会议通过了实业部、教育部两部领导的四机关—实业部地质调查所、国立北洋工学院、中国矿冶工程学会、中华民国矿冶联合会共同举办全国矿冶地质联合展览会的提案。国立北洋工学院因设有中国最久矿冶工程学科及矿冶工程研究所的优势，取得了全国矿冶地质联合展览会的举办权。矿展会于1934年7月8日开幕，28日结束。这是四机关第一次共同举行全国矿冶展览会，规模盛大，开矿冶界空前记录、国内学术观摩先河。闭会后大量矿石标本、专业模型及其他展览品多留赠予北洋，如比利时法郎士厂参展的Rbeo laver洗煤机就赠给了采冶系，其中地质、矿物、岩石、矿产等标本甚多，超出了学校火灾前之旧貌，使北洋收藏标本为国内学府之首，随后编刊的《中国矿冶地质要览》发行甚广。

本文原载《北洋理工季刊》1934年第2卷第2期。文中李书田详细阐述了举办矿展会的重要意义。他认为，举办矿展会，第一，收聚全国之矿冶地质模型标本于一堂，可增强民族自信心，增加爱国之力量；第二，举办会议期间，除请名人讲演外，中国矿冶工程学会、中美工程师协会两学术团体全体会员来此举行年会，必有取于启发智识及观摩取善之意在；第三，我国宝藏遍地，富源无穷，矿展会的举办，可增强国人的紧迫意识，进一步掌握矿学知识及技术，开发我国之矿产，挽救垂危之国势。在此基础上，他进一步论述了矿展会与国立北洋工学院的关系，他预计学校将在以下方面收获颇丰：获赠展品，充实矿科的实验设备；陶冶学生的智识；锻炼学生的实际办事能力；创造环境，促进学生习惯、精神的养成，实现学校的训育之责；扩大社会影响力，督促北洋大学渐渐步入世界学术之林，肩负救国之责。

原文：

聚全国矿产地质之标本模型及所有关于是项学术之图书、表簿、统计等，于设立矿科最久之国立北洋工学院而公开展览之，更于开会期间聚全国矿冶地质专家于一堂而研究之，讨论之，此种空前之创举，果有何种意义耶？

我国地大物博，立国远在四千余年以前，居东亚领袖地位者，亦与我历史同其悠久！不图近百年来，与欧美民族相接触，日削月割，奄奄待毙！回溯历史上国民一往无前之气概，以与今日一蹶不振之心理相较，令人感慨系之！故居今日而言救国，应以恢复民族之自信心为发轫。兹会之开，搜聚全国之矿冶地质模型标本于一堂，使民众观览之余，知世界各种工业之原料，除少数品外，我国几无不有之；各强国之所凭藉者，我亦可以凭藉之，且除原料品外，冶炼之品，陶制之器，我亦有相当之成绩，凡欧美各国，所能之者，我亦渐渐能之矣！蚩蚩之氓[①]，必能起一惊喜之念，以为我国之宝藏如是其多也，我国人之聪明才力，原不在其他各国之下也，因自信心，而增加其爱国之力量，效果岂不大欤？此其一。

矿产智识及应用技能，不唯一般民众缺乏，即受较高之教育者，除专门研究者外，亦所差甚远；——实则专门研究者，如各大学之矿科学生，亦因设备不周，对矿冶地质之智识，不甚充分。今藉兹会，凡所未经见之产品，未经见之技术，均有认识观摩之机会。即以此次征集之品言之：（一）属于矿物地质标本者，如（甲）岩石及化石等标本。（乙）矿产原料，凡金属、非金属矿物，固体、液体及气体燃料标本等，湖南地质调查所、实业部北平地质调查所及两广地质调查所等，均有多量之应征物品；湖南地质调查所，对金属矿产出品尤多。（丙）冶炼厂出品，及副产各品，凡金属粗制及精制产物，炼焦炉，副产物，精炼油类，磁土，玻璃等制造品，及其他有关系之材料药品等，均有应征者，如六河沟炼铁厂之冶炼品水汀等，及井陉矿务局之副产品，汽油，焦炭等，均可供学者之参考。（二）属于矿冶地质工具仪器及机器者：如（甲）手工采冶工具及设备，（乙）探矿工具及设备，（丙）矿内及地面运输设备，（丁）矿内通风及排水工具及设备，（戊）安全设备，（己）矿内灯光设备，（庚）采矿凿石机器及轰炸工具，（辛）熔铁工具及设备，（壬）测量衡准照相等器具、显微镜及其他仪器等，开滦矿务局、中兴煤矿公司及中福煤矿公司、耀华玻璃公司等，均有出品。（三）关于洗选制压工具及设备者：（甲）洗煤机，开滦矿务局虽未运来观览，但有比国新制之洗煤机一架，颇具特色（照章得接受欧美各国关于矿冶地质之产品以资参考）。（乙）选矿机，

① 蚩蚩之氓：蚩，无知。氓，老百姓。指普通百姓。

本院选矿室有之，现亦开放。（丙）压风机，开滦及中兴两矿局均有出品。（丁）其他有关系机器如天津市机器厂所应征者，亦属不少。惟（戊）制造煤砖机尚缺。（四）属于矿冶厂通用机械及材料者，如（甲）热机设备，（乙）电机设备，德国各洋行及东方铁厂等均有出品，凡电扇、发电机等应有尽有。惟（丙）矿内支柱材料，尚无应征者。（五）属于模型者：如（甲）采矿模型应征者不少。（乙）矿冶工厂地面设备敷设模型，华东、淮南两煤矿公司均有出品。（丙）井洞建筑模型。（丁）矿冶模型，六河沟铁厂、长沙炼铁厂，均有模型应征。（戊）矿冶各种机械模型，河南焦作工学院出品甚多。（己）矿床及地质构造模型。（六）关系矿冶地质之各种图表统计及刊物样本等，实业部中央研究院所属之社会科学研究所及国立北洋工学院等，均有多量及极精密详明之应征品。（七）地质及矿冶厂工作活动影片照片等，已有幻灯片及地质矿产影片等，真可谓洋洋大观，足供学者之研究探讨矣。照应征之品，同类者甚多，而有精粗美劣之不同，好坏兼具亦难免，相形之下，必有一较新之获得，则进步之速，较闭门自守者必多多也。益以开会时间，除请名人讲演外，中国矿冶工程学会、中美工程师协会两学术团体，全体会员来此举行年会，庶一方中外工程人士得作技术上之研究，一方工程界与实业界可作事业上之联络。《礼记·学记》云："相观而善之谓摩。"兹会之开，必有取于启发智识及观摩取善之意在。此其二。

我国宝藏遍地，富源无穷，宜其国家之强，与其矿厂之多成正比例，顾乃启发极少，迄今埋没而有待发现之矿产，恐尚不可限量。而普通应用及国防上亟需之矿产品，反多仰赖于外国。不惟国富无由增加，抑且国防无由自主。非国人对于矿学智识丰富及技术精良，不足以挽救此垂危之国势。然则斯会之开，又胡可以缓乎？此其三。

兹再进而论述其与国立北洋工学院之关系。矿展会缘起有云："……展览地点定于国立北洋工学院者，良以华北矿业较盛，且北洋设有国内办理最久造就最广之采冶专科，专门人材，观摩较便……"云云：是其与本院之关系，已得其大略矣。兹再具体言之：本院矿科之设，迄今已具三十九年之历史，毕业出校者，已有三百余人。吾人试一翻阅毕业生服务调查表，则在矿冶及地质界任职，卓然有所表现者，实所在皆是。此固由于历届学校当局之努力校务，故能春风桃李，不胫而走，争道北洋。但本院并未敢以此自满，且以世界学术进步之速，时以落后为惧。因是举凡学科之改进，设施之充实，无不惟日孳孳，企臻上理；但以限于经费及时间，不惟未达理想之境，即普通之改革，犹尚有待，此本院员生所不能安者也。今幸实业教育两部在本院举行斯会，斯真推动本校之一良好机会也。约略述之，可有五端。

（甲）本院近年以来，经费支绌，债务累累，应有设备，除近一二年努力撙节，已有添置外，大抵不敷应用，尤以矿科自茅前院长时代罹灾后，损失极大，至今未能完全恢复。今矿展会假本院开会，虽不敢尽望各厂家以血汗之产品尽赠本院，但亦有慨然声明赠送者。聚沙成塔，聚腋成裘，对于本院矿科之设备，必有相当之补益。此其一。

（乙）其有不愿赠给本院者，然本院利用此机会，给学生以智识上极大之陶冶。若者为平时所已讲授，有待于实际的印证者；若者为平时所未讲授，而属于新的智识者。不啻缩九州于一幅，而赏其奇；聚无数贤哲之发明，尽观其奥。苟能尽心研习，则此开会二十日之所得，较一年之所习，其获尤多。此其二。

（丙）本院功课繁重，考试认真，学生非朝乾夕惕不能及格，因而对于作事之学习，深感无适当之机会。——虽平时亦有小小练习，如充班代表及出外旅行或参观等，须自照料，但亦不足以言做事，无组织力，无同力合作之习惯，无观察实际社会之能力，交际的技能，凡斯种种，均于出而应世有极大之阻力。矿展会之开，得诸位委员之指导，使学生在会中尽量服务，且有少许之报酬。学生有做宣传之工作者，有作陈列之工作者，有作文书之撰拟者，有绘图者，有制表者，有招待者，有布置会场者。虽大半均居辅助之地位，但彼等确可在其工作之中，得些许实际做事之练习。更可考知一事之成，必须有如何之组织，如何之精神，如何之手续，始可勉即于成。则其获得，岂不大哉！此其三。

（丁）晚近学生习于颓废，无严肃整齐之精神，无团体活动之纪律，尤以大学学生思想不齐，习惯各异，形成无数单位，难言训练效能。本院以为最好因势利导，纳之轨物，或利用特别环境——最好创造环境——施以诱导，其势为顺。即如本院因矿展会之开，对学生习惯，不能不给以应有之纠正，使之相率走于严肃整齐有精神，有纪律之途中，不惟其习惯渐即良好，其爱校之念，亦可日增。全校教职员——尤其负训育之责者——如能使学生此种好习惯绵延不斩，则矿展会之有造于本院，真随地皆是也。此其四。

（戊）除以上数点外，最大之利益，却在精神上之收获。本院虽具有悠久之历史，亦粗博社会之好评，然实际之优劣，仍愿社会人士尽量之好评。其不足我者，我当竭力以改之；其奖饰我者，我当益形努力。使社会时时注意本院，督促本院，俾渐渐走入世界学术之林，肩负挽救国家之重责。敢不勉乎！此其五。

总之此种事业属于创造，结果如何，犹待闭会后之判断，惟际开会之始，勉述所怀，以为个人之希望耳！

本会耕砚论文奖牌之缘起

（一九三五年）

导读：

本文原载于1935年的《水利》月刊，详细记述了中国水利工程学会耕砚论文奖牌设立的过程。中国水利工程学会成立后，为鼓励学术研究，培育水利人才，李书田个人捐资800元设立奖励论文基金，以李书田的字号耕砚命名。《耕砚论文奖励基金》于1934年3月通过，规定"耕砚论文奖授予本会员在《水利》月刊上发表的优秀论文作者"。李书田撰写此文详细介绍了设立耕砚论文奖的缘由、目的与主要经费来源，说明了耕砚论文奖的设立经过，以及耕砚论文奖基金的保管方式。著名的水利专家李仪祉、张含英曾是耕砚论文奖的第一届和第二届的获奖者。

原文：

中国之有水利工程学会，创始于民国二十年（1931年）四月，当时张若岩、须君悌、孙棐忱、陈夙之与书田等，在南京集体议创立，草拟会章，并邀集彼时在京之水利工程同志，假导淮委员会，举行成立大会，推举李仪祉为会长，书田为副会长，张若岩为总干事，须君悌、孙棐忱、陈夙之、张华甫等为董事。吾会自创始迄今以至于永远之将来，悉以联络水利工程同志，研究水利工程学术，及促进水利工程建设之宗旨自矢。

联络水利工程同志最有效之设施，为年年一次之年会，与各地分会，其首先成立者，为天津分会。研究水利工程学术之媒介与传布，为按月编印之《水利》月刊，促进水利工程建设之首要，在统一全国水利，历经分向中政会、国府、行政院及内政部，详陈理由，并建议办法，而卒于二十三年（1934年）秋季统一矣。

吾会最重要之宗旨，乃在共同研究水利工程学术，交换经验，切磋心得，播之至远，传之永久。吾会固已规定有年会之讨论论文，及按月编印之《水利》月刊，以便水利工程学术之研究矣。然鼓励之方，奖进之术，中外各学会，或设纪念奖金，或置激励奖金，或捐设奖牌，或创立奖状，或为刊印单行本，轻重容有不同，奖励之至意，无往而不应用，以企求学术之进展，而福利吾人类也。

吾会经始以还，书田即注意设法奖进论文之道，第以我自己尚未先行捐设奖励论文基金，未便空言倡议。二十一年九月，书田因整理海河委员会复有致送委员出席费之举，书田当时为代表国民政府建设委员会之委员，而且始终主张缩减该会经费至工程费百分之十以下者，既不愿因各委员支出席费而增加行政费，复不愿因书田之不受出席费，而影响其他委员，乃声明以各月所领出席费共捌百元，捐赠本会，设立奖励本会论文之耕砚基金，藉偿宿愿，并冀本会其他会员嗣后更有巨额之捐设，则抛砖引玉之旨，又一微意也。

书田旋即致函本会，说明捐设奖励论文基金之旨趣，当经提出本会二十一年十月二十五日在南京举行之第九次董事会议。据会议纪录载：李副会长来函，捐助本人整理海河委员会夫马费每月二百元，作为长期存款，以所得之利息，充本会奖励月刊论著最佳者之用一案，决议本董事会正式接受，并复函李副会长致谢。为尊捐助人意见起见，并请李副会长拟定评判论文及发给奖金详细办法，交下届董事会讨论。旋即接准本会二十一年十月二十九日复函如下。

迳复者：准函承捐助奖金，具征宏奖学术，至佩热忱。兹经第九次董事会议决，由本会正式函复接受，并为尊重捐助人意见起见，函请李副会长拟定评判论文及发给奖金详细办法，交下届董事会讨论等语。纪录在卷，相应函复即希查照为荷。此致李副会长。中国水利工程学会启

嗣于民国二十二年（1933年）二月一日，先将存放基金情形，函达本会，原函如下。

迳启者：前准本会来函，嘱书田自拟所捐论文奖金章程，现已起草，一俟草就，即行寄呈董事会讨论决定。又现共捐国币捌百元，已存天津中国农工银行。第一次存本取息定期，系自二十二年二月一日至二十五年二月一日，每年取息壹佰元正。业就近委托张华甫、徐行健、李耕砚三会员，为第一届保管委员，存款签字，亦系该三君者。存户为“中国水利工程学会耕砚奖励论著基金”。业公推张华甫为保管会秘书，以后总会关于此事，即请迳向张华甫君接洽，并乞董事会追认上述办理情形，加聘上述三君为保管委员，存单现存保管会秘书张华甫处，合并陈明。此致中国水利工程学会。李书田启　二十二年二月一日

旋复将《中国水利工程学会耕砚奖励论著基金章程》拟定，送请本会董事会通过施行。兹将此项章程条文列后。

中国水利工程学会耕砚奖励论著基金章程

第一条　本基金由李耕砚博士所捐之国币八百元充之

第二条　基金每年所生利息（现时国币一百元）专为奖励中国水利工程学会已出版《水利》中论著之用

第三条　本基金由中国水利工程学会执行部推举保管员三人经理之。

第四条　保管委员任期三年但至少须有一人连任

第五条　评定论著于本会年会前一日举行之

第六条　评判委员会由本会董事出版委员会委员长及执行部聘请会员五人共同组织之

第七条　受奖者暂定每年一名经评判委员会审查后发给金质奖牌或现金

第八条　受奖者必须（一）本会会员（二）其论著已登载本会《水利》而于水利工程学术有特殊价值且系独立工作

第九条　每年《水利》中论著若经评判委员会审查结果认为不合格时该年奖金并入基金

第十条　本章程自本会董事会通过日施行

二十三年三月，本会董事会以通函方式通过《中国水利工程学会耕砚奖励基金章程》，并通过推定李书田、徐世大、张含英为基金保管委员会委员，并以张含英为该委员会秘书。

二十二年十月十日，本会董事会举行第十二次会议于杭州，决议推陈懋解、宋希尚、沈怡为第一届耕砚基金论著审查委员，由陈懋解召集审查范围自第一卷第一期起至第五卷第三期止。

二十三年八月十二日，本会董事会举行第十五次会议于南京，决议通过陈委员懋解等报告审查论文结果，以李会员仪祉所著《对于改良杭海段塘工之意见》一文得奖。（此文曾载本会《水利》月刊第一卷第一期）

当即由书田委托天津最著名之德商克隆洋行精制金质论文奖牌，共费国币一百一十五元，除一百元由基金利息项下拨付外，余十五元由书田再度捐付。其正面背面如下图所示：

本拟于二十三年十一月十七日，于本会在镇江焦山举行第四届年会时赠授李会长仪祉，嗣以徐董事行健临时因公中止赴镇江参加年会，未获携镇，不克举行赠授仪式，于年会闭幕后，由天津迳行函赠李会长仪祉。

二十三年十一月十六日，本会董事会举行第十六次董事会议于镇江之大华饭店，决议推须恺，陈懋解，徐世大为第二届论著审查委员会委员，由陈懋解召集，审查范围，以自第五卷四期起，至第七卷四期止。深盼本年早日审定，于本会本年十一月间在天津举行第五届年会时，赠授受奖人。

书田捐设奖励本会论著耕砚金质奖牌基金之微意及其经过，已如上述，至希本会其他会员接踵捐置更巨额之奖励，以资提倡水利工程学术，而裨益我国水利工程建设于无穷也。

工程学者所应树志之标准

（一九三五年）

导读：

人生当先树志，树志要不外立德、立言、立功。对工程学者为自己树立志向的标准，李书田认为，办一两桩工程学术事业或工程建设事业；著述一两本工程书籍，以流传现代工程学术；贡献一两篇关于工程学术之创作论文；完成一两件关于工程技术之创作发明；促进人类相互间之道德，以期光大人之所以为人。若以上五方面都能实现则完成了“工程学者之立德、立言、立功”。

原文：

人生当先树志，树志要不外立德、立言、立功。一人之品、学、能，允许德、言、功，备立尚矣，否则亦宜树志立其一二。

既如是，然则一个工程学者所应树志之标准，将何若耶？

余曰，一个工程学者最低限度应当：

一、办一两桩工程学术事业，以继往开来，或办一两桩工程建设事业，以厚生利用；

二、著述一两本工程书籍，以流传现代工程学术至于将来，方不负前贤之以昔日工程学术由著述而传之现辈；

三、贡献一两篇关于工程学术之创作论文，以增益人类之知识；

四、完成一两件关于工程技术之创作发明，以裨益人类之福利；

五、促进人类相互间之道德，以期光大人之所以为人。

斯五者果能兼善，则一个工程学者之立德、立言、立功备矣，夫复何求?！能不勉乎？

院长教员职员的职责

（一九三五年）

导读：

李书田执掌北洋工学院之初，即提出明晰的治校理念和办学目标，并通过厘定规章制度，形成一套完善和严格的运行规则。在1937年学校西迁之前，他主持制定了各类规则、章程19种，内容涉及教职员工、本科生、研究生、教学、科研、财务、管理、试验、实习、设备等诸方面，把学校的办学目标与校长的治校方略化作教职员生的共同行动，使学校形成有序、规范的运行机制，保证工程教育的严谨求实。

李书田认为院长的职责在于治院，须在四个方面尽责：①督促并便利教员治学与促进其教导效率；②督责职员治事，并促进其工作效率；③严督学生求学，并兼施以德、体、群、美四育；④将学校的经费要应用而得其最大之效果。教员的职责在于治学，须在四个方面发挥作用：①极透彻地教授学生知识与技能；②督责学生求学，引导其求学兴趣，锻炼其思维能力；③以师长之尊严，在品德和言行方面为学生做出表率；④精研学术，领导研究风尚。职员的职责在于治事，要求职员做到四要：一要勤奋，精研业务，提高效能；二要敏捷，今日事，今日毕；三要确实，取长补短，知错就改；四要妥适，协同合作，办事恰当。

原文：

院长的职责是治院，治院不外：（一）督促并便利教员治学与促进其教导效率；（二）督责职员治事，并促进其工作效率；（三）严督学生求学，并兼施以德、体、群、美四育。治院的经费，是学年开始前政府规定的，我们现在只有在固定经费范围以内，尽量少用职员，尽量减少消耗费用，尽量节省不必需之开支，撙节所得，悉用以增置实验设备、图书及有永久性之建设。院长、教员、职员、学生、工匠，都要尽其所应尽之最大努力，而勿丝毫希望额外之利益，致增本院之负担。总之院长治院的职责，除了督促教员治学、职员治事、学生求学均达到最大效果之外，便是把学院的经费，要应用而得其最大之效果。

教员的职责，是要极透彻的教授学生以各学科之理论、技术、实验、设计；督责学生求学，鼓舞其求学兴趣，煅炼其推阐思想，严加淘汰不及格之学生，以资提高程度；以师长之尊严，与其精神、道德，或因嘉言之发抒，或借懿行之习现，而表率诸生；埋头实验室或研究室中以阐明、整理、论评，或发现学术之精微，而助长学术之进步，并领导高年级学生研究之风尚。实习工作，技术总期其精，并要心到、眼到、足到、口到、手到的教练。总之教员治学的职责，是切实授诸生以学，督诸生求学，自家精勤研进学术，并以自家之伟大精神与深厚道德，而收草偃从风之绩效。

职员治事的职责，是要勤奋，要敏捷，要确实，要妥适。要有整理既往改善将来，不惮烦求进步之实际精神。要期办理事务之极度美满，且用最少之金钱，费最少之时间，耗最少之人力。要勇于认错改错，要能迅速学人之长。要时时刻刻精勤研进自己所管理之职务，以增高自己之效能，而并建议本院采择施行。要尽量协助同事。要修炼自己在本院组织机构中不为病态之端节，成为不可或缺之端节。当日之事，不要待诸翌日。经办之事，作成随时可以交替。自己固要正心，诚意，修身，治事；还要能正人之心，诚人之意，修人之身，与促人之治事。总之职员治事的职责，大抵不外上述者矣。

一个工科的大学生应受的训练及应有的努力

（一九三五年）

导读：

本文为李书田在工商学院的学术演讲，原载《工商学志》。在文中李书田首先阐明学工程者的目的在于“控御自然，以为人用”。随后进一步阐述到一个工科大学生应受的基本训练可以归结为要有基本的科学知识、实用的技术能力、管理上和组织上的学识、研究的兴趣和精神。步入社会做工程师要善用“物质、资本、能力”成就其事业，建设或制造出来的产品应适用、经济、耐久、美观。工程师必须具有艰苦卓绝、忍痛耐劳的精神，才能实地去工作。

李书田认为工程师需具有：服务社会、造福人类之仁；艰苦卓绝、忍痛耐劳之勇；善用“物质、资本、能力”之智。这样才能为社会谋福利，为人类谋幸福。他寄语工科大学生具有大智、大仁、大勇，能够完成立德、立功、立言不朽的事业，成为一个现代的、站在时代潮流尖端的大工程师！

原文：

在未讲本题之前，首先要讲讲一个学工程者的目的是什么？明白了目的所在，然后才能谈到应受的训练，及应如何努力。简单的说：学工程者的目的，就在“控御自然，以为人用”八个字。我们知道科学家的目的，也是在研究自然；但是科学家却和工程师不完全一样，他们的目的，也稍有不同，可以分为四点说。

（1）科学家在追求自然界的真理，学工程者在应用科学家已发现的真理。

（2）科学家只在明瞭自然，学工程者还要“控御自然”。

（3）科学家研究自然，是单纯的“对物研究”，而工程师除开“对物研究”之外，还须要管理的知识和主持的能力。

（4）科学家在求证明各种理论，而工程师在求如何去应用已证明的各种定理。

看了以上四点，不难明白学工程者的目的所在了！然则工科的大学生所应受的训练是什么呢？我们知道学工程者是在求“控御自然”的，那么，对于自然界的基本知识，就不能不有相当的认识，换句话说，就是关于科学家对自然界所研得的真理，必须有相当的明瞭，再浅近些说，就是对于基本科学，必须完全知道。

知道了基本科学就算够了么？不，学工程者的工作，除开在室内的工作以外，还有在室外实地上的工作。所以除了基本科学知识以外，还须具有娴熟的实用技术。例如测量，如果没有相当的练习，便不能知道如何去选用适当的方法，如何使错误减少，如何使答案精确了！

此外当学工程者离开学校，踏进社会去服务的时候，他的事业往往包括一个很大的范围，所以在分工合作方面，或是在工作勤惰方面看，都必须要有组织上的知识和管理的能力，才能使范围内各方面都按照规划，顺利进行。这一点在以前的大学，大都不注意，以为只要在学的方面培植好了，就可以应付一切。其实没有管理和组织的知识，一定不能完成大规模的事业，欧美各国对于这点极注意，我国大学近年来也稍留意及此了！

当学工程者离开学校以后，不能算是已经学成，其实不仅是学工程者是这样，任何学问都是在日新月异的向前迈进，要是毕业后就以为学成，不再向前求精进，那么，不久就会远落人后。所以在学校中必须养成研究的精神和兴趣，离开了学校，仍旧不断的继续研求，才能跟着时代前进，也许进一步更有新的发现。

综观以上数节，一个工科大学生所应受的训练，可以归结为下列四点：

（1）要有基本的科学知识；

（2）要有实用的技术能力；

（3）要有管理上和组织上的学识；

（4）要有研究的兴趣和精神。

学工程者受了相当训练以后，到社会上去服务，不外是运用“物质、资本、能力”三者，以成就其事业，在事业方面，又不外是“建设、制造”两种，所以学工程者的工作，可以说是：“运动物质、资本、能力，以求建筑物、制造品的精良”，建筑物与制造品要有四样很重要的条件，才能得到很好的结果。这四个条件就是：

（1）要适用；

（2）要经济；

（3）要耐久；

(4)要美观。

工程师要达到这四个条件,便要善用其“物质、资本、能力”,所以学工程者必定要有很明晰的头脑。

工程师在担任他的职务的时候,就是说在进行他的事业的时候,常常受到很大的劳苦,譬如造桥梁、修道路等,都是很辛苦的工作。假说人们现在是与自然奋斗吧,那么,工程师就是一个开路的先锋,所以工程师必须具有坚苦卓绝、忍痛耐劳的精神,才能实地去工作。

工程师运用其智力,忍苦耐劳地做他的工作,无非在求“控御自然,以为人用”,无非是为社会谋福利,为人类谋幸福,所以工程师可以说是具有:

(1)服务社会,造福人群之仁;

(2)坚苦卓绝,忍痛耐劳之勇;

(3)善用“物质、资本、能力”之智。

而一个工程师所必须具有的资格,也就包括在这三项了!

现在,我们要谈到工程师所应做的事业,最低限度应该怎样,工程师学的既是工程,当然第一件就要在工程方面,不论是修路、办工厂、筑桥、建屋等,完成一二项。第二,我们现在所得到的学问,都是前人的经验,或以笔传,或以口述遗留下来的,学问既是日新月异,我们便应当将现在所知道的,所耳闻目击的,用有系统的方法,搜集整理,使后来的人,也能享受我们现在所享受前人的福,这是我们所应尽的义务。第三,除了搜集整理以外,还须时时更进一步的研究,以谋有所新的发现,新的贡献。学工程者能够将这三者都做得,也可以算是立功、立德、立言三者兼有了!

我们既要做搜集整理的工作和求新的发展,便不能不注意文字,仅仅本国文字实在不够,至少也得知道其他一国文字。试看看现在多数的大学生,不要说是熟通外国文的很少,就是本国文不很通顺的也有,试问怎能达得著书立说,搜集整理的地步呢?所以我希望大家都要多注意文字方面,要做到能读、能听、能讲、能写的地步。现在,在结束我的话,我谨祝诸位都受到充分的训练,都具有大知、大仁、大勇,都能够完成立德、立功、立言不朽的事业,都成为一个现代的、站在时代潮流尖端的大工程师!

土木工程学术之领域及其研究方法

（一九三六年六月）

导读：

本文成文于一九三六年六月，刊载于《北洋周刊》一九三六年七月六日。李书田认为土木工程学术包括测量及测地类、铁道工程类、公路工程类、桥梁及构造工程类、市政工程类、河海及水利工程类、卫生工程类、评价及工程管理类八大领域。土木工程学术之研究应以数学及自然科学为研究之基础，实际土木工程技术为研究之对象，当地经济情形为研究之背景，图表语文为发挥研究结果之工具。而对于土木工程学术某项专题之研究方法，则视其专题之性质，分为论理、数学、图解、实验、统计五种研究方法。之后，进一步列举并阐述了土木工程学术与语文历史、数学及自然科学、社会科学、美术学科、工业心理及管理科学、各种工程科学六类最关重要的学科之关系。

土木工程学科是北洋大学建立最早的系科之一。李书田作为土木工程专家，在此文中对土木工程学术之领域及其研究方法提出了自己的观点，他希望本院教授予以评论和补充，并以此作为本院土木工程学生进习与研究之准则。

原文：

本文系为"出版周刊"而撰，兹特自该刊转载，敬希本院各教授严加评论，惠赐补充，以为本院土木工程学生进习与研究之准则。

著者识

一、土木工程与军事工程之异同

今日之工程学术，固为科学应用之产物，然工程并非有自科学昌明以后，即在远古时期，凡人类之所营建构造，亦均须谓之为工程。不过在彼时，不但不知其所以然，而且积千百年以尝试其当然，今日则不仅早知其当然，更且于已知所以然中，日探寻所以然之精微耳。在科学未发轫以前，工程乃只艺术之造品，在科学既发达以后,工程遂为艺术与科学二者之配合产物。人类之四大需要:曰食、衣、住、行。上古之食,茹毛饮血,上古之衣,树叶兽皮,非若今日之有需于农品制造工程与棉毛丝麻之纺织染工程。但穴居巢居以迄造舟造车,土木工程发其端矣。远古时代,人与兽战,较开化之民族与较野蛮之民族战,军事上之营建,如城池之属,渐为人类之防御工事,故军事工程尚较住行以外之土木工程发达为早也。土木工程之名词,在英法文字中,就字义言,实系民事工程,盖军事工程之对待名词也。德文之土木工程,就字义言,则系建造工学,尚较确切。在工程学术未如近代专精以前,无所谓土木、矿冶、机械、电机、化学等工程显然之区分,仅属于战事用者,谓之为军事工程,属于民事用者,谓之为民事工程,或土木工程。嗣后发明愈多,利用自然物力以增进人类福利之工事愈繁,昔之土木工程,逐渐歧出矿冶、机械、电机等工程。英国土木工程师学会成立于十八世纪之初叶,为英国各种工程师学会成立之最早者,其会员资格,曾明定凡建筑、土木、矿冶、机械、电机、造船等工程师,均可加入。美国土木工程师学会成立于十八世纪之中叶,为美国各种工程师学会成立之最早者,其会员资格,亦曾明定凡建筑、土木、矿冶、机械、电机、造船等工程师,均可加入。观此可知在十八世纪中叶以前,土木工程尚包括一切工程而为与军事工程对待之名词。彼时之前,军事工程之实质,亦皆土木工程范围以内之事,不过有应用于战事及治平时期之别耳。古时之土木工程,为今日广义的土木工程,矿冶、机械、造船等工程均属之。今日之土木工程,为古时之狭义的土木工程,矿冶、机电等工程均已歧出。古时之军事工程,尚不出今日狭义的土木工程之范围,今日之军事工程,则并机械、造船、航空、电机、电讯、化学等工程之凡有关军事上应用者,皆包括之。

二、土木工程学术之领域

今日土木工程学术之领域,乃昔时狭义的民事工程之领域,探矿、冶金、机械、造船等工程,均已独自形成系统,不复在现代土木工程学术范围之内。现代土木工程学术之领域,计包括八大类:

甲、测量及测地类;

乙、铁道工程类;

丙、公路工程类;

丁、桥梁及构造工程类;

戊、市政工程类;

己、河海及水利工程类;

庚、卫生工程类；

辛、评价及工程管理类。

甲，测量及测地学术包括：平面及地形测量，水文测量，土地测量，都市测量，航空测量，大地测量，疆界测量，绘制地形图，及测地用之应用天文，与测量仪器之校准，暨观测数量之校准。

乙，铁道工程学术包括：铁道勘测定线与设计，铁道及其隧道之建造，铁道及铁道用建筑物之养护，铁道运用之工事经济，铁道号志之设计装置养护与运用，铁道侧轨煤水站车站终点及装卸粮食煤斤矿产设备之设计建造与养护，水陆联运建筑物之设计建造与养护，市街、架空及地下铁道之设计建造与养护。

丙，公路工程学术包括：公路勘测定线与设计，各种公路之建造，各种公路及公路用建筑物之养护，运输交通统计及统制，公路号志之设计装置养护与运用，车站油站渡船码头等之设计建造与养护，道路材料之试验，架空公路之设计建造与养护。

丁，桥梁及构造工程学术包括：铁道及公路用之各种桥梁设计与建造，所有其他建筑用之木工构造、石工构造、钢及合金钢构造、混凝土构造、钢筋混凝土构造、基础构造等之设计与建造，建造方法之设计，建筑物之养护与加强。

戊，市政工程学术，非具单纯系统之学术，乃包括测量测地类之都市测量，铁道工程类之市街架空与地下铁道，公路工程类之街市道路，桥梁及构造工程类之市内桥梁（应特别美观），建筑工程之审核与取缔，卫生工程类之给水清水排污清污等工程，以及都市分区与城郊园林之设计建置与养护。

己，河海及水利工程学术包括：水象观测，水利设计测量，河道防洪排洪，航道整理，灌溉放淤排水沟洫，水力发电，抽水机械与抽水厂，塘工、港工、坞工等之设计建造与养护及水工试验。

庚，卫生工程学术包括：公共给水及清水工程，都市及乡区污渠及清污工程等之设计建造与养护，工业秽物处理及利用，清水与清污之卫生试验及微生物统制等。

辛，评价及工程管理学术：非仅土木工程学术之一类别，矿冶、机械、电机等工程学术，亦均有此类别。其范围包括：簿记，会计，施工及成本记录，成本会计，统计，生产事业之评价，工业经济，工商法规，工程契约，事业组织，人事及物料管理等。工程生产事业所有权之转移，恒须评价以定其现值及生利能力，工程生产事业之经营，尤须科学管理方法之适当的应用。

三、土木工程学术之研究方法

土木工程学术之研究,应以:

元、数学及自然科学为研究之基础;

亨、实际土木工程技术为研究之对象;

利、当地经济情形为研究之背景;

贞、图表语文为发挥研究结果之工具。

元,研究之基础——土木工程学术之基础,在于数学及自然科学。土木工程学术之各类,无不需要数学。代数学则随时需要。在测量及测地学中,平面三角、球面三角及依据或然论之最小自乘法极为常用。在铁道及道路曲线与土方学中,平面立体及解析几何所在应用。轨道运输量之研究,尚需利用或然论。构造理论及高等构造理论,系基于应用力学、材料力学及内部工作力学,微积分及微分方程之应用极夥。数学之应用于动水力学及洪水预测者,所在皆是。评价学中之跌价论,亦应用数学之一途。制图之术,则更不能离开画法几何学焉。

物理学中之力学及物性,为应用力学、材料力学、水力学、工程材料学之基础。而应用力学、材料力学及工程材料学,又为构造工程之始基。至水力学与气象学更为水象学、水利工程学与给水污渠等工程学之基础。热学及电磁之应用,在施工与实验研究,俱不能免。光学为测量及测地仪器之始基。声学则应用于阴天海港号志,复为建筑大厦之所应注意。机械显微应力分析,与照相弹力分析,已为高等构造应力解析之利器。爱克斯光则早已应用于金属材料之研究矣。

化学乃工程材料制造之母。石灰、水泥、砖瓦、火砖、钢铁等工程材料,均应用化学方法所制造者也。欲知其性质,即有需于化学。此外水泥及钢质成分之鉴定及水之分析,均有需于化学之定性及定量。路面沥青材料,已入有机化学制品之范围;暗渠污水则更侵入胶质化学之领域。况防锈所用之油漆,防腐所用之药制与蒸浸,尤不能离开化学焉。

地质学与土木工程之关系,至为密切。任何土木工程建筑物,必须树立其基础于地之表层,建筑物之高且重者,基础恒深入地下以迄于磐石。地质之构造,地层之性质,土质之荷重抵抗能力,磐石之深度,均为大厦巨桥高坝施工前之所必确知者。不宁唯是,地质与地形有关系,测量家未可忽略;测地方法已有应用于探矿者,地质与探矿家未可轻视。铁道公路常穿山下河而行,以越山水之阻隔。而获适当之坡度,且不妨碍及于航运,地质之明瞭,尤为急要。江河之性格,关系所经地带之地质,地下水之探求与利用,亦靠地质之情形。尤有进者,工程材料善在就地取用,耐久石料,美观石料,以及混凝土用之碎石、卵石与沙子，或须采石，或利用已淤之卵石床，或沙床。至烧制石灰、水泥、砖瓦、火砖之材料，亦莫不与地质有关焉。

生物学中之微生物学，为卫生工程学中清水清污等学科最有关系之基本科学。卫生工程为公共卫生之防御工事，微生物或细菌为公共卫生之大敌；知己知彼，百战百胜；卫生工程师必洞知微生物之质量，而后可定防御之术，统制之方。

亨，研究之对象——研究土木工程学术者，自应以实际土木工程技术，为研究之对象。其类别在纵的方面，前已述及为甲，测量及测地；乙，铁道工程；丙，公路工程；丁，桥梁及构造工程；戊，市政工程；己，河海及水利工程；庚，卫生工程；辛，评价及工程管理。在横的方面，乙、丙、丁、戊、己、庚六类，莫不以勘测、设计、施工、养护、管理或运用，为其必经历之过程。一切土木工程实际技术问题，悉网罗于此纵横范畴之中。如以此为经纬，进而求土木工程技术之躯干，必无遗矣；再进而探其精微，亦于如已知经纬度之约数，在详细地图上查寻某一城镇之究在何处然者。但研究一种学术，固先要明察其躯干，次应洞悉其精微，最后更应为其树立一种精神的目标。研究土木工程者之精神的目标寄托于：（一）适用，（二）经济，（三）坚固与耐久，（四）美观，（五）工作迅速。

任何土木工程建筑物，必适合此五条件，然后不仅有躯干，而且有健美之躯干矣。故研究土木工程者，不可不求适用以完成用意，不可不求经济以节省用费，不可不求坚固与耐久以增加安全，不可不求美观以增加快感，不可不求工作迅速以增加效率。举凡人类关于土木工程之一切研究，莫不直接间接为求更适用、更经济、更坚固、更美观与工作之更迅速也。

利，研究之背景——研究土木工程学术者，应以当地之经济情形，为其研究之背景。盖工程建设，皆所以适应当地之经济需要，非明瞭当地之经济情形，无以洽合其需要。不敷其需要，固莫能利便经济之开发，超过其需要，亦徒为奢侈之建设。在国困民贫之中国，一切工程建设，尤要以最适合于经济需要，为第一要义，俾期发挥费尽艰辛所筹集之建设资金之最大效力。

贞，发挥研究结果之工具——发挥研究结果与研究获得结果，同一重要。盖不经发表，则难期致用之广，且无以收评证之功。研究土木工程学术者，不仅藉语文为发挥之工具，而且语文亦不能尽发挥工程学术之能事。计划图表，同为工程语文之一种，故图、表、语、文，皆为发挥研究工程学术结果及表现规划之工具。

至土木工程学术某项专题之研究方法，则视其专题之性质，分为：

子、论理的方法；

丑、数学的方法；

寅、图解的方法；

卯、实验的方法；

辰、统计的方法。

上列五种方法，可因研究某项专题之需要，应用其任何一种，或同时综合应用二种以上之方法。

测量及测地学术之研究，往往可应用论理的、数学的及实验的方法。铁道工程学术之研究，则多应用数学的及实验的方法。公路工程学术之研究，则多适用实验的方法。轨道运输量及公路运输交通之研究，则必应用统计的方法。力学之研究，则适用数学的及图解的方法。工程材料之研究，则最适用实验的方法。桥梁及构造工程之研究，数学的、图解的、实验的方法均适用之。市政工程之研究，实验的及统计的方法，均可适用。河海及水利工程之研究，统计的方法有时用之，但实验的方法最为适用，此水工试验所之所以为水工学术专家之极端重视也。卫生工程之研究，则尚实验的及统计的方法。评价及工程管理之研究，则适用论理的及统计的方法。

试再举国内研究土木工程学术者之专例以释之，国立北洋工学院方颐朴教授之研究测地学也，不外应用数学的及实验的方法。著者昔之研究铁道运用之工程经济也，论理的、数学的、图解的、统计的方法，均应用之。全国经济委员会公路处之研究公路也，已设置试验段数处，茅以升博士第二应力之研究，曾应用图解的方法。顾宜孙博士单枢拱桥之研究，则系用数学的方法。沈怡博士黄河决口史料之研究，则系用统计的方法。李赋都博士永定河官厅坝消力设备之研究，则纯系以实验的方法。不再继续赘举，已可概见一斑矣。

四、土木工程学术与其他学科之关系

土木工程学术与许多其他学科均有切要之关系，其最关重要者，有下列各学科：

(1)语文历史；

(2)数学及自然科学；

(3)社会科学；

(4)美术学科；

(5)工业心理及管理科学；

(6)各种工程科学。

(1)语文历史——语文为发挥传播呈表研究结果及规划之必要工具，土木工程师之有需于语文,不减于律师之有需于语文。其在工程合同及施工细则中之语文,尤须详明切要。除本国语文为其日常应用者外,土木工程师如欲进行高深研究,尤须通达英、德、法等国语文,以利参考。历史为人类活动已演进之系统记载,工程事业既为人类最重要之活动,故已往之工程及工业沿革史,及工程学术发展史,为研究工程学术者所必洞悉之前人历程,其启发与策励之功用极大,而开来尤须于继往。

(2)数学及自然科学——数学及自然科学为工程学者之基本训练,前已述及,而数学、物理学、化学、地质学、生物学等与土木工程之密切关系,前曾分述,兹不复赘。

(3)社会科学——土木工程师与社会科学之关系,殊为密切。工程师不但习用工商法规,常须起草明确之工程契约,而且法庭上有时需要技术专家之证明,以凭判断。在执行工程合同上遇有业主及包工人之争执、和解与公断,亦属常事。工程师所主持之公断案件,实繁有徒,而且往往较律师所主持公断者,更为重要。所以凡负重要责任之土木工程师必须具备法律知识。至于建筑铁道、修筑公路及办理水利必须征用民地,评价议偿,解决纠纷,技术、法律、行政三者须同时应用。水权之给予,水利法之执行,水利纠纷之解决,复为水利工程师不可或免之任务。他如行政法,亦为土木工程师执行职务时所习用者。

土木工程师所最应习知之社会科学,迨为经济学、工业经济学、工程经济学,后者已入专门技术之范围,而非普通社会科学家所能把握者。许多咨询工程师与管理工程师,同时皆须有经济专家之眼光,明瞭经济的背景,经济的组织,经济的状态,以及经济的需要。

(4)美术学科——美术所以增加人类生活之意义,进化之民族,美术无日不在增进之中。自然之美,本极优越,惜人类因需要而所建筑者,苟不留意美观,往往竟将原来自然之美,毁坏无遗,殊为可惜。故所有人为建筑物,必须于适用、经济、耐久、可能范围之中,设法增益其美观,俾增益人类生活之意义。土木工程师于大厦之修建、巨桥之建筑、林荫大道之修造、公共园林场所之建置,皆须随时与建筑师共同联合设计,总期不因其他建筑条件,而损及美观,亦不可竟因只顾美观,而碍及其他建筑条件,庶乎可矣。

(5)工业心理及管理科学——工程师与科学家不同之点,不仅在科学家专研求自然现象之所以然,与工程师要应用科学家所寻出之自然界真理于人类之福利,实在科学家只研究物而不涉及于人事,而工程师必须于善于利用物力之外,更明瞭为其工作之工人的心理,及如何管理物料与人事,如何奖惩勤惰,以获得最高之工作效率,同时并顾及工人之福利。工程师所受委托办理之事业,关系千百万资金者,甚属平常,占用万万元资金者,不胜枚举,其所管理之技术人员与非技术人员以及工人,常以万千计。似此重大之责任,非于专门技术之外,深通工业心理及管理科学,奚足以济事哉。

(6)各种工程科学——土木工程与各种工程科学,均有深切之关系。建筑之骨干构造及其深入盘石之基础,非土木工程师莫办,而土木工程之所需于美观者,又非建筑师之协调合作,乌足以致誉。铁路之机关车与电力铁路之电力设备,不能不与机械及电机工程师合作,而机械电机等厂之厂房设备,又需土木工程师之协谋规划。公路工程之造路养路各机械与行车之车辆,既与机械及自动机工程发生关系,而沥青材料,复与化学制造有连带关系。他如土木工程之木料防腐,水泥材料,砖瓦材料,以及油漆材料,亦无不仰给于化学工业。以言钢铁桥梁及钢架高厦构造,则与钢铁冶炼及其制造发生关系,而因构造工程师之需要,促成由生铁构造进而至于熟铁构造,再进而至于钢构造,以迄最近进而至于合金钢,煆合金钢之构造,并由铆接进而至于焊接。冶金及冶金制造之大进步,何莫非构造上及机械上之迫切需要之所致哉!复观活动桥梁之大型机械与近年空前巨孔悬桥钢丝绳建造之极端机械化,足证明构造工程又与机械工程有重大之关系。采矿工程之测量,之土木设备,之排水设备,之运输设备,悉赖土木工程师之协赞;而土木工程亦因矿产之长距离运输,促成铁道之敷设,运河之开凿,海港之开辟。水力发电 ,固水利工程师与电机工程师之合作事业,而电气化学工业,亦因水力发电之廉价电力而愈益发达。水利工程用之浚河机船,给水排水之抽水厂站,以及港埠之装卸机械,则皆处处有赖于机械制造之产品。他如化学工厂之厂屋设备,航空站之建置,船闸船坞港工之必随造船事业而演进,均需求于土木工程师。所谓土木工程与各种工程科学,均有深切之关系,殊为显著之事实,已不必再赘述多例矣。

过去二十五年之中国工程教育

（一九三六年十月）

导读：

本文原为一九三六年十月十日《大公报》"国庆纪念特刊"所作，回顾了自民国成立以来中国的工程教育发展史。我国工程教育首创于1895年诞生的北洋大学，当时设置了土木工程、矿冶工程和机械工程学门，同时开启了中国之工程教育和中国之现代大学教育的开端。诞生于高起点的北洋大学，成立伊始，"程度即与欧美各著名大学相頡頏"，其毕业生能够直接进入美国东部著名大学研究院深造。在李书田看来，在北洋大学的成立之年至四十一年后之今日，我国工程教育与工程技术"确已堪称自立"。

李书田认为，从北洋大学成立至1900年之前，中国工程教育进入了"大学工程教育萌芽时期"，其后于1900年至民国前，是为中国"工业专门教育萌芽时期"。民国时期，作者认为中国工程教育经历了"工专增设及甲种工业扩充为工专时期""工专改大时期""大学与大学工科增设时期"和"完整时期"，在质和量的方面，均有极显著之进步。这25年，中国工程教育在院校数量、地域分布、科系设置、学术发展与社会需求之间的比例、入学人数、工科教员人数、研究所之设置、学制的设定等方面，"殊有极显著之进步"。

回首前路，驻望未来。作者殷切希望"但望全国从事工程教育者及大学工科学生，般念物质建设之迈进，关系中华国运之昌隆，奋勉前赴，贯彻工程学术救国之宏旨，埋头苦干，肩负经济建设之重责"。

原文：

本年双十，恭逢二十五年国庆，际兹国难仍殷，政治统一甫成之顷，允宜乘时鼓舞国民之爱国情绪，共促国步之迈进。大公报定于是日津沪两版，同时附发双十特刊，期收激励人心之效，征文于余，弥觉义属当尽，爰就"过去二十五年之中国工程教育"，贡献于我国人。

民国纪元前十七年(1895年),当前清光绪甲午年败于邻邦之次年乙未,彼时朝野因深感非兴新学不足以图存,于是经盛宣怀氏之奏请,于是年十月二日首创北洋大学于天津之梁园门外。当时设有法科及工科,而工科又分为土木工程、矿冶工程、机械工程三学门。是以中国之工程教育,与中国之现代大学教育,同年同月同日生,即中国起始有现代大学之日,已有工程科系。此首创之大学,成立伊始,程度即与欧美各著名大学相颉颃,故其毕业生从彼时即能直接入美国东部各著名大学之研究院。当时主持教务者,为美籍教育家丁嘉立(编者注:今译作丁家立)博士,各科教授,亦多美籍学者。

北洋大学成立之年,中日签约马关,中山举义广州,南海公车上书,项城小站练兵。吾人于四十一年后之今日,则见外患益炽,革命尚未完全成功,宪政犹未开始,国防仍未完成。但工程教育与工程技术,确已堪称自立。是不能不谓为中国工程教育之有相当成就,而勉能肆应当今物质建设事业之需要。

继北洋大学而设立之工程学府,首为北京大学之工科(但于民国六年(1917年)(1917年)已归并于北洋大学),其次为山西大学之工科,复次为南洋公学(即今之交通大学),再次为唐山路矿专校(校名迭更,民国二十年(1931年)时,曾称交通大学唐山土木工程学院,经余于是年恢复矿冶工程学系,而改称唐山工程学院)。踵是而后,国内各大都市,相继有工业专门之创设,北京工专、直隶工专、南京工专、苏州工专、浙江工专等,均先后于前清光绪末年及宣统年间成立。

故余尝谓:由民国纪元前十七年(1895年)至民元前十二年(1900年),即由甲午之次年以迄于庚子年,是为中国"大学工程教育萌芽时期",北洋大学及从前北京大学之工科,均于是时创设;由庚子之次年以迄于民元以前,是为中国"工业专门教育萌芽时期",南洋、唐山、直隶等工专,均于是时成立。

中国之工程教育,自其创始以迄民元以前,既略如上述,兹进而论列最近过去二十五年间之中国工程教育。

最近过去二十五年间之中国工程教育,余尝区分为四个时期:由民国元年(1912年)以迄民国十三年(1924年),是为"工专增设及甲种工业扩充为工专时期",江西、山西、广东等工专均于是时成立。民国十年(1921年)以迄民国十五年(1926年),许多工专曾有改为单科大学之运动,是为"工专改大时期",与日本东京工专改为工业大学,如出同辙,唐山、南洋、焦作、北京工专等曾于此时期改大。民国十五年(1926年)以来,政府努力建设,工程专门人才,需要骤殷,于是进而为"大学与大学工科增设时期",中山、浙江、中央、清华、武汉、山东、湖南、广西、云南、重庆等大学之工学院,均于是时先后成立。其早年设立者,亦多于此时增添学系，如国立北洋工学院之添设电机工程学系，及土木工程学系再分为普通土木工程组及水利卫生工程组，与机械工程学系之再分为普通机械工程组暨航空工程组，皆所以适应国家社会之需要也。十八年以后，教育部锐意从事高等教育之调整，先由安定而及于整顿，再由整顿而进于充实，六七年来，中国之工程教育，已入于“完整时期”，在质的方面及量的方面，均有极显著之进步。凡关于课程之厘定，设备之充实，教授人才之增进，学风之改善，著述研究之积极从事，大学与工业之联络，均于是时奠其基础。

论及院校数目，现在全国各大学工学院及理学院之设有工程学系者，与独立工学院及其他独立学院之设有工程学系者，暨工科专科学校及其他专科学校之设有工程学系者，总计共有三十六院校。其中国立、省立之大学、工学院共有十七院；私立大学无设有工学院者，但于其理学院设有工程学系者，则有七校。独立工学院凡四，国立者二，省立者一，私立者一。私立独立学院之设有工科者凡三。省立工科专科学校凡三。国立其他专科学校之设有工程科系者凡二。

以言地域之分布，此三十六处有工科之院校，分布于国内十九个都市中，但其中之京、沪、杭、平、津、粤、并七都市中，竟占二十四院校，已占全国三分之二之工程教育机关。

全国三十六院校之有工科者，共设有九十一个工程学系，二十个不同系别。其中土木系二十四、水利系二、市政水利系一、大地测量系一、工程系一、铁道系一、桥路系一、机械系十八、机电系一、轮机系一、电机系十六、化工系五、应用化学系三、工业化学系一、化学工业系一、化学制造系一、矿冶系六、采矿系三、纺织系二、建筑系二。如将水利、市政水利、大地测量、工程、铁道、桥路等并入土木系，机电及轮机等并入机械系，应用化学、工业化学、化学工业、化学制造等并入化学系，采矿并入矿冶系计算，则得土木系三十一、机械系二十、电机系十六、化工系十一、矿冶系九、纺织及建筑系各二。

尝考各国工程学术发展之先后，莫不先土木，次矿冶，次机械，再次电机，最后化工。此实由于一国开发之始，建筑铁路以利运输，采矿冶金以辟资源，恒为人所首先注意者，而一切物质建设之基础，亦在于此。路矿从事以后，机械工程之需要，随之日增。且路政之外，电政亦须相辅而行，所以电机工程教育亦继为世人之所注意。证之英美两国土木、矿冶、机械、电机等基本工程学会组织成立之先后，殊为自然之现象。中国高等工程教育发展之顺序，亦未离此天演之公例。在庚子前即已有土木、矿冶、机械等科之设立，庚子后始陆续有电机、化工等科之设置，而化工尤较后起。盖由路矿而及于原动力及机械修造，再及于电力与电气交通，最后始及于化学制造也。

惟就社会上所需专门工程人才之趋势言，则首为土木，次机械，次电机，次化工，再次始为矿冶；中国工程教育机关现有各学系之数目，恰与此需要成正比例。

关于工程教育之方针，余以为应注意以下五端，即：（一）培养深厚的科学基础，（二）训练实际的工程技术，（三）训练组织与管理的能力，（四）培养创业与刻苦的志气，（五）培养研究中国实际问题的兴趣，俾资充分肆应我国物质建设之需要。

全国现在肄业之大学生，约有四万五千，而工科大学生，只有四千五百（内女生约占百分之一），恰当大学生总数十分之一，每十万人口中，平均得一工科大学生，而每年毕业生人数，不过千人而已。以中国之有待建设及急需工业化，今后技术人才之需要，自日益加增，中国之工程教育，在今后半世纪中，当因需要而继长增高。

全国现任之大学工科教员，约计五百人，平均每百学生中之教员数为十一，以效率言，适介于英国每百学生平均有十位大学教员，与日本每百学生平均有十二位大学教员之间，较之中国全国大学，文、法、商、教育、理、农、医等科平均每百学生即占十六位教员之效率为高。

大学工科研究所之设置，二十三年冬，始经教育部制定章则，颁布施行。首先创办者，为国立北洋工学院工科研究所之矿冶工程部，内分采矿工程门、冶金工程门及应用地质门。继有国立武汉大学工科研究所之土木工程部及南开大学理科研究所之化学工程部。此三处均已招收研究生，以从事继续大学本科所已学者，而为高深之研究。至希于最近将来，教授及研究生各有所贡献于工程学术。

中国之大学工科，在民国初年（1912年），系本科三年毕业，预科三年毕业。民六（1917年）以后，改为本科四年毕业，预科二年毕业，预科均系招收旧制中学肄业四年（初为五年）之毕业生，嗣亦招收三三制中学高级修业一年者。民十八（1929年）以后，预科改为附属高中，时各省市高级中学渐多，大学之附属高中，逐渐取消，及于今日，已寥若晨星。大学本科则招收高级中学毕业生，本科仍四年毕业。十八年（1929年）以后之独立工学院修业年限与大学工科或工学院相同。自民国初年（1912年）以迄民国十七八年（1928、1929年），工业专门学校均系预科一年本科三年毕业，预科则招收旧制中学毕业者。民国十八年（1929年）以后之工科专科学校，则规定为二年或三年毕业，其本科一年级亦系招收高级中学毕业者。大学工学院或工科及独立工学院或独立学院工科之毕业生，自二十四年（1935年）起，依照国民政府颁布之学位法，授予工学士学位。

大学或独立学院之工科研究所研究生，则于二十三年（1934年）冬经教育部规定皆须大学本科毕业后，至少再行修业与研究两年，成绩及论文及格后，由大学依照《学位法》授予工学硕士学位。若在工科研究所研究四年，成绩及格，并提出有相当价值之论文，经过国家考试，由国家授予工学博士学位。但此项博士学位考试章则，尚有待于教育部之订定施行焉。

最近过去二十五年之中国工程教育，殊有极显著之进步。三十五年前，北洋北京等大学之工科教授，几概属欧美人，而现在则皆可由有成绩及有经验之留学生自为之。二十五年前之工业专门学校，不乏日本教员，而今日则本国大学之优秀毕业生，亦能胜其任。十五年前之设备远不如现在。十年前之课程不及现时之合理化。六七年前之学风，以言教授不如现在之积极从事著述与研究，以言学生则不如现在之努力潜心学问。至大学与工业之联络，则更属近年之进展矣。

民元（1912年）迄今之二十五年，已成过去，在一国工程教育发展过程中，仍不过仅树基础而已。但望全国从事工程教育者及大学工科学生，殷念物质建设之迈进，关系中华国运之昌隆，奋勉前赴，贯彻工程学术救国之宏旨，埋头苦干，肩负经济建设之重责，再过二十五年，到民国半百双十大庆之际，应与国人决算其成就，更与世界盱衡贡献之短长。

划一度量衡规订工业标准与工程教育

（一九三六年十二月）

导读：

本文原载《北洋周刊》。从1914年到1934年，我国产生了由工商部门制定的国际权度单位中文名称和由学术、教育部门制定的国际权度单位中文名称。两者用意一致，虽然在各自领域都有一定的权威性，但法定地位不同，由此产生系列争议。

针对度量衡问题的讨论，李书田以高等工程教育家的视野，撰写此文介绍统一度量衡与制定工业标准的关系，分析统一度量衡有三方面的现实意义：便商利民、树立工业标准基础以及便于日常用之度量衡与科学上及工程上所用之度量衡的变换，提出由行政院施行的六项通令，规范统一教科书、教学设备、师生教学用具等的度量衡，力求贯彻统一度量衡在工程教育乃至在学术与工程领域的绝对成功。进而推动工业标准委员会积极做好工业材料和工业制品标准的制定，实现工业材料及工业制品的标准化，以及工业的战时国防化之目的。

原文：

“划一度量衡事业为工业标准之基础，而度量衡之划一成功，又有待于工业标准之迅速规订”，此实业部工业标准委员会与全国度量衡局近致工业标准委员会各委员嘱为“工业标准与度量衡”月刊，对工业标准问题撰文函中开宗明义之数语，于此可见划一度量衡与规定工业标准之密切关系。

惟是划一度量衡，一方面所以便商利民，第因商民科学知识浅薄，更变之顷，往往目为扰民之举，此或由于检定及销售度量衡具者不善劝导及间有不良习气之所致，然至强制施行已久，全国市用度量衡既臻划一，不但有共同之准绳可资，而且交易上之便利，终必为商民所觉悟而乐于遵行也。

划一度量衡之另一方面，厥[①]为树立工业标准基础，在度量衡未划一以前，

① 厥：乃，就。

工业标准之规订迨不可能。因用甲种度量衡者必不便于用乙种度量衡之工业标准也。既划一矣，其最终之成功，又有待于工业标准之迅速规订。两者相互因应，有极密切连锁之关系，工业标准之规订愈精确愈普遍，则划一度量衡之应用于工业标准者愈多，而划一度量衡之必为工商及人民所应用也亦愈夥。

划一度量衡之又一方面，则为划一日常用之度量衡与科学上及工程上所用之度量衡，或使二者间之变换关系，极为简单。如现在之划一度量衡，以公尺、公升、公斤为单位，以每一公尺等于三市尺，以每一公升等于一立方公寸，以每一公斤等于二市斤是。

在教育与学术上，度量衡之应用，以在物理科学及工程科学上之应用为最夥，而二者相较，尤以在工程科学上之应用为多，一切量验、测绘、计算、设计、施工、制造，俱不能离开长度、容积、重量等，工程科学上之度量衡与日常用之度量衡，关系愈简单，则科学愈社会化，而社会亦愈科学化，非独工程师便之，工匠便之，常人亦便之。

操二十世纪工程科学、工程建设及工业制造之基本权衡者，为工程教育及工科职业教育。大学工学院、独立工学院、工科专科学校，为造就测验、设计、施工、制造、养护与运用工程建设及工业制造厂所专门工程人才之渊薮，工科职业学校为造就中级技术人才之渊薮，划一度量衡之应用，应于工程教育及工科职业教育上，奠其基础。

顾今日大学工科与工科职业学校教学上所用之度量衡，留学英美之教员，则仍用呎磅等单位，留学德法之教员，则仍用米、竔、兛等单位。国用划一度量衡未之顾也。米、竔、兛与市尺、市升、市斤之简单关系，未依划一度量衡而随时使学生熟悉也，甚至所购置之度量衡器具，仍自欧美舶来也。吾认为英美度量衡之先入学生脑海，为度量衡划一成功之最大障碍，而应予迅速扫除者也。

为求贯彻划一度量衡之绝对成功，吾认为应由全国度量衡局呈请实业部转呈行政院通令施行下列各项。

一、国立编译馆全国各大书局教育部编审处，应特别注意凡应用度量衡而不采行划一度量衡之大学丛书、职业学校及中小学教科书籍，不准印行。

二、大学工科教授、工科职业学校教员及中小学教员，必须采用划一度量衡单位为测绘、计算、设计、实验、制造、劳作等所用单位。

三、学校添购度量衡器具及测验仪器必须采购合于划一度量衡者。

四、学生所用绘图尺度，必须采购合于划一度量衡者。

五、国内各科学仪器制造工厂，必须制造合于划一度量衡之科学仪器。

六、全国度量衡局应添置制造精密度量衡器具及科学测验仪器之机具及工人,以能供给工程教育及工科职业教育上之应用为准。

以上六项或已有通令施行者,但无论如何,尚未臻彻底之境界,仍有待于继续强制办理也。

关于工业标准之迅速规定,吾认为应由我工业标准委员会积极从事下列各项:

一、工业标准委员会委员应尽量罗致国内工程界工业界之硕学专家、政府专门人才、大学教授、工业界技术领袖,约各占三分之一。

二、每种工业标准,指定三人会同起草,政府专门人才、大学教授、工业界技术领袖各占其一。

三、工业之基本标准,为工程材料之标准。凡关各种无机有机、金属非金属材料之(一)检定标准,(二)试验标准,(三)标准试验方法,(四)标准之物理的化学的性质,均为每种工程材料,分别规订之。

四、其次,工业简单制造品之标准,亦应迅速规订,以资划一,而便购置、装安、养护、修补与备用品之准备。

五、再其次,即为较复杂的工业制造品之标准制造法及使用法说明书等,俾期工业制品标准化,购用工业制品简单化。

工业材料及工业制品愈标准化,购用工业材料及工业制品愈简单化,厂家及使用者愈经济,工业到战时愈易国防化。

中国土木工程师学会《会务月报》发刊词

（一九三七年）

导读：

本文为中国土木工程师学会《会务月报》的发刊词。李书田先介绍了从古至今人们对于土木工程的认识及土木工程的运用，直至中国工程师学会应运而生，再阐述设立独立的土木工程师学会的由来及意义。叙述了土木工程师学会的宗旨和相关规定，然后列出了办土木工程学会会报的理由和具体的办法，以及讨论的过程与结论。最后倡导学会会员积极为《会务月报》撰写论文，并对《会务月报》办报目标及学会发展提出希望。

原文：

"工程"几与人类同其原始。古代工程，只分为"军事工程"及"民事工程"。"民事工程"者，即广义之"土木工程"也。我国上古时代，因提纪十一主有巢氏"见夫人民之无得安居也，而教民构巢，"可谓"构造"或"结构"工程之鼻祖。黄帝轩辕氏"命共鼓，化狐，刳木为舟，剡木为楫，以济不通；邑夷作车，以行四方"，实开交通及运输工程之始。大禹之治水，秦汉之开渠灌溉，隋炀帝之开凿运河，则又相继开水利工程之先河。黄帝时代，"挥作弓，夷牟作矢"，奠攻击工事之始。秦始皇筑长城，成伟大之防御工程。亘古以来，军事及民事工程，并行不悖，相得益彰。往时虽尚无现代之工程科学，而现代之中国工程技术，则自彼时积五千年来吾人经验，逐渐改进，并益以由泰西输入之工程学术，以递变融会而成功者。

考我国秦汉以前，对于工程，极为重视。《周礼·考工记》曰："智（知）者创物，巧者述之守之，世谓之工，百工之事，皆圣人之作也。"又曰："铄金以为刃，凝土以为器，作车以行陆，作舟以行水，此皆圣人之所作也。"《易经·系辞》曰："备物致用，立成器以为天下利，莫大乎圣人。"惜乎两千年来，漠然视之，卒至性理章句之学，乌足抵御清末外侮之纷乘，而促科学教育之兴起。

我国士子之有习现代土木工程学术者，始自前清同治十一年（即西历一八七二年）容闳奉派带领学生赴美留学，詹天佑先生即系于此时赴美耶鲁大学习土木工程者。然此仅为我国土木工程留学教育之始，犹非国内土木工程教育之始也。迨至光绪二十年（即甲午年）（1894年），战败于东邻，当时朝野咸感非兴办应用科学教育不足以图存，乃因盛宣怀氏之奏请，于光绪二十一年（1895年）阳历十月二日创办国立北洋大学于天津之梁园门外，设法科及工科，工科更分为土木工程、矿冶工程、机械工程三学门，是为国内土木工程教育之开始。盛氏虽于翌年创设南洋公学于上海，然至光绪二十三年（1897年）阳历四月八日始行开学，且初设者为师范院，继而外院，继而中院，继而特班等，至光绪三十二年（1906年）秋，始增设铁路专科，肇以后国立交通大学土木工程学院之始基。

终有清之世，虽此外尚有国立北京大学之土木工学门、山西大学之土木工学门及唐山路矿学堂之铁路专科（后改为土木科），国内及留学国外毕业于土木工程科者，人数与年俱增，然迄至辛亥年，未尝有工程师学会之组设。

辛亥年光复以后，气象一新，建设声浪，甚嚣尘上。詹天佑先生以工程界名宿于民元倡组中华工程师学会，总会设于北京，举凡土木、建筑、矿冶、机械、电机、造船等科工程师，兼容并包。盖以当时土木工程师虽在各科工程师中比较人数最多，而尚未值得组织各专科工程师学会，以至减小工程师团体而减杀专门人才之团结力量也。此其异于英国于一八一八年首先组织之工程师学会为英国土木工程师学会，及美国于一八五二年首先组织之工程师学会为美国土木工程师学会者。岂英美在工程学术尚未发达之前，反首先组织土木工程师专门学会而不组织工程师学会。而我国则于工程学术既已发达以后，尚先组织工程师学会而不先组织土木工程师专门学会欤？实因在英美两国组织其土木工程师学会之时，土木工程尚为广义之民事工程，故其会章内皆明定凡土木、建筑、矿冶、机械、电机、造船等科工程师均可加入，而我国首先组织中华工程师学会之时，各专门工程学术，业早已非常发达，土木工程已确定为狭义之民事工程，其领域限于测量、测地、铁道、道路、构造、水利、市政、卫生等工程学术，而为顾及在工程学术尚比较落后之中国，工程师人数尚少，故当时组织中华工程师学会而未组织中华或中国土木工程师学会也。可见因时代之进步，土木工程学术之定义，亦在蜕变，而英美及我国首先创设工程师学会之先哲，悉能为适时之创始，以至演成在英美及其他欧西各国，每先有土木工程师学会，然后矿冶、机械、电机、化学等专门工程师学会次第成立，而在我国则先有民元詹天佑先生倡设之中华工程师学会及十余年后之中国工程学会以迄于民国二十年（1931年）两会在首都合并成为今之中国工程师学会，然后化工、电机、自动化、机械、土木等专门工程师学会乃次第分立。十九世纪与二十世纪之不同，中国与泰西进展情形之各异，自工程学术会社之组织成立，亦可概见一斑矣。

中国工程师学会会员中之土木工程师始终为大多数，显然有土木工程师如独立组织学会，则中国工程师学会有难以维持之概，所以我土木工程师同人始终拥护维持中国工程师学会，而不肯独自组织土木工程专门学会。迨至矿冶、水利、化工、电机、自动机、机械、纺织等工程学术团体均已先后组织成立，且已共同将中国工程师学会晋为中国之工程师总会，然后始于二十五年五月二十三日在杭州乘五工程学术团体联合年会之便，由夏光宇、沈怡诸先生及作者等之倡议，将中国土木工程师学会组织成立。本会实属应运而生，既非偶然，又非勉强。

因我中国土木工程师学会之组织，中国工程学术团体，显然步入新阶段，其为划时期的进步动向，犹民元中华工程师学会之组织于当时也。有清末年以迄民元中华工程师学会之组织，殆为现代工程学术在中国之"胚胎时期"；民元（1912 年）以迄民国二十五年（1936 年）中国土木工程师学会之组织，殆为工程学术在中国之"童年时期"；民国二十五年（1936 年）以后，殆即入于工程学术在中国之"成年时期"矣。

我中国土木工程师学会既已成立，乃于会章第二条规定："本会以联络土木工程同志，研究土木工程学术，协力发展中国土木工程建设为宗旨。"旨趣既定，乃复于会章第四条规定："本会会员有十人以上在同一地点者，经该地会员过半数之同意，得请求董事会核准设立分会。"又于会章第十五条规定："本会之会务如左：（甲）编印与发行刊物；（乙）接受公私机关之委托，研究及解决关于土木工程上一切问题；（丙）举行讲学会及设立分类研究组；（丁）征集图书调查国内外土木工程事业；（戊）协助会员介绍职业；（己）其他关于土木工程事项。"更于第十七条规定："本会每年举行年会一次……。"盖以联络土木工程同志，必须成立本会，而联络之方法，即在各地分会之集会及按年一次之年会与以本会之定期刊物为联络之媒介。至第二宗旨"研究土木工程学术"，亦端赖各地分会会员之时常互相研讨，讲学会之举行，分类研究组之进行，年会论文及其讨论，定期刊物中之学术论著及就此所发表之讨论等。他如会务中接受公私机关之委托，研究及解决关于土木工程上一切问题，及协助会员介绍职业，皆所以为完成本会之第三宗旨"协力发展中国土木工程建设"也。而土木工程人才之供求，土木工程问题解决答案之征求与刊布，亦必赖本会定期刊物之编印与发行。是故编印与发行本会之定期会报，自成立以来，即已计划进行。本会成立之当日午后二时本会会长夏光宇、副会长李书田、沈怡代表本会出席九工程学术团体执行部在杭州西冷饭店举行之第一次联席会议席上，由作者提出各工程学术团体刊物分工合作之办法，而经议决如下：“中国工程师学会之刊物，注重国内外实际建设报告（特别注重国内），各会会刊论文提要，普通工程论文（不妨略趋通俗）各专科学会之刊物，注重理论及试验，愈专门愈佳，请各位总编辑随时取得密切联络。”本会随又于当日午后四时假杭州西冷饭店举行董事会第一次会议，推定副会长沈怡兼本会总编辑，沈君数年来主编并改进中国工程师学会出版之《工程》，弥足称赞，极合上选。本会第二次董事会会议时，复有“拟办本会会务月刊以通消息案”，当经议决：“请执行部办理。”及二十五年十一月八日下午二时本会假上海大陆商场五楼中国工程师学会会所开第三次董事会议时，又列提“拟办本会会报案”，当时所举之理由及办法如下。

理由：“本会成立伊始，会务如何进行，谅为各会员所欲知。而各会员之个人起居，如住址之变动，暨工作情形，以及人生之一切大事，皆有互通消息之必要。同时各会员之工作经验，或有需公布以资研讨者，或建筑设计有需专才之协助者，或伟大工程有需物料及资财之供给者，在在莫不赖会报以沟通声气。此外如各种工程之筑造，招标购料之公布，尤为一般经营建筑事业及建筑材料之会员所乐闻。故会报之刊行，实为促进会务便利会员通讯之最大机构。亟宜从速进行者也。”

办法：“会报之刊行，分为两期。

“第一期先登载会务消息，会员通讯，及刊登各处工程情形，由二十六年一月十五日起发行，按月一期，由总干事筹办，并通函各会员及各工程机关供给材料。

“第二期将会报扩充为工程新闻，除照刊会务消息、会员通讯外，将工程新闻栏增加篇幅，并登载各种工程招标购料广告，各种材料价格，介绍工程人才，介绍新式工程建筑方法及器具，登载各行商之商务消息及广告等。由总编辑或设立编刊会报部专司其事，内部职员为给薪职，作正式商业机关办理。由二十六年七月十五日起办，仍按月半发行。

“第一期之印刷经费，可由会款垫付。第二期之一切开销，届时另编预算书经董事会通过后实行。其开办费仅先由会款垫付，以后推广会报销路，多招广告，务期达到自营自给为目的。”

此次董事会因不足法定人数，改开谈话会，谈话会先权行议决如下：“先办《会务月报》，由总干事主持，自二十六年一月起发行”，当即由本会分函会长副会长及各董事通讯通过。作者曾复函赞同，并贡献意见如下：“本会第三次董事会谈话会决定先办《会务月报》，诚属当务之急。本会成立仅逾半载，会员间亟宜藉此以取得密切联络，土木工程学术之研究，亦亟宜藉此以促进之，吾会之协力发展中国土木工程建设，更须藉此以迈进。书田在杭州第一次董事会时，即竭力敦促本会沈兼总编辑设法早日编行吾会定期刊物，北返过沪时复晤沈兼总编辑以此为言。七阅月以来数次致函夏会长及沈兼总编辑，恳催早日编行，诚以吾会精神之所系，端赖定期刊物之编行也。惟是第一、第二两期计划，虽属渐进之稳妥主义，而书田则极希望本会《会务月报》即自第一期起按照第二期内容范围编刊，以期此刊自始即有一定之性格。但内容不嫌其简，只要翔实，便有价值，应以二十六年上半年为逐渐竭力充实内容之期，俾自第七期起，即完成所希望之情况。尤有进者，本刊扩充为翔实之工程新闻后，不过已完成本会编印及发行刊物使命之一，本会更须有专门刊载土木工程论著之定期刊物，照九工程学术团体执行部联席会议议决者，应注重关于理论、试验研究之专著，愈专门愈佳。书田甚希望本会自二十六年七月起或至迟自二十七年一月起，编行一种土木工程月刊，专载土木工程学术论著及各会员对于论著之学术讨论。夫如是始不愧为一学会，夫如是始能语本会以研究土木工程学术，而必如是方不至落于各国土木工程师学会甚至国内其他专门工程师学会之后。甚盼本会董事会迅予决定实施为祷。”

吾会《会务月报》，今自二十六年一月起将按期编刊矣，吾不禁为本会前途作莫大之庆祝。吾愿竭力供给材料，并盼全体会员一致竭力供给材料，务期此《会务月报》成为中国土木工程新闻之总汇，迨《土木工程月刊》编行以后，更务期成为中国土木工程学术论著之精汇。本会现有会员二百有奇，亟盼本会会员尽量介绍新会员，务期本年第一届年会前，可达到会员千人之数，尤希望各会员及早准备年会论文，务期于每十位会员中，至少平均有一篇论文，提出于本年年会，是又本会《会务月报》创刊时，书田所馨香祷祝者也。

李院长写给全国同学

（一九三七年六月）

导读：

1931年“九一八”事变以来，日本帝国主义逐渐加紧了对中国的侵略步伐，中国人民不屈不挠地进行着反抗与斗争，以王季绪为代表的北洋学人屡次在反抗与斗争中身先士卒，启发民智唤醒民众坚持抗日。艰难时局中北洋学人满腔热血，不自怨自艾，在院长李书田的带领下，奋进努力，扩充学科，延聘学者，积极从事研究工作，以教学行动支持民族抗日。

面对国难，掌校人李书田号召全国的北洋同学，坚信国土必保，踊跃解囊襄助，同心改变学校现状，充实设备，添建校舍，“随时督责促进母校之迈进”。文中所涉李书田院长提出当时的办学思路，其中将“注重学生的精神训练”“竭力延罗教授人才”排列于各项事务首之一、二，实则体现出他作为教育家的高瞻远瞩。

原文：

北洋同学均鉴：

北洋、南洋及唐山为我国著名之三个工程学府，这是无人可以有疑问的。南洋承铁部雄厚之拨款，进展极速。唐山在余长院时，已大加扩充与充实。北洋原只有土木、矿冶、机械三系，近则扩充有土木、水利卫生、采矿、冶金、机械、航空、电机等七学程与工科研究所。刻正竭力充实设备，延定学者，积极从事研究工作。在经费困难之中，尽力猛进。

大家都知道唐山的特殊环境，然而铁部则特别注意其发展，本年即将添设机械系，并即兴工建筑体育馆。此为确保唐山为我国土的决心之重要表示。远瞩高瞻，令人钦仰！

唐山所以能如此者，第一，他的教职员无论如何要在唐山办学；第二，他的毕业生无论如何要协力发展他们的母校。所以能够把“恐怕不安全”与“维持现状”的难关打破。

北洋近年添建的工程学馆与工程实验馆两所大楼，均已充满设备。二十六年度规定再增置采矿、选矿、耐火材料等设备四万元者，并添置三万元之风洞设备。校舍又入不敷用的阶段。须知充实设备与添建校舍是不可分离的，贵重仪器是不可置之露天的。

我们现在办学，第一要注重学生的精神训练；第二要竭力延罗教授人才；第三要撙节一般用费，特别省出大量的校款用于充实设备；第四待校舍不敷用时，还是需要勉力添建。

北洋虽已有四十二年的历史，但是迄至现在是没有一个全校员生可资集会的礼堂，是没有现代的体育馆，教授住宅是早已不敷用了。

我们全国同学所捐建的图书馆，已完底座一层，本年是决定复工完成的，捐款已收到约五万元。最近经陈同学立夫之竭力提出于中央政治委员会，得通过五万元的建筑图书馆临时费。这是我们全国同学应当感谢陈同学为母校的努力。在校员生闻之莫不感激万分，奋勉有加。

可是本年料价奇涨，已超过原预算万余元。现在一面修正计划，设法节省，一面还请已认捐同学迅赐汇寄捐款。未认捐同学踊跃解囊，共襄盛举，以便母校之图，迅速完成，参考研究，有适当处所。本年各方向母校征聘之毕业生比今年度毕业数额多一倍有余，母校为国造士之价值及前途之光明远大，是不可限量的。

凡我北洋同学，务希随时督责促进母校之迈进是幸！

李书田谨启

适应抗战期间之生产建置与工程教育

（一九三七年）

导读：

李书田主张，在国难面前，每个人都需要在贯彻国家民族精神、运用智力、补给战斗人员数量、供应物资等方面，尽其最大智能，支持抗战直至最终胜利。

就生产建置与工程教育而言，李书田认为无论从对内实现自给谋生存的角度，或是从对外强国御侮的角度上看，我国都应该奋起直追，迅分在内地各安全区域，大力发展轻重工业和矿业，则最后的胜利必将属于中国。切莫徒喊后援，无补大难。全国大学应筹思力行如何以最经济的时间，在贫乏的实验设备条件下，对人才进行最有效的特殊训练，从而加速工矿人才的培养，以适应战时需要。工程教育本身与抗战力量的持续供给有着密切的关系，必须适应现实的需要，厘定出符合时需的特殊训练计划。大学工学院教授在战时要能够做到根据国内物资人力情况的变化，到危急时刻能够立即领导设计创置并运用各军需或非军需生产部门，实现自给和御侮两个目标。此外，处于现代物质文明之世界，要有进取意识，工程教育不可偏废一日。不仅要有力支撑战时一切军需工业与军需交通及运输，而且还应高瞻远瞩着眼于战后的复兴建设。抗战无论到如何困难关头，工程教育亦应维持其繁荣滋长，纵使经费停拨，办理工程教育者都应率同教授学生从事一面生产一面教学之非常措施，维持弦歌于不辍。

原文：

居今日之中国，徒空言长期抗战，最后胜利，必属于我，固无济大难之消除；若只畏缩退却，毫不努力奋斗，或竟寇未至而先逃，又何异束手以待毙。吾人生当此伟大时期，全国动员抗敌，精神之贯彻，智力之运用，战士之补充，物力之供给，在在需要人人尽其最大智能，以“内求生存之自给，外御强暴之侵凌”。就生产建置与工程教育而言，约有四端。

第一，在现代徒农业不足以立国与抗战，而我国脆弱幼稚之轻、重工业与些许矿业，又几全在东北、华北、华东交通便利之区，“九一八”后，既失辽、吉、黑、热、东省特区、冀东、察北；“七七”后，又失平、津、冀、察、绥、晋；“八一三”后，沪、苏、京复相继沦陷。敌军愈益深入，固愈感困难，我军最后胜利，亦愈占优势。惟是厂矿生产部门，大抵沦入战区，摧毁无算，除少数工厂外，类皆未能在战前迁移内地继续生产。故无论为“内求生存之自给，与外御强暴之侵凌”均不得不急起直追，迅分在内地各安全区域，就物产人工之所宜，建置若干临时厂矿中心，并逐渐由临时而永久，昼夜加速增加生产，俾前方器材所资，给养所需，与后方生活所必不可缺者，悉能自给自足，夫然后适应长期抗战之生产条件，与充分做到物力动员之前提，最后胜利，究否属我，全视吾人如何肆应。苟急向最后胜利之大道，挺前迈进，最后胜利，绝对必属于我。亡羊补牢，犹未为晚，但断不容再行因循瞻顾。

第二，厂矿生产部门之加强增多，既为物力动员之中心工作，专门工矿人才之培植，自必须加速进行，并予以适应时需之特殊训练，俾运用物力动员之智力源泉，永无涸竭之虞。全国各大学工学院之专门教授，责任綦重，应如何以最经济之时间，与极贫乏之设备，为最有效之训练，是乃工程教育家最值得筹思而力行者。吾人所最不可解者，昔在平时，朝野尚能注重工程教育，抗战以来，反见沉寂。庚款及补助工程教育之机关，竟至罔顾成案，延宕拨款。凡此病态，均宜自加觉悟，以国家亟需为前提，不应丝毫稍存门户之见，以削弱民族复兴之基础。至于工程教育本身，虽凡所研习，均直接间接与抗战力量有关，然太平时代之八股工程教育，究应加以适合时需之变化，在本大学工学院土木、矿冶、机械、电机、化工、纺织六系之课程，已作施行特殊训练之厘订，保留原订课表最切要课程之十五学分，而另任学生选习技术训练四组课程之一组，即一，军事工程组；二，军事机械组；三，军事电讯组；四，军事化学组。每组课程均编配为六学分。各专家教授，咸以使命重大，工作光荣，实行教导，学生则报名分入各组者，达三百余人之多。以视某大学当局竟谓“教授不习为非常时期之特殊教练”，是必如何受之于师者，便如何授之于其徒，毫不知因时因地之制宜也。吾人应知凡不能适应非常时期之需要者，便不能征服非常环境，而为环境所征服。工程家乃“控制自然动力与物质以最经济之方法而为人类之利用”之专门学者，在长期抗战物力动员之伟大时期，有无量数之伟大工作，待其推动，教授先生，学生诸君，曷其勉旃！

第三，大学工学院教授，在平时固宜专心致力于学生之教练及学术之研究，在战时应环顾全国物产动员之推移，到无人能以负起物产动员责任之紧急时期，须能立即领导设计创置并运用各军需与非军需生产部门，以“内求生存之自

给,外御强暴之侵凌"。工程学术、工程教育,与交通运输及厂矿生产,须为密切协调之联系,相跻相需。遇新问题之发生,则出其工程学术以解决之;遇人才之缺乏,则出其所造就者以担当之;遇生产部门之待加强增置,则设计创置并厘定运用之方。务期抗战消耗之所资,人民生活之所需,取之不尽,用之不竭,力量既厚,战无不胜。切莫徒喊后援,无补大难。

第四,尤有进者,处现代物质文明之世界,工程教育未可一日偏废。战事时期一切军需工业与军需交通及运输之支撑,固端赖工程人才之奋力以赴,而吾人更应远瞩高瞻战后之复兴建设。倘不于此时预储多量之工程专门人才,则战后复兴建设之大业,势必不克迅速观成。吾人民出水火登衽席之时间,必将延宕。故抗战无论至如何困难关头,工程教育亦应维持其繁荣滋长,驯至国家财政至极度艰难之顷,办理工程教育者应率同教授学生从事一面生产一面教学之非常措施,"半工半教半读","自给自足自存",纵使经费停拨,仍能维持弦歌于不辍,延续工程教育于无穷。全国各种机能必悉如是,方配侈谈长期抗战,方能把握最后胜利。

以上四端,乃就适应抗战期间之生产建置与工程教育,稍为"实事求是"之论述,均卑之无甚高论。须知此何时耶?事应果行,岂容多言!

国立北洋大学筹备缘起及分期完成计划

（一九三七年）

导读：

本文原刊于《北洋理工季刊》1937年第五卷第二期。北洋大学作为“我国首创之大学”，1920年遵照教育部237号训令停办法科、专办工科，故在大学区制废止后，1929年根据《大学组织法》暂称“国立北洋工学院”，同时又同意成立“恢复北洋大学筹备委员会”。此后，北洋人一直致力于北洋大学的恢复，李书田掌校后，更是不遗余力，带领师生和校友向各方争取、奔走呼吁，力图尽早恢复国立北洋大学，并制定了《国立北洋大学筹备缘起及分期完成计划》，计划用十六年的时间将学校建成兼具工、理、医、文、法学科的一流大学。

在“发扬固有”与“创设未来”同等重要思想指导下，李书田完成了此文。文中回顾了筹备北洋大学的缘起，详细阐述了北洋复大的理由，提出了分期完成计划，最终恢复国立北洋大学并将其建成一所多科兼具的综合性大学的宏伟规划。自李书田执掌学校，集中力量发展工学院，并努力设法筹备理学院，在四年半中已初见成效。此后，准备在第二期着手添设理学院，筹设医学院；在第三期添设医学院并扩充工科研究所；在第四期再行扩充工学院并添设理科研究所；在第五期扩充理学院，并添设医科研究所；在第六期扩充理学院为文理学院；在第七期准备恢复法学院；在第八期添设法科研究所。该规划为力求切实可行，在总体上坚持不骤然多设院系，而是坚持凡事在前一期筹备积累而待成熟后于后一期集中建设，力恪“实事求是”的校训精神，切实渐进而为之。

李书田在文中详细阐述了为适应天津市现实的需要，筹备在北洋大学建立中山医学院的详细计规划，在学科、教师人员、仪器、设备等领域筹划细致入微，同时也痛陈了北洋大学准备在特一区原校址筹办医学院及附属医院，然因校址被占，故而校址、经费无法落实的情形。

原文：

第一章　筹备缘起

一、本校创办悠久

本校系清光绪二十一年八月十四日（民元前十七年（1895年）十月二日）津海关道盛宣怀呈请北洋大臣王文韶转奏批准创设，定名为北洋大学堂，分头等（本科）及二等（预科）学堂，均四年毕业。头等学堂分法科及工科，工科又分土木工程、采矿冶金及机械工程三学门。查盛宣怀奏设南洋公学在光绪二十三年（1897年）二月，清廷下《定国是》上谕，着军机大臣总理各国事务王大臣会议举办京师大学堂在光绪二十四年（1898年）四月二十三日。故北洋大学实为我国最首创之大学，迄今已有四十二年之历史。清末时，法、工两科之外，曾设铁路工程班、俄文班、法文班及师范班，以应时需。彼时轮廓，实已包括文、法、工、教育诸科。民元起，改称国立北洋大学，二年保定直隶高等学堂并入为预科。六年起法预科毕业生，移送北京大学法科肄业，同时彼校工预科毕业生移送本校工科肄业，本校自是专办工科。八年至十四年采矿及冶金分设两学门。十四年恢复庚子前之机械工程学门。二十二年添设电机工程学系。二十三年土木工程学系分设普通土木工程及水利卫生工程两组。同年秋河南大学之土木工程学并入本校。同年十二月添设工科研究所。二十四年机械工程学系分设普通机械工程及航空工程两组。尝考各国首创之大学，如法之巴黎，英之牛津、剑桥，美之哈佛，日之东京帝大，政府及社会莫不竭力发展光大。诚以新大学之添办，固应因必要而设置，首创之大学之充实扩展，更属当然，况天津现在并无国立或公立之综合大学，尚不至如平沪之重复设置哉？

二、奉令筹备复大

十八年七月二十六日国民政府颁布大学组织法二十六条，自是凡具备三个以上学院方得称大学，否则只称为独立学院。同年八月七日行政院第三十二次会议议决国立北平大学之北大学院改为国立北京大学，国立北平大学之第一师范学院改为国立北平师范大学，国立北平大学之研究院改为国立北平研究院，国立北平大学第二工学院仍令划出独立，并组织国立北洋大学筹备委员会。行政院随于八月十五日训令教育部分别转饬照办。彼时以前，本校因试行北平大学区制，曾一度改称国立北平大学第二工学院。此次行政院会议议决令划出独立，而因当时只有工学院，故特先组织国立北洋大学筹备委员会，具征政府重视本校之历史及成绩，并顾及甫经颁布之大学组织法。教育部嗣即以部令知照本校暂称国立北洋工学院，更于八月十六日奉教育部聘王宠惠、王正廷、李煜瀛、陈立夫、王劭廉、赵天麟、茅以升等七人为国立北洋大学筹备委员会委员。本校筹备复大，自应从此积极将事，奈以八载以来，内乱、外患、水灾……交相纷乘，益以王委员亮畴之出任海牙国际常设法庭法官，王委员儒堂之访日游美赴德，李委员石曾之数度赴法及瑞士，筹备会议，未便召集，迁延迄今。兹幸国内已和平统一，蒋院长（编者注：指蒋介石）复平安回京主政，本校复大各筹委咸在国内，政府及社会需要“实事求是”（本校校训）之专门人才，又至殷切，此本校筹备复大之所以亟宜积极进行而观成者也（按本校复大筹委王劭廉先生于二十五年十一月已逝世，附志）。

三、最近筹备完成及扩充之国立大学

自十六年四月十八日国民政府在南京成立以后，经派员筹备完成之国立大学，计有国立劳动大学（后停办）、国立浙江大学、国立武汉大学、国立山东大学等，足征我政府重视学术及人才教育之至意。他如国立中山大学之建造大规模新校舍，国立清华大学之添设工学院、筹设农学院及筹建长沙分校，国立交通大学之添设科学学院，国立同济大学之添设理学院，国立中央大学之添设牙医专科学校及医学院兴筹移郊外，国立武汉大学及国立山东大学之筹设农学院，更足见各国立大学扩展之一般。我国首创之国立北洋大学，自应遵照政府十八年八月令行筹备复大之意旨积极完成也。

四、北洋复大理由

国立北洋大学之亟宜筹备完成，系基于下列各理由。

甲，北洋为我国首创之大学，亟宜保持而扩充之，发扬固有与创设未来，同其重要。

乙，行政院既于十八年八月议决筹备恢复，事隔八载，亟应迅速完成。教育部筹备之其他国立大学，如浙江、武汉、山东等，既均一一实现，北洋亦亟宜促成之。

丙，我国之重要市区，如南京、上海、北平、武汉、青岛、广州，已均有国立大学至少一所，天津亦宜有一所完备之国立大学，以资培育人才，促进学术，发扬文化。

丁，天津数载以来，俨如危城，而以“辛丑条约”失去驻兵主权，近岁端赖精神国防，维系人心，亟望政府奖助，以固边圉。倘只顾充实腹地大学，势必虚边而长窥伺之心，所省者小，而所失者大，政府高瞻远瞩，谅必洞悉其非计之得也。

戊,独立工学院,同时亦须具备国文、党义、英文、德法文、法律、经济、数学、物理、化学、地质等教授(数学,物理,化学,地质等教授现已均需二人)及体育、国术、军训等教师;总务处、教务处、训育处、图书馆等,亦均须有相当之编制;经费分配,极感未尽经济。添院改大后,上述各费,均可获较合理之支配,其百分比均可降低,经费效率,当见增高。

己,独立学院学生,知识囿于一隅,课外孤陋寡闻,文化熏陶,常识灌输,均事倍功半,而高级人才之训练,并不限于所研习之专门学术,综合大学,优点在此。

庚,国文、英文、数学、物理、化学、地质学之教学,在工学院均系基本课程,至关重要,然学问渊博之国文、英文、数学、物理、化学、地质学等教授,每欲去文理学院而不愿来工学院。以基本课程而难延优良教授,殊为严重问题。美国之麻省理工学院及加利福尼亚理工学院等,均系理工科并设,英国伦敦大学之皇家理工学院亦系理工并设,德国之工科大学,更莫不设有理科各系。

辛,以北洋现在之范围与所系组别,如添设理学院,实事半而功倍,更相得而益彰,盖凡有工科之大学,均宜有理科之物理科学各系,而凡有农科之大学,均宜有理科之生物科学各系,俾期相互联系,已成不易之定论。

壬,北洋已设有工学研究所,从事工科高深研究者,每须与理科相辅而行。例如研究电讯工程或航空工程者,有时以兼从事高等数学及物理学为宜;研究卫生工程者,以兼从事微生物学及卫生化学为便;研究采矿学者以兼从事地质学及地球物理探矿为较妥;研究冶金学者,以兼从事化学及化工为得计是也。

癸,天津昔有陆军及海军医学校两所,后或迁京或停办,以百三十万人口之大都市,而尚无医学院及市民可以托命之医院,殊与文化水准及促进公共卫生有碍,依戴季陶先生提请中央议决之标准,天津应有完备之医学院及附属医院各一所。

第二章　分期完成计划

一,分期添院计划

本校筹备复大,经一再研讨,决不骤然多设院系,本“实事求是”之精神,采切实渐进之主义。过去四年半之间,虽未积极为复大之进行,而于整饬充实及发展工学院,及筹设理学院,未遗余力。过去四年半之整饬充实及发展工学院,与筹备理学院,可谓之为第一期筹备工作。第二期拟正式添设理学院并筹设医学院。第三期拟正式添设医学院并扩充工科研究所。第四期拟再扩充工学院并添设理科研究所。第五期拟扩充理学院,並添设医科研究所。第六期拟将理学院扩充为文理学院。第七期拟恢复法学院。第八期拟添设法科研究所。

第一期　整饬充实及发展工学院与筹设理学院(已过去)

在过去四年半期间,本校所专力以赴者,即在于复大尚未积极从事以前,竭力充实工学院之图书设备,整肃校风,网罗工程学者充任教授,兴起研究著述之风,添建工程学馆,添建工程实验馆,添建图书馆,建置新体育场,添设电机工程学系,于土木工程学系添设水利卫生工程组,于机械工程学系添设航空工程组,成立工科研究所,先设矿冶工程部,分为应用地质门、采矿工程门、与冶金工程门,以继矿冶工程学系之本科学程,进而造就矿冶及应用地质之精深专才。此期工作,除图书馆尚正在建筑,及图书设备仍须逐年充实外,余均完成,同时理学院亦已筹备就绪,可以及时正式成立。

第二期　正式添设理学院并筹设医学院

此期工作,拟自二十六年春季起至二十七年夏季完成。在此期间,正式添设理学院,分为:一,(应用)数理学系;二,(应用)化学系;三,(应用)地质学系。均注重应用方面,既可与已有之工学院各学系密切联系,复与其他大学各理学院物理科学各系之课程异其旨趣,俾造就工业的科学研究实验专才。现以上各系应用之教室及实验室,均已预为安排,设备方面,则属于地质学系者已有十之七八,属于化学系者已有十之六七,属于数理学系者已有十之五六,不敷设备,拟于今后三年内置备齐全,不误教学研究之需。兹拟即于二十六年夏,开始招考理学院本科一年级生,一年级不分系,拟以共录取六十名为限,重质不重量。至筹设医学院及附属医院,拟在此期内依照既定计划(见第三章)积极从事,俾可于二十七年夏季招考本科一年级生,本校名称拟即自二十六年七月一日起正式恢复十七年夏季以前之旧称“国立北洋大学”。查已设两院而第三个学院在筹备中之大学,十八年颁布之大学组织法施行后,不无先例,如国立同济大学之只有医、工两院而筹备理学院,其最著者也。

第三期　正式添设医学院并扩充工科研究所

本校拟于二十七年夏季正式添设医学院,开始招生,每年招考医学院一年级生,以四十名为限,医学院不分系(或嗣后于医学系之外,添设公共卫生学系),五年毕业,一切设备及附属医院,务期于三十一年夏季完成。(见第三章)俟以上三期陆续完成后,新“国立北洋大学”之基干已备,彼时所设之所院系组如后(见次页):本校之工科研究所,二十三年冬已正式成立,先设矿冶工程部,拟于此期陆续添设土木工程部、机械及航空工程部、暨电机工程部,均开始招收研究生。

第四期　扩充工学院及添设理科研究所

本校至三十一年夏季，工、理、医，三院之基干均已大备。土木工程为一切建设之母，拟于此期分设大地测量、运输工程、构造工程、水利工程及市政工程等五组。又以卫生工程与公共卫生之特殊关系，其课程编制拟离土木工程学系而独立，且此期以前本校已有完备之医学院，更适于卫生工程学系之设置。采矿冶金合设一系，课程繁剧，难见专精，拟于此期恢复本校民八至民十七采矿冶金分设二系之旧观，以资适应近年之趋势，并便注重选矿学术。机械工程为一切工业之母，拟于此期分设热力工程、铁道机械工程及自动机工程三组。航空工程，现虽为机械工程学系之一组。然自本二课程已异，独自成系，理有当然。电机电讯，并系教学，既难尽所当教，亦难尽所应学，拟于此期分设两组，此期以前本校工学院已有完备之机械工程学系而理学院又具有完备之化学系。不惟化学工程学系之设置，轻而易举，而且非设此系无以应现代工业之需要，此时本校因已有完备之采矿及冶金等系。故更拟于化学工程学系分设化工及燃料两组，以资互相提携。

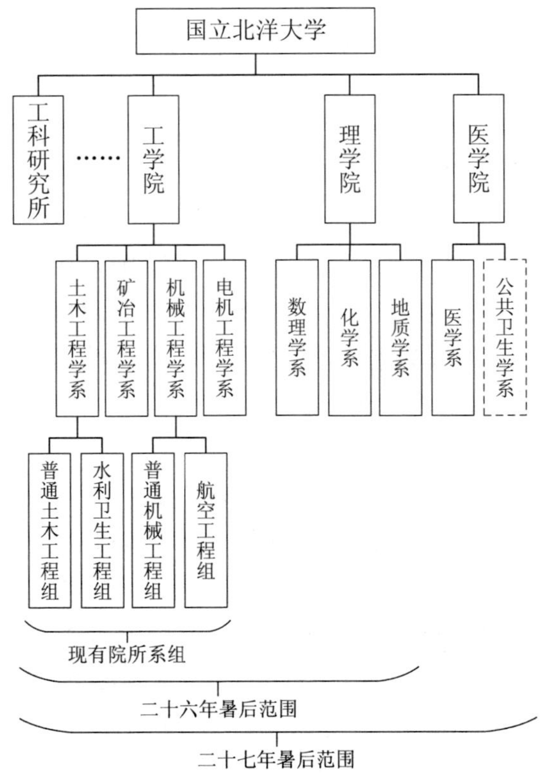

至于建筑工程学系，本校早已呈准有案，拟于此期实行添设。又为适应国家及社会工程工业等管理人才之需要起见，并拟于此期成立工程管理学系。至是本校之工学院，即行扩充完成，彼时工学院之系组将如下图所示。

本校民国三十一年(1942年)暑后之

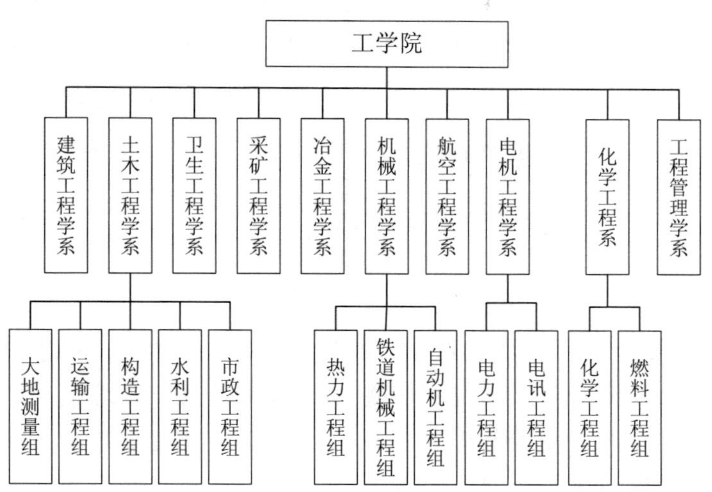

复以此期以前，本校理学院之基干既具，人才设备，俱已臻完善之境地，拟即于此期添设理科研究所，分设数理学部、化学部及地质学部，开始招收理科研究生。

第五期　扩充理学院并添设医科研究所成立研究院

因迄至此时，本校理、医两院之基干已备，拟自三十四年夏季起，扩充理学院，并添设医科研究所。此期以前，数学物理合设一系，究难专精，拟于此期扩充为天算学系及物理学系。天文学与本校工学院土木工程学系之大地测量组，可资密切联系，算学则与理学院之物理学系，及工学院之电机工程学系与航空工程学系，均有深切关系。而物理学系，复与本校工学院之电机工程学系，互相关联。地质学系与本校工学院之采矿工程学系关系密切，地球物理学方法，已成为现代采矿之妙术，矿物岩石学术之新进展，又已脱地质学而另辟途径，故拟于此期将地质学系分设地质学组，地球物理学组及矿物岩石学组。如是本校理工两院之

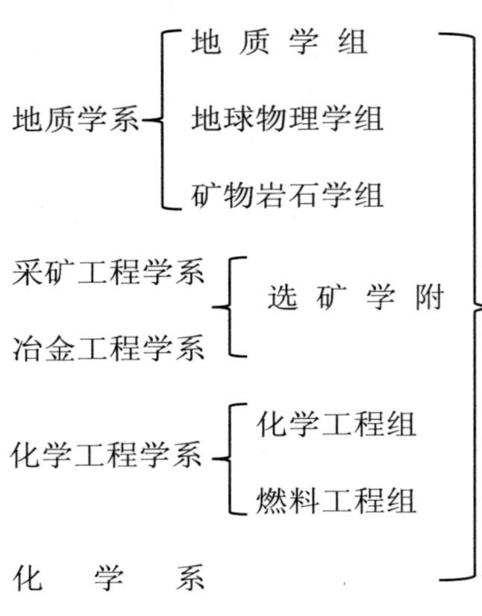

将合成为地质，矿物，岩石，采矿，探矿，冶金，燃料，化工及化学等学术之综合大单元，而蔚成为我国此类学术教学及研究之重心。

复以本校已设有完备之医学院，拟于此期在理学院添设生物及生理学系与药物学系，俾资与医学院密切联系；而生物学复与工学院之卫生工程学系有关，药物学系且更与化学系有关。至理学院之化学系与工学院化学工程学系之关系，更勿庸赘述。如是理、工、医三学院之各系组，互相联系，综合成为一有机的学术集团。及至此期完成，本校理学院之各系组，将如后图所示：

本校三十四年夏季以后之

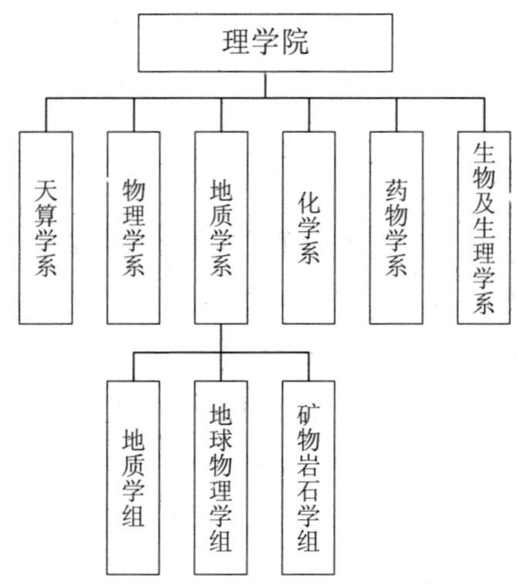

此期以前，本校已设置工科研究所及理科研究所，又以医学院之人才设备，此时均已臻美备境地，拟即于此期添设医科研究所，并开始招收医科研究生。

至是本校已具备工、理、医三科之研究所，故拟即于此期依照大学研究院之组织规程，正式成立“国立北洋大学研究院”，凡理、工、医三学院之各系组，均陆续分设研究部门。

第六期　将理学院扩充为文理学院

因此期以前，本校已有完备之理、工、医等学科集团，而每院系组，俱须注意近代语文之教学，以为学习、读作、演述之工具，故拟自三十七年（1948 年）夏，添设东方语文学系（包括中国及日本之语文）及西方语文学系（包括英，德，法，三国之语文），并将理学院扩充为文理学院。

第七期　添设法学院

本校自清光绪廿一年（1895 年）创设以迄民国十年（1921 年）之二十六年，设有法科，办理完善，人才辈出，蔚成为外交司法及立法之重镇者，屈指难数。以言设备，则积有万余卷之法学图书。民十以还，尽心保藏。故本校之恢复法学院，专设法律学系，非但理有固然，而且轻而易举，故拟于三十八年（1949 年）夏正式恢复法学院，并依照大学组织规程，得只设法律学系（以后或添设经济学系）。本校恢复法学院所以未列入第二期者，良以我政府前有限制文法科之明令，故变通移后，俾一面仰体政府意旨，一面且得竭力办理理、工、医三院。

第八期　添设法科研究所

本校法学院将于四十二年（1953 年）夏有首届毕业生，兹预行规定于该年夏正式添设法科研究所，开始招收研究生。

以上八期均行完成以后，本校即蔚成为我国具有一个基本“文理学院”与工、医、法三个专门学术职业学院之综合大学，及具有理、工、医、法四科研究所之研究院。彼时本校之院、系、所，将如下页附图所示。

民国四十二年(1953年)夏以后之

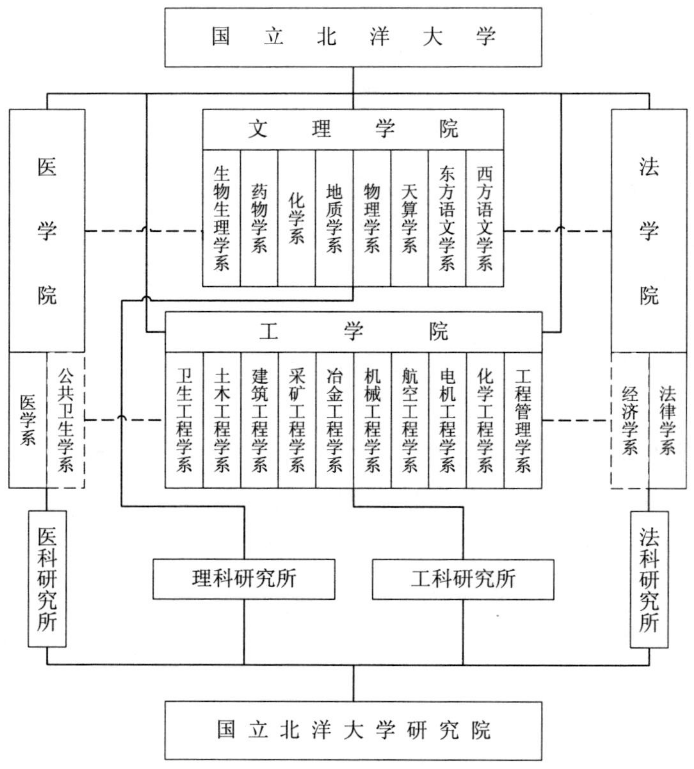

二,经费递增概算

本校经费,现时极感支绌,即不添院复大,亦须增加,俾资应付。按照本校工学院现有之系组及工科研究所并遵依部定大学经费支配标准比例,本校经费即只工学院亦须每月三万五千元,故已按此数编呈二十六年(1937年)度经常支出概算。此后分期添院扩充,自须逐年递增经常概算,经审慎预计,最低限度,须分年如下表所示:

第一期完成	年度	设置之院系所	每月应请增加之经常支出概算(元)	每月经常支出概算(元)
第二期	二十六年度	工学院土木、矿冶、机械、电机四系,水利卫生及航空工程两组,工科研究所,理学院数理、化学、地质三系开始招生,筹设医学院	8,250	35,000

续表

第三期	二十七年度	成立医学院开始招生，扩充工科研究所，添设土木、机械及航空与电机三部，增加理学院数理、化学、地质三系二年级生	15,000	50,000
	二十八年度	增加数理、化学、地质三系三年级生，医学系二年级生，增加工科研究所土木、机械及航空与电机三部二年级研究生	5,000	55,000
	二十九年度	增加数理、化学、地质三系四年级生。医学系三年级生	5,000	60,000
	三十年度	增加医学系四年级生，注重医学临床实习	5,000	65,000
第四期	三十一年度	扩充工学院，添设建筑工程、化学工程及工程管理三系，采矿、冶金分系，卫生工程及航空工程独立成系，添设理科研究所，分数理、化学、地质三部，开始招收理科研究生	15,000	80,000
	三十二年度	增加建筑工程、卫生工程、化学工程及工程管理四系二年级生，增加理科研究所数理、化学、地质三部二年级研究生	5,000	85,000
	三十三年度	增加建筑工程、卫生工程、化学工程、工程管理四系三年级生，并须准备各该系四年级设备	5,000	90,000
第五期	三十四年度	扩充理学院数理学系，分设天算及物理两系，添设药物学系，与生物及生理学系，添设医科研究所，成立研究院，增加工学院扩充后之四年级生	10,000	100,000
	三十五年度	增加天算、物理、药物与生物及生理四系二年级生，增加医科研究所二年级研究生	5,000	105,000
	三十六年度	增加天算、物理、药物与生物及生理四系三年级生，并须准备各该系四年级设备	5,000	110,000
第六期	三十七年度	扩充理学院为文理学院，添设东方语文及西方语文两系，增加理学院扩充后之四年级生	5,000	115,000
第七期	三十八年度	恢复法学院，设法律学系，增加东方语文及西方语文两系二年级生	5,000	120,000
	三十九年度	增加东方语文及西方语文两系三年级生，增加法律学系二年级生	以后不增加	以后同三十八年度
	四十年度	增加东方语文及西方语文两系四年级生，增加法律学系三年级生		
	四十一年度	增加法律学系四年级生		
第八期	四十二年度	添设法科研究所，开始招收法科研究生		

综观前表，本校经常概算，按照事实需要，在二十六年（1937 年）度已属最低限度。在二十七年（1938 年）度每月为五万元，用以办理工、理、医三学院，实属减无可减，较国立同济大学之医、工两院，只设四系，尚月支六万元左右者，实属异常节省。即至三十年（1941 年）度，理、工、医三学院经费月只六万五千元，已较国立北京大学之月支七万五千元，而办理文、理、法三学院者，较为经济。迄三十六年（1947 年）度，虽月支十一万元，然以办理工、理、医三学院十七学系及理、工、医三科研究所，已较国立清华大学四学院十六学系，而有若干文法学系，尚月支十万元者，较为节省。至三十八年（1949 年）度以后，每月经费虽达十二万元，然以设有二十学系及研究院，而其中十七学系复为理、工、医学系，实较国立中山、中央、北平等大学，仍属经济。

至于临时费及建筑费，拟准照必不可缺少之需要，于年度开始以前，切实预计。呈请核拨。

第三章　添设医学院计划

一、缘起

本校于清光绪二十一年（1895 年）经盛宣怀氏之呈请，先国内任何大学而设立于天津。当时清政府拨大营门外校址九十余亩，东至今特一区海河路，南至今苏州路，西至今中山路，北至今墙子河路，内有教室大楼两座，北为北洋大学头等学堂，即现在之大学本科，南为北洋大学二等学堂即其后之大学预科。此项国有校产，除庚子年（1900 年）以迄民国七年（1918 年）为德人占据外，其后虽迭经公有机关暂假应用，而政府并无改拨经过，故迄为北洋所有，毫无疑义。且赵前校长天麟曾于民国八年（1919 年）以敌侨业已归国，西沽校址复不敷应用，拟将预科迁回旧址，致文前直隶省长公署索还，适因另有机关暂借，遂未即收回。十八年（1929 年）教育部提请行政院会议通过，组织国立北洋大学筹备委员会，旋由部聘王宠惠、王正廷、陈立夫、李煜瀛、赵天麟等七人为筹备恢复北洋大学委员会委员。嗣迭经本校与各筹委研商，拟定在西沽校址，添设理学院，并恢复法学院，而在特一区校址，添设医学院及附属医院。

天津非但为工商业荟萃之区，亦国内教育文化中心之一。清末民初之际，除现有各专科以上院校外，尚有北洋医学堂及陆军医学堂。北洋医学堂，创立于清光绪十九年（1893 年）十一月一日，历史尤为悠久，成绩昭著，医学人才辈出，后更名为海军医学校。陆军医学校初由津迁平，迨南北统一以后，复迁至南京。海军医学校终以经费不继，陷于停顿。民国二十年（1931 年）华北当局，思以迅雷不及掩耳之手段，出售校产，事为海军部闻悉，并经北洋医学毕业同学会出面严词维护，终不果逞。同时积欠法籍教授薪俸达十余万元，海部无力偿付，遂将地产押于天津中央银行分行，而由该行垫款先行偿债，告一段落。

北洋大学与北洋医学堂两校址，庚子年（1900 年）分被德人、法人占据，议和后几经交涉，北洋医学堂因有附属医院，始由法人认为有关慈善事业，应允学校医院继续在原处办理。辛丑年（1901 年）以后，天津各国租界地内，我国政府只有北洋医学堂校址约五十亩之土地，未被沦落租界，凡属国人，胥加爱护，故当时天津教育界及医学界，得悉华北当局将此段国有校产，售与法租界工部局之议，无不疾首痛心，卒至舆论挽狂澜于既倒，行政院汪院长派卫生署刘署长莅津处理，保全国有校产。惟原校址时已经法租界工部局纵横辟为马路，昔日讲学之所，今日变为汽车驰骋之途，回首前尘，曷胜感慨！不得已乃计议另行择地设置医学院。刘署长莅津访询结果，除北洋大学特一区校址外，竟不获堪资应用之地址。

二、院址

医学院及附属医院，必须设于市内，以便诊病与就医。美国哈佛大学之医学院不设于 Cambrigde 本校，而设于 Boston，美国康奈尔大学之医学院，不设于 Ithaca 本校，而设于 New York City，均显例也。本校医学院，拟即设于天津特一区大营门外本校原址。此原校址占地九十余亩，为我国现代大学教育发祥之地，地近市区，便于就医。庚子以前，本校在该处栽树成林，清静幽雅，宜于医院。以国有之北洋大学校产，仍为北洋大学发展之用，至为允当。校址九十余亩，尚勉足敷用。地势再小，固难资应用上之分配，然求市内更较广阔之场所，又实无之。原北洋大学之大楼两座及附属房屋，在初创时期，权作教室、实验室、办公室、宿舍及医院，尚勉敷应用。永久建筑及运动场所，当就全址九十余亩，另请建筑师会同医学教育专家设计规划。尤有进者，北洋大学原校址，西向特一区中街，欧战后由德人收回，为纪念美国前大总统威尔逊氏倡议和平之功，特一区中街经命名为威尔逊路。迨南北统一以后，又经易名为中山路，以纪念国民革命在中山先生精神领导下之成功。如本校医学院能设于此处，因中山先生又曾医人医国，则定名为国立北洋大学中山医学院岂非千秋万世，弥资纪念哉！

乃正筹拟积极进行期间，天津市财政局以不悉本校特一区校址原委，误认为市有官产，于二十五年（1936 年）十一月间，拟行让售于河北省银行，北洋同学会总会、天津分会及本校闻悉之后，分别函请津市府转饬财政局停议出售，并函知河北省银行声明产权，如无本校认可让售之书面证明，交割无效，并经教育部咨请津市府保存全址，以为本校发展之用。迨至二十六年（1937 年）一月初

又闻悉津市府将天津特一区自来水厂售与天津中国济安自来水公司合并经营。查该厂系建置于二十二年(1933 年),厂址在本校特一区校址之西南角,占地十三亩七分。建厂期间,本校同人因终日在西沽校舍埋头工作,两处相距约二十里,虽知有建置特一区自来水厂之事,而未料及即建于本校校址之内。及建竣开幕,李院长被邀参加并致词,曾于演词中当众声明:“该厂址系北洋校址之一部分”。唯以该厂系官营公用事业,并冀将来设置医学院于该校址后,尚可免费用水,不必自设水厂,而且近来趋势,水厂官营,初未料以后可有售出商营之举,故未即刻与当时市府提出交涉。然于翌年一月亦曾函河北省政府(当时尚在津)及天津市政府(当时为普通市),声明特一区校址,系属本校所有,厂址可权让借用,将来本校于该址添设医学院后,应免费用水,俾资互相协助。此次既经津市府将该厂售出商营,本校乃定租购办法,函请津市府转饬济安公司照办,同时本校及北洋同学会总会亦函知该公司须向本校租购,并经教育部再咨津市府请转饬该公司向本校履行所定租购办法。嗣并由部致电咨请。同时本校筹备复大王委员亮畴、王委员儒堂、陈委员立夫均竭力设法保全北洋大学特别一区全部校址。在津法科同学先进,复迭以应即向天津地方法院不动产登记处声请登记,为责无旁贷之举,本校乃徇众议于二十六年(1927 年)一月十九日将特一区校产向法院声请登记,取得登记号数。河北省银行以二十万元之价格,购入之东南角二十五亩,于二十六年(1937 年)一月二十五日亦向法院声请登记,法院以系重复登记,致双方登记执照均不克发下,通知本校与河北省银行设法解决。

北洋同学会总会执委兼天津分会会长钟世铭、总会执委兼天津分会副会长齐国梁与李院长书田,曾为此事多次向津市府力请保全,以为添设医学院及附属医院之用,并经向天津市张市长面述在津市添设医学院及附属医院之必要性。张市长亦认为本校添设医学院,极属有益地方之举,允协助进行。二十六年(1937 年)一月二十二日晨,马秘书长彦翀及边参事洁清代表津市府面与钟委员世铭、齐委员国梁及李院长谈及愿在市内另行购拨相当院址。经即选派本校事务组主任李国梁会同河北省立女师学院庶务主任李昇桥,于一月二十三日,遍历市内,查访适当地址。据报称“查有坐落市内河北东至七经路,西迄八经路,南达元纬路,北接黄纬路一段地址,约共六十亩,虽稍感狭小,如全部收购,尚勉敷医学院及附属医院与附设护士学校之用,内计有临八经路曹前总统房产六亩余,临黄纬路曹前总统房产十五亩(即被服厂用者),临元纬路曹锳地产十七亩,娄(即娄鲁青)卢(即卢木斋)两姓地产共约二十七亩,此外尚有临元纬路冯姓地三分,与临七经路邵姓地一小段。此地距市中心匪遥,曹锳房产去年尽行拆除，娄卢两地主俱系热心公益之士，而其地产又复久未应用”等语，附绘坐落图一纸。经即复勘适合，遂请津市府迅予收购，发充本校医学院及附属医院院址，俾资设计兴建院舍与体育场等。经与津市府数度接洽只表示愿协助两万元。而娄卢两地主则表示愿按每亩一千三百元让售，似此全部购价需七万八千元，仍在交涉请津市府全部担任中。

三、建筑费及设备费

大学医学院建筑及设备，必须依照民国二十四年（1935 年）六月教育部颁行之设备标准。医学院及医院建筑与各科设备，以能适应各科教学及病人疗养为原则。医学院及医院建筑，须另请医学教育专家与建筑师会同设计，兹不赘述。医院病人床位，应有一百五十张以上，俾便收治各科病人。复查天津市人口总计达一百三十余万，而天津市内现在市立、租界立、教会立、私立各医院所有病人床位之总数，据朱世英大夫民国二十五年（1936 年）调查，不过仅四百余。但一市之适当医院设备，应每千人口中，平均有一病床，似此再增加病人床位八百余，尚嫌不敷。故拟至少应在本校医学院之附属医院中，设备一百五十张以上之床位。医院中应有手术室、药局、剖检室、试验室、门诊处及爱克斯光室等。本校医学院为促进天津市公共卫生起见，准备与市政府通力合作设置卫生所，俾学生得到公共卫生实地经验之机会。卫生所与医院门诊处，并应有密切之联络。

依据民国二十四年（1935 年）六月教育部颁行之大学医学院建筑及设备标准，如学生人数加以限制，不超过三百人时，则

医学院建筑费应为 ……………………………………………… 200 000 元

医学院设备费应为………………………………………………… 200 000 元

医院建筑费及设备费应为（病床以一百五十张为标准） … 300 000 元

卫生所建筑费及设备费应为………………………………… 40 000 元

总　计　　应为…………………………………………………… 740 000 元

全部建筑及设备拟分四年完成之，第一年开办费应为三十万元，其余之四十四万元，拟于第二、三、四年分请（一）中央政府列为临时费，（二）各庚款机关补助，（三）热心医学教育及地方公益者捐助。

查天津市内法租界，前有海军医学校，该校原校址地产，原属国有医学教育校产，现抵押于中央银行天津分行，以其代价用为本校医学院开办费，殊至允当。卫生署刘署长并曾计划处理此项财产，用以在津另行设立医学院及附属医院。据地产专家估计，处理以后，除清偿中央银行垫款外，可余三十万元之谱，勉敷本校医学院第一年开办费之需。

各科设备，如学生人数以三百人为限，参照民国二十四年（1935年）六月教育部颁行之大学医学院设备标准，拟如下表之支配（见次页）；

设备科别	价值（元）	附注
生物学	7 000	
物理学	8 000	
化学	8 000	
解剖学组织学及胚胎学	8 500	
生物化学	9 000	
生理学	9 000	
药理学	6 000	
细菌学	3 500	
病理学	5 000	法医设备附
寄生虫学	3 500	
内科	6 000	
小儿科	2 500	
临床检验室	4 500	
皮肤花柳科	7 000	
外科	28 000	包括泌尿科、整形外科及手术室
产科及妇科	7 000	
眼科	4 000	
耳鼻喉科	4 000	
放射学	11 000	包括爱克斯光及其他电学光学照病及医疗设备
显微镜及描计器	32 500	
参考图书及杂志	20 000	
教学标本模型及挂图	1 000	
各办公室应用家具器皿	5 000	
总计	200 000	

开办时拟先就第一、二年教学及医院之需购置之，计需款十万元，另以其余之开办费二十万元，建造医学院及医院初期必需房舍与设备，医院内药局及头、二、三等病人床位之需。至其余应添置之学院及医院设备，俟于第二、三、四年分年购置备齐。公共卫生设备，由卫生所建筑及设备费项下支配，于第二、三年

内完成之。煤气装置、发电室、冷藏室等，由医学院建筑费项下支配之。

四、经常费

按照大学组织规程，医学院不分系，五年毕业，学生于第六年应往医院实习，并应作论文一篇。因医学院课程繁重，年限延长，教授助教助手人数，需要较多，且学识经验宏富者，必须重资敦聘，复以实验、实习、消毒、洗涤等费，为额颇巨，故医学院之经常费，必须相对充裕，方能为合理之支配。查北平私立协和医学院，在民国二十年(1931年)度时全年岁出达国币三百五十五万二千二百一十八元，吾人固不希冀望其项背，然亦未便少于教育部规定之标准。依照教育部民国二十四年(1935年)六月所颁行之大学医学院经常费标准，如学生人数以三百人为限，较完备之医学院，每年经常费，应为如下之分配：

费别	数额	分配说明
医学院本身经常费	250 000元	薪俸工资约占百分之六十五，办公费不得超过百分之十，购置费不得低于百分之二十，特别费不得超过百分之五
医院及护士学校经常费	150 000元	医院各项收入，拨作购置医药材料，并补助经常费用，但须另造预算呈部核准
卫生所经常费	50 000元	
总计	450 000元	

即假定附属医院收入，每年可有三万元之数，完备之医学院，每年尚至少应有四十二万元之经常费，即每月三万五千元。第二章“经费递增概算”节中，迄医学院完成之年度，属于医学院本身之每月经费，尚不及此数，良以先设理学院之后，再添设医学院，事实上或可稍为经济也。

依前表医学院本身及卫生所每年经常费合并计算不过三十万元，如薪俸工资以百分之六十五为度，每年共仅十九万五千元，每月应为一万六千元有奇。其中职员薪俸、助手薪资、工役工资等，至少须占去四千元之谱，其余一万二千元，为延聘教授、副教授、讲师、助教之需。计完备之医学院须有下列各教授及助教：

学科	教授人数	助教人数	备注
国文	1		
英德语文	1		
生物学	1	1	
物理学	1	1	

续表

<table>
<tr><th>学科</th><th>教授人数</th><th>助教人数</th><th>备注</th></tr>
<tr><td>化学</td><td>1</td><td>1</td><td></td></tr>
<tr><td>解剖学</td><td>1</td><td>2</td><td></td></tr>
<tr><td>生物化学</td><td>1</td><td>1</td><td></td></tr>
<tr><td>生理学</td><td>1</td><td>1</td><td></td></tr>
<tr><td>药理学</td><td>1</td><td>1</td><td></td></tr>
<tr><td>细菌学</td><td>1</td><td>1</td><td></td></tr>
<tr><td>病理学</td><td>1</td><td>1</td><td></td></tr>
<tr><td>寄生虫学</td><td>1</td><td></td><td></td></tr>
<tr><td>内科</td><td>1</td><td rowspan="2">1</td><td></td></tr>
<tr><td>小儿科</td><td>1</td><td></td></tr>
<tr><td>外科</td><td>1</td><td rowspan="2">1</td><td></td></tr>
<tr><td>皮肤花柳科</td><td>1</td><td></td></tr>
<tr><td>妇科及产科</td><td>1</td><td>1</td><td></td></tr>
<tr><td>眼科</td><td>1</td><td rowspan="2"></td><td></td></tr>
<tr><td>耳鼻喉科</td><td>1</td><td></td></tr>
<tr><td>放射科</td><td>1</td><td>1</td><td></td></tr>
<tr><td>公共卫生学</td><td>1</td><td></td><td></td></tr>
<tr><td>总计</td><td>21</td><td>14</td><td></td></tr>
</table>

此外尚须有体育教员及军事教官各一人。查民国二十年（1931 年）至二十一年（1932 年）度，北平私立协和医学院共有教员一百二十三人，国立上海医学院共有教员五十九人，但依上表连同体育教员及军事教官共只三十七人，故不为多。如教授十二人以每月五百元计，九人以每月四百元计，助教十四人、体育教员一人、军事教官一人共计十六人，每月各以一百五十元计，总共每月已需教授助教薪俸一万二千元之数矣。

五、经费分担办法

综观前述各项经临各费，拟为如下之分担办法。

（一）收购天津黄纬路西首路南院址费，拟请由津市府担付，否则请津市府保存北洋原校址之全部。

（二）第一年开办费三十万元，向关系部署请准以处理前海军医学院地产余款拨充。

（三）第二、三、四年所需建筑及设备费四十四万元，分请教育部列入国家岁出临时费及各庚款机关补助，同时向热心医学教育及地方公益人士捐募。

（四）每月经常费所需三万五千元，先请中央按月拨发二万五千元，余俟请津市府设法筹拨，如北洋原校址可获全部保全，则医学院全部经常费，请中央核拨。

六、课程组织及设备细目

课程组织及设备细目，悉依照教育部于民国二十四年（1935 年）六月颁行之标准办理，兹不赘述。

七、结论

夫天津为我国工商业荟萃之区，又为我国教育文化中心之一。昔曾有医校两所。今并其一亦无之，曷胜缺憾。天津为百三十万人口之大都市，依戴院长季陶向者提出并经中央通过之条件，大都市如天津者，不容不有完备之医学院及附属医院。天津市政虽日见进步，然卫生及医院设施，犹未臻完善。卫生及医院设施之于人民健康，犹国防之于国家安全。且如能增加人民之健康一分，则人民生产力之增加不止一分，而人民之纳税力，亦随之更形增加，故卫生设施、医院设备，非资金之有形浪费，乃生产之无形工具。数十百万元之代价，不难反映于数年后之税收。且占一国一省一市之文化水准，恒可自其卫生设施医院设备，而悉其高下。一国首领，如中政会汪主席者，不得已而须出国就医，又如一国外交重镇，如黄膺白氏者，病笃尚电德求医，是不待交绥，而已定两国之胜负，吾人又焉得不于此努力以赴之？我天津市虽有市立、租界立、私立及教会立各医院，然究无尽美尽善之医院，为大多数市民所情愿托命于其间者。我教育部自民国十八年（1929 年）即拟筹备恢复北洋大学，现工学院已逐渐充实，亟宜应用市内原校址，或就津市府购拨之院址，添设医学院及附属医院，并利用前海军医学校之校产，以充第一年开办费之需。经常费所需不巨，当易列入国家岁出教育文化预算之内。

现本校添设医学院计划，既如前述，实为适应津市现实之需要。因思百世不朽之大业，概莫不基于创始时地之迫切需要，至希我教育部毅然采择，核定施行。我国立北洋大学筹备委员会以及北洋同学会、北洋医学同学会，均已准备，并愿相随，为我国家医学教育效竭尽智虑之驰驱，在我天津市区之内，完成建设医学教育与医药设备之伟绩。以期与上海之同济医工，南北并美。此岂仅天津与华北各省人民之所渴望，亦我国家教育之荣光也。

国立北洋大学理学院革新教学方针

（一九四六年）

导读：

抗日战争胜利后，国民政府同意恢复国立北洋大学，西迁的师生陆续返回天津复校。教育部及学校为将北洋大学办成国内理工高等教育之重镇及理工学术研究之重心，决定先集中力量发展理工，在已有工学院的基础上增设理学院，并根据深入探究学理同时注重科学应用的革新教学方针建设理学院。李书田从奠定现代民生工业及国防工业之科学基础、培植科学上的基本研究能力、改变过去理科部分毕业生为学不能致用的状况、密切理工关系促进发明制造四个方面阐述此教学方针将对理学教育产生重大良好影响。并进一步指出，理学院各学系将在此革新教学方针指导下，缜密厘定课程，确立招收新生标准。

原文：

国立北洋大学，迄本年十月二日，已满五十一周年，为我国大学历史之最悠久者。向以工学法学闻名，民九以后，专办工科，于是工科各系愈益充实发展。此次抗战胜利以后，积极复校，下月即可正式开学上课。教育部及该校当局为蔚成国内理工高等教育之重镇及理工学术研究之重心，先集中力量发展理工，法学院暂缓恢复。其工学院内分设建筑工程、土木工程、水利工程、矿冶工程、机械工程、航空工程、电机工程及化学工程八学系，或关公共工程，或关公用工业，或关国防及重工业。为配合工学院之需要，并加强其与学术研究上之进展联系，已正式添设理学院，所置各系，如数学、物理学、化学、地质学，均与工学院有密切联系，此后工学院一、二年级之科学基础，将由理学院尽力培植，而在研究院之学术研究，则将理工学术打成一片。该校理学院之教学方针，最近已郑重确定，第一绝不忽视穷究学理，第二同时注重科学应用。教育部近有代电颁发该校，特别指明该校理学院各系切实与工学院各系配合，并注重工业上之应用。此一革新教学方针，将对理学教育上发生重大良好影响。第一，现代民生工业及国防工业之科学基础，将有深厚自力更生之根蒂；第二，既不忽视穷究学理，则科学上之基本研究能力，仍尽力培植；第三，过去理学院一大部分学生毕业以后，为学不能致用之弊，将可避免无遗；第四，关于发明创造之理工不可分离的密切关系，将在此种革新的理学院教学方针之下，孕育发扬。该校理学院各学系之课程，将适应此革新教学方针缜密厘定，将注重高等数学，以利学理之研究，加重国文、英文及第二外国语，以培植阅读及发表之能力，重视实验实习课程，以期学能致用，熟能生巧，务期由哲学的逻辑思考，达于科学之精微，经由实验实习，以完成致知格物、开物成物、利用厚生之目的。晚近应用数学、工程数学、应用物理、工业物理、应用化学、工业化学、应用地质、工程地质…范围愈益扩展，而流体动力学之发育于德国哥廷根大学影响飞机制造，地球物理之发育于德美有数著名大学革新探矿方法，美加英科学家关于放射性原子能之控制应用于战事及进一步之工业应用，以及其他科学与工程不可分离之重要发明，俱与民生及国防有不可思议之效用。该大学将本此旨以力求精进，唯该校理学院悬的既高，所以录取学生标准不便降低。此次该校平津沪陕四处招生，投考者近六千人，而录取于理学院者为数寥寥，爰为求才造士，不久当再为理学院续行招生一次，凡有志于上述宗旨者，务各尽力准备应考，以宏造就。

北洋母校与我余年所创办之世界开明大学研究院
（World Open University Graduate School）

（一九八四年十一月）

导读：

李书田一生从事教育事业，对母校北洋大学有着极其深厚的感情。他赴美后依然心系教育，年逾72岁时，在美国开办了世界开明大学研究院，设有文学、科学、工程学及管理学等四个研究院，总计36个学部。办学过程中，在院校精神上坚守北洋大学的“实事求是”精神，重质不重量，其办学实践光大了中华传统文化，同时也光大了母校北洋大学的精神。世界开明大学研究院的成功建立与发展，不仅体现了李书田本人的教育思想，说明其作为教育家的卓越能力，而且也恰恰为“实事求是”的北洋精神是确保各项事业能够走向成功的重要支柱这一点做出了生动的诠释。

原文：

本文所谓北洋母校者，乃指中国之国立北洋大学也。开办于前清光绪二十一年，即一八九五年之十月二日，乃中国最早之西式大学也。所谓我之余年，乃指民国六十一年（1972年）二月十日以后，即我生满七十二岁以后。爰我生于一九〇〇年阴历正月十一日，即西历是年二月十日，至民国六十一年（1972年）是日，已满七十二岁。至圣先师孔夫子在世仅七十二岁，故余认为凡在七十二岁以上，概属余年。由民国六十一年（1972年）二月十日至民国七十四年（1985年）母校九十诞辰，已十三余年，何幸得此余年，所以昼夜完全尽义务，从事世界开明大学研究院之创办及进展，以发扬光大母校精神之存在。

世界开明大学研究院，一切追从母校“实事求是”之真精神，重质不重量，期与选自五洲十七国之一百廿余位均有著作之正教授，及来自六洲之入学研究生，随时随事共勉。凡此文艺家、科学家、工程师及管理学家，皆正从事业务，不克进入大学研究院，致力于硕士、博士之专修者，得以任事而不离位，入学而免进校，学问经验，相辅相成。此种学程，唯有至研究院阶段，方可进行。本研究院选师既无低于正教授而富著作者，选生亦必大学毕业生平均八十分以上之学士或硕士进修之博士，或由大学四年级以上既往平均在八十分以上者，入学进修学士硕士博士。行之十余年，久而弥坚。

世界开明大学，只设研究院。计已组设文学、科学、工程学及管理学四研究院。

文学研究院已组设

一、语文学部（内分中、英、法、德、希、拉、西、萄、日、俄及梵文）

二、哲学及华学部

三、历史及国际关系部

四、美术学部

理学研究院已组设

一、数学及计算学部

二、宇宙及天文学部

三、大地科学部

四、物理及工程物理学部

五、能力学部

六、应用光学部

七、化学部

八、原子能学部

九、生物科学、生物物理及生物化学部

十、生物医药及健康学部

工学研究院已组设

一、理论及应用力学部

二、结构工程学部

三、混凝土及预力工程学部

四、建筑工程学部

五、工程材料及不毁试验学部

六、大地工学部

七、运输工程学部

八、水利工程学部

九、环境工程学部

十、建造工程学部

十一、工程管理学部

十二、液体及热力工程学部

十三、能力开发工程学部

十四、机械及太空工程学部

十五、实业工程学部

十六、应用声学部

十七、电力工程学部

十八、电子电传及计算机工学部

十九、化学工程学部

管理学研究院已组设

一、管理、经营及展拓市场学部

二、经济、财务及会计学部

三、统计、营业研究及计算机化展部

所有硕士概须习满三十学分,并自著论文一篇;所有博士,概须习满七十八学分,并自著论文两篇,而且此两篇必须均经全国性或国际性之专门学会期刊,审查合格而刊出者,然后颁发证书。此项规定较之任何欧美第一流研究院为崇高。所以成立以来不乏已获他校博士自远入学,奋力以求本院之第二、第三及第四博士学位者,但迄今已获本院博士学位者,只有二十二名,其中包括两位国会议员,一为“中华民国”之立法委员,一为卜隆尼国(Brunei)之国会议员。

本院之创组,肇始于我生满七十二岁之诞辰,当时已在南达州理工州学院研究院任教退休。翌年迁至加州南部橘城,为接近太平洋各国,去年结束筹组,迁回南达州速城,一则取其最近北美州之地位中心;二则取其最近 Mt.Rushmcre National Memorial 之不朽纪念;三则取其无飓风与地震之威胁。幸希海内外友朋多予爱护,所以光大本院者,即所以光大祖国文化及母校精神也。亦唯有本院在外具备中华语文及华学之精粹,任人深造也。

一九八四年十一月十二日

为一九八五年十月二日母校九十诞辰撰述。

张含英

工程教育思想文献

人物小传

张含英（1900—2002），字华甫，山东省菏泽人，著名水利学家、教育家，中国近代水利事业的开拓者之一。1918 年考入北洋大学土木工程系，1919 年因参加五四运动被取消学籍。后转入北京大学物理系。1921 年曾先后赴美国伊利诺伊大学和康奈尔大学研究院专攻土木工程学，分获学士和硕士学位，1925 年回国。回国后一直在教育和水利部门工作。曾任青岛大学教授、山东省建设厅技正科长并兼山东运河工程局局长、北洋工学院教授、山东省教育厅高等教育科科长、葫芦岛港务处主任工程师。1933 年至 1936 年，历任华北水利委员会委员、秘书长、总工程师等职。抗战期间，曾先后担任黄河委员会委员长、全国经济委员会水利处副处长、扬子江水利委员会代委员长等职。1948 年至 1949 年任北洋大学校长。1950 至 1979 年，张含英担任中华人民共和国水利部、水利电力部副部长并兼任部技术委员会主任，参与全国水利的各项重大决策。历任第一、二、三届全国人民代表大会代表，历任第五、六届全国政协常务委员会委员，中国科学技术协会第一届委员会委员，中国水利学会第一、二届理事长，第三、四届名誉理事长。

张含英任北洋大学校长期间，面对北洋大学办学遇到的种种困难，坚持“实事求是”的校训精神，重申“严”字当头，保持和发扬了北洋大学严谨治学和严格治校的传统，积极修复北洋大学在抗战时期遭受到的严重损失，使一度沉寂的北洋学府有了生气。他以“研究高深学术，培养专门人才”为办学宗旨，坚持北洋大学“穷理振工”的办学理念，使理科真正成为工科的基础，工科成为理科的应用。对于进一步提高教学质量和学术水平，在极端困窘下为北洋大学的奋进和发展，使其成为“国内理工高等教育之重镇及理工学术研究之重心”，做出了积极的贡献。

张含英主张科学救国的思想，重视科学技术在建设国家中的地位和作用。他对学生严格要求，认为学生是未来的工程师。工程师必须是“能根据科学的理论，运用技术的手腕，依据经济的法则，以完成服务于社会的目的”。他要求学生必须学好基础理论，受到科学的“洗礼”，并要把握现实，理论和实际相结合。他主张工程师要有远大的目光、精深的经验和完美的人生观。强调掌握了科学知识，就要为人类服务。他还以“德、才、学、识、量”五个字作为一个人成功所需的条件，鼓励学生努力学习，加强修养。

谈经验

（一九四〇年六月）

导读：

北洋大学校友、水利工程专家张含英时任扬子江水利委员会委员长，享有水利工程界泰斗之美誉，为《学生之友》撰写了本文。张含英在文中阐明了经验在培养工程师及工程建设中所发挥的重要作用。张含英认为，学理和经验如工程师的左右手，缺一不可。因在校之时间有限，故仅能研究学理。若希望以经济的方法、技术的手段、迅速的时间建成有效之建筑，则更加有赖于经验，而经验多来自实地工作。

工程师的事业实则在为人类谋幸福，其与民生关系甚密，因此，工程师所需智识应极为广泛。凡与人类生活有关之事物，都是工程师宝贵之经验。人类生活方式多面而复杂，凡与生活有关系之经验，工程师不得视为与技术无关而忽略。换言之，工程师不得视技术为绝对神圣而蔑视其他一切。

张含英认为，欲求得经验，应该从以下几方面做出努力：①应该定目标，利用环境；②应勤以习之，勿见异思迁；③应不避艰苦，勇于任事；④不应以失败打击为虑，必具有百折不挠之精神；⑤应惜助他人，多读书籍。工程师应力谋经验与学理双手之健全，及其平衡之发展，缺一则不能完成其伟大之使命。

原文：

张先生系扬子江水利委员会委员长，为水利工程界泰斗。著有《黄河志》《黄河论文》及《水力学》等书（均商务出版）。兹为本社撰文以飨工程学生，这是我们应该深深感谢的。

连日碧空如洗，炎阳炙人。室内气温高升华氏百零三度。窗外绿蕉影疲，桐叶垂萎，稻田龟裂，飞鸟断绝，人亦如处蒸笼，燥热几不可耐。忽见黑云密布，闪电交作，俄而雨倾盆注，暑气顿消。晚风吹霁，山岚如带，临窗闲坐，遥望晴晖，俯瞰清溪。溪水暴涨，流如涌泉，经高滩岩，下跌如悬瀑，响声清切。

岩之上游，有新修公路桥，桥磴甫立及半，工人运用斧凿，接砌方殷，叮当之声，与激水相和，顾谓钊彭曰："汝在校习土木，亦知此桥建筑所经之手续，所耗之人力乎？试观石场所采之方石，长宽及重量大略相等，其数量为何？何以选此标准？每小组几人，每棚几人，各司何职，器具消耗若何？更见每四人找石一块，运往工地，人数之配备如何？砌石每小组几人，每棚几人，各司何职，灰浆所用若何？各职工人，每日工资若干，每组每棚每日开采、搬运、砌筑各若干？平均每月可工作几日？如是，则可估计开采搬运及砌筑每方之消耗，外加利益，即为包工单价。明日无事，曷往查之"！

似不能解，若曰："此工人事耳，何预于工程师？"乃为之详释如次：

人恒有言，工程师有左右手，一为学理，一为经验。在校之时间有限，故仅能研究学理。如校中有《建筑》《场工》及《基础》等课目。其所授者若荷力、应力、基础之土质、砌筑之种类、设计之原理、物料之性质等事。但欲以经济之方法，技术之手腕，迅速之时间，造成有效之建筑，则有赖于经验。经验多自实地工作中得之。

例如桥磴可用之材料不一，而独选用灰浆方石砌者，则必预先对于本地各种工料有深切之认识，将质地、经济、效能等因素，详加核计比较。既选定矣，则可估计其确实用费。设估计数为五万元。而招商投标之价目，凡自三万元至十万元不等。设不能明瞭工作之实际情形及所经各种手续之用费，将何以选定得标之人？如此，则投价之最低者，或为外行，或为冒险，或为投机，不能予以得标权也。此等设计及得标之选定，固须由工程师主之。而工程师所具之智识，则不纯粹为学理矣。

工程师之事业乃为与人类谋幸福者，其与民生之关系至为密切，故所需之智识极为广泛。今有一商，承包山洞藏库，价三百万元，一相当规模之工程也。乃委一工程师驻工主其事。近者因米价飞涨，其第一步工作即为屯购大批米粮，米到后，业主即认为现货，可付款若干。盖以食粮不受涨价或缺货之影响，业主包商双方皆蒙其利也。同时并需建筑工人住宅，此非高楼大厦，仅为竹篱茅舍也。更需购置火药、钻头，并应即时招募工人，或自他地运送，或高价雇用。凡此种种，皆为工程之筹备工作，亦即其主要工作。筹备既竣，方可顺序进行。故凡与人类生活有关之事物，莫非工程师宝贵之经验。

准备之工作有时重于本身。然必由工程师自力为之，非可假借他人之手也。且也，设不明白准备之手续，即难以设计工程之实施。今更举一例。在河防工程中，以块石护岸，亦法之旧者，设所需之石数量甚巨，而开采场地则在数百里外。此项工作之本身即为运输，盖以抛石至简也。此工程之能否及时完成,全赖乎运输之调动。自石场运至河滨,以船载运行,至工地则卸于岸上,其间每船之载量,往返之日数,需船之多寡,开石搬运之手续。此等工作虽非技术之本身,设工程师不能详细明瞭,则何以计划其工程?何以能及时完成?

以上所举之例证,多为一般普通之经验,即技术本身者亦若是。例如调整河槽,以增加航道水深,而减少冲积现象,则某揠之长高应若干,方向应若何,设非对本流及其他各河建筑有适当经验者,必难加以判断核定。设无绝对之把握,则可求其近似者,先于第一年作其一部分,其后逐年改良推进,籍以获得经验。水利工程需求于经验者尤为急切。兹不过其一例耳。

一伟大之工程,如冲天大厦,或跨江长桥,就外表观之,乃一整个之建筑也,而其组织,则由于各健全之局部。如人之身体然,一部有病,则影响全身,一点虚弱,每为丧身之原。故一伟大之建筑,必集合千百人之经验学识,各致力其专长之部门,非一人之力也。上举各例,多就简单工程作譬,繁难者其理亦同。

经验增进,则其成就日大,声望日隆,至可宝贵。惟其获得,亦必付相当之代价。有者为精神血汗所换取,有者因失败碰壁而自觉。盖以人在社会中,如扁舟之放沧海,无良师益友之指导切磋,凡事必须自作主张,故应有定见,有目标,努力以进,如此则无论为成功为失败,皆所以有造于自身,不可因受挫受辱而自馁,要在能否利用其环境耳。爰就求取经验应注意之事项略为述之。

人不能离社会而独立,而工程师与人类关系尤为密切。人类生活方式为多面而复杂者,故凡与生活有关系之经验,工程师不得视为与技术无关而忽之也,换言之,不得视技术为绝对神圣而蔑视其他一切也。

欲选择适当之职务,或心愿之地位,每十不得一。盖以环境及机遇常非自力所可控制者。今喜有聚居而乐施工者,设奉委掌水文测量工作,其所处为河滨,生活为孤独,工作则日读水尺,观测水流,吸取水样,验其含沙多寡。工作与兴趣相去甚远。每生厌恶及消极心情,工作不见精神,甚或离职他就。须知他就之后,亦未必能十分惬意。不满意于环境乃人类进取之思想,有为者皆如是。要在能利用现时环境,以为改善之预备耳。

例如水文测量工作,多为组织简单之独立机关。有预算、报销及文书等手续,尤为技术人员所感为痛苦者。不知正可利用此机,以练习会计文书等事项。工程师为独当一方面事业者,鲜不须此等经验。若于初学习时,即摒弃弗愿,无异自毁前途。常见一单据因不合格式,或手续不完,而致遭退还者。但会计独立,自成法规,工程师办理建设事业,用款最巨,岂可无会计常识?文书为传达命令发表意见之工具,略具格式,人应习知,岂工师则否?随时随地皆学校,要在能善用耳!

至于水文测验之技术经验，则为本行之基本知识，其重要自不待言。若经验丰富能力增进，自有升调之机。即或他就，自身亦已获得适当经验，非等光阴虚掷者矣。

故曰：欲求得经验，应认定目标，利用环境。

当科学未昌明之时，职工之训练，几全赖经验。习得一业，则终身守之。其训导之方法，则重熟练。谚云："熟能生巧"此之谓也。欲求熟练，则必日日习之。而生活单调，则又为青年所欲不为者。如前例之水文测验亦如是。

世常有职工保障之办法，此实为双方利益*[①]见，非仅有利于职工也。我国邮局，海关规定綦详，而政府亦类似之。则皆有逐年增薪养老保险等办法，盖欲其工作之久，而经验增，效率亦高。

工程师初备有本科之基本学识，故在学习之时期亦易，且可触类旁通，苟习土木，则一切建筑之原理如一也。于得一普通之经验后再欲专门某项，则可从事学习，而终身守之。所谓"专家"者，专精于一种技术之谓也。欲精必熟，欲熟必习，习之必勤必久。

故曰：欲求得经验，应勤以习之，勿见异思迁。

费一分精神，即有一分效力，下一分劳力，便有一分成绩。天下固无不劳而获之事，况于经验？文学家必对人类生活有丰富之经验，方可写得动人小说，岂有日处斗室，而能写抗战文艺者？是以对于职务不应畏其繁难，应于此中找乐趣。今日之建筑事业，可谓备极繁难。待兴之事业百端，而皆为抗战中所急需。然以言研究之资料，则尚付缺如；以言应用之料物，则交通阻隔；以言人工，则无训练；以言期限，则需用急，而望速成。必一人当十人之用，一日见十日之功，方克有助国家于万一。虽云繁难，而自身之历练亦可自此养成。

曾见好逸恶劳者，每避重就轻，沾沾自喜，以为得计，实为自误。凡派有工作，一方应视为报国之机，一方应视为学习之门。如此方能公私两益，日有进步。

故曰：欲求得经验，应不避艰苦，勇于任事。

语云：失败者成功之母。应谓取失败之教训，以百折不回之精神，奋勉以求，方有成功之望。故失败不足为辱，无继续之勇气，斯为可耻！试阅科学及机械之发明史，何一不先遭失败。吾人称失败为"负经验"，所以指示勿重蹈覆辙也。鲧之治水，其法以障而失败，禹继之，则主疏导以成功，其一例也。西洋选求工程师，每有以其失败为资历中之优良条件者。一以其既经失败，令司其事，必不致再失；再以其失败之原因或由节省物料，冒险设计，经此教训，彼必有恰

① 原文缺字。

到好处之见解。故凡受折磨，历困苦，经失败，遭打击愈多者，则其获益必益大，即孟子所谓“增益其所不能”者是也。

故曰：欲求得经验，不应以失败打击为虑，必具有百折不挠之精神。

古人之经验，每著之于书，宣示后人。师友之经验，则常发为言论，以供他山。吾人尤应善为利用。唯若自身不下苦功，则他人难为之助。每于失败之后，始恍于某书曾载之，某人屡言之！惟以学习之不力，刺激之不深，故仍蹈覆辙，迨自身受创，始铭心刻骨，而成宝贵之经验。读书之大用即在增长见闻，练达性情，即所谓获取他人之经验。故书可一读，再读，三读，而每读皆有不同之意味；可今日读，十年以后读，亦各有不同之领会。所以然者，因个人之经验，与他人之经验逐渐接近，是以今昔所见之深浅不同也。

学校所授之课目，为欲使学生有普遍之基本学识，故范围较广，似属平面者。及入社会则多专攻一项，所用者或不出一本一章之范围。因之，读书之习惯以失。不知与直接应用之技术有关者，固复应继续研究，其他亦应广为博览，盖以学术之道，触类旁通，发明改进之迹，莫不暗合，应将眼光放远，不可胶柱而求。

不特技术书籍应时披详读，即历史、社会等书，亦要通为研究，以扩大眼界，发扬志气，增长见识。总之，工程师与人类之生活有密切之关系，生活为多方面者，故除专长之外，而兼留意其他，必有补于其职业之进行。

出校之后，每多不喜读书，余暇转其他种消遣，是固亦所需要。惟在校读书，虽常以为苦，并非对读书不感兴趣，以专业于是，难得自由故也。出学校后，则又以所就之业为苦。故谚有云：“干哪行，恨哪行”。因既以为职业，即有痛苦。例如吾人常以歌唱为娱乐，而业歌者，则以为苦。又以摄影为消遣，而业之者亦以为苦。他无论矣。其区别即在为“业余消遣”，或为“专任职业”。故技术人员，初任其事，切勿因相感痛苦而见异思迁。如能保持“业余读书”之精神，必为乐事，因是业余，故自由，即可娱乐。其有益身心何可限量！

故曰：欲求得经验，应愔助他人，多读书籍。

经验与学理，乃工程师之左右手，缺一则不能完成其伟大之使命。故应力谋双手之健全，及其平衡之发展。

闪电复起，星光渐为云遮；斧凿声息，但闻流水切切。

工程师的修养

（一九四八年五月）

导读：

本文为北洋大学校长张含英为北洋师生所作的学术演讲，张含英认为，因为工程师所受训练及治事方法不同，因而也就有其特殊的修养与人生观。工程师如望成功，应有如下条件：受科学的洗礼、把握现实、以安全经济的方法而达于合用的要求，同时，还要有远大的眼光、精深的经验和完美的人生观。

张含英从人生观和一个人成功所需要的条件两个方面分析了工程师的修养。就人生观而言，他认为工程师应具备“真”“善”“美”三方面的修养，“真”“善”是工程师生活中的优点，而“美”的修养是今日工程师所欠缺的，是需要加强的。就一个人成功所需要的条件而言，他提出工程师要注重“德、才、学、识、量”五个方面，因为这是做事的必要条件。

原文：

诸位同学：今天我们要谈的题目是“工程师的修养”。吾人每以学习不同，而修养各异，因而正面影响到吾人个性与生活方式。工程师因为所受训练及治事方法的不同，也就有其特殊的修养与人生观。现在我要谈谈工程师生活的优点、缺点及其在修养上应该注意的事项。

世人对工程师的释义虽各不同，但综合地说，则为“工程师能根据科学的理论，运用技术的手腕，依照经济的法则，以完成服务于社会的目的”。虽然，成功的人必有其成功的条件，工程师也不能例外。因此，除了受科学的洗礼和把握现实，与以安全经济的方法而达于合用的要求外，工程师还应有远大的眼光、精深的经验和一个完美的人生观。为什么呢？让我们先看看《大学》上的“古之欲明明德于天下者……致知在格物……国治而后天下平”吧！格物就是研究天地间自然的事理，也就是今日的科学。西哲苏格拉底、亚里士多德和柏拉图，早就了解了此点。中国古人虽亦注意及此事，而后人却走入了玄学的路子，以为研究科学怎会平天下呢？岂知研究科学的人，是熟悉因果律的，他们有所为也有所不为，正合乎“法乎天地”的道理。譬如造桥吧！工程师决不敢有丝毫欺骗世人与自己的行为，否则，不良的果就会立刻反映出不良的因来。因此，赵高的指鹿为马，希特勒的法西斯主义，卒为天下所不齿。自是，你还能说工程师可以指鹿为马么？

所以，工程师脱不了“真”，以上就是工程师应该占有“真”的道理。若吾人都能“真”，天下还会乱么？因为能真便可减少许多无谓的虚荣与占有欲，要是今日的混世魔王们都能受一年的天文或地质的训练，那么，他们的贪枉、虚荣、残暴与占有欲，便会立刻消减的。天下没有赵高和希特勒法西斯主义者一类的人物，不会天下平么？

工程师除了应有科学的基础外，在积极方面，还该以技术的手腕、经济的法则去为人类服务。换言之，应该根据致知的结果，去达到增加人类幸福的享受，这不专为保守“凿井而饮，耕田而食”的时代，故工程师应有更多丰富的经验和人类的生活知识。譬如引水灌田，这是技术的应用，而以最少的经费得到最高的代价，便是经济的运用。至于能发动人民和督促政府去作所需要的事情，更非具有丰富的生活经验与认识不可。这些都是一个成功的工程师所必备的修养，而其最高目的则是“善”。

工程师虽然有了“真”和“善”的人生，还不能算完备。举例说吧，今有古松一株，科学家见之，则研究其类别、高低、年岁；商业家见之，则估计其可作何材，售价多少；美术家见之，则欣赏苍翠古雅，风情逸致。这些感触皆以其立场不同而各异。他们代表了“真”“善”“美”的三种人生。今工程师所缺者，就是“美”。“美”虽与工程师的职业无直接关系，但缺此则无圆满的人生。

记得昔年主持湘桂河道工程时，每经广西阳溯，俗云：“桂林山水甲天下”，而“阳溯山水实甲桂林”。工作于阳溯时，同事们多忙于工务，鲜有趁间远眺，赏玩风景，这不正是工程师生活上的缺陷么?!

圆满的人生有“真，善，美”三者；今日的工程师们仅得其二，曷不可于吾人之学校里及职业界中的工程界人们的普通已有之修养外，再加一点“美”的修养？这是本人愿意积极呼吁的！

西洋女子选择配偶，多乐就于工程师，一因其优良的性格与人生，再因其有可靠的收入。本人就多年来对我国工程界的观察，颇发见有各种坏风气，工程师们在余暇，多嗜嫖赌，小则烟酒。推其原因，则由于生活太单调而且苦闷，没有美的修养以代替其精神的寄托。所以，我建议每个工程师对于琴棋书画，或其他美术、艺术、文艺等，至少应该学会一样。这样，才能提高其生活意识，调剂

生活的枯燥,因而才不会流于下流的行动,才能够完善度过其美满的人生。

青年时代对这些的学习是最容易的,而且也有广大的机会,诸位千万把握时机,学点这类学问。记着吧！工程师也是一个人,人是不能缺乏圣洁的审美观与美的灵魂来润湿啊！这是青年们应该密切留意的。

以上是就人生观上来分析的,现在再就一个人成功所需要的条件来分析工程师。一个人成功的大小,要以五个字来评判。那就是“德、才、学、识、量”。“德”是德行,“才”是才能,“学”是学问,“识”是见识,“量”是器量。今再说说工程师对于这些的长短。

西洋人说:“知识便是道德。”这句话起初我不明白。犯罪的人多半由于无知,赵高及希特勒法西斯主义者之所以犯罪,那便是由于他们不能格物致知,已如前述了。我国把道德的修养与格物致知脱了节。讲道德修养的人,专走“克己”“去怒”…… “清心寡欲”的一方面,而把积极的“法乎天地”忘了。然而工程师在道德的修养上,正走的是积极的路子,要是他们再在“清心寡欲”上用点功夫也好,才免得见钱见权就利欲熏心。这种修养的功夫,正可和“法乎天地”相得益彰。

“才”,是一半天赋,一半修养,学则完全是后天的。前述工程师的定义中,就包括在这两条中,毋庸赘述了。

“识”,为达到善的一种条件,也就是丰富的生活经验,这对于工程师们也是不可忽视的。

至于“量”,则全是工程教育以外的事,非要自己修养不可。量不大不能做大事,俚语曰“宰相肚里好撑船。”孟子曰:“吾善养吾浩然之气。”这一点修养是工程师课程内得不到的。

总而言之,人们的成就全看这五项的分数,这是做事的必要条件。分数愈高,成就也愈大。那么,以这个作为诸位的参考,不是很必要吗?

无论在人生观上,在成功的条件上,工程师除了他必有的训练与修养外,还应额外注意刚才所说的。至于这些修养的方法,说来话长,请诸位先回味以上所讲的,以后再慢慢地讨论吧!